沖縄　空白の一年
1945–1946

川平成雄

吉川弘文館

はしがき

一九四四年一〇月一〇日の「一〇・一〇空襲」にはじまり、一九四五年九月七日の嘉手納町越来村森根（現在は嘉手納基地内）における降伏調印で終結した「沖縄戦」は、沖縄の生産基盤・生活基盤をことごとく破壊し、沖縄の人たちの精神をも破壊した。

日本本土は空爆が主であったのに対し、沖縄は空と海と陸からの総攻撃であった。ここに、沖縄の悲劇が生まれた。

沖縄戦による住民の被害と混乱は、極限の中にあった。家屋の九〇パーセントが焼失し、住民の七五パーセントが五か月もの間、戦場を彷徨する。彷徨は「生を求める」彷徨であり、「死へと一歩近づく」彷徨でもあった。沖縄の人たちは、水もなく、食もなく、住もなく、戦場を彷徨う。住民は生きるがために「墓」や「自然壕」に入り、日本兵も生きるがために住民から「自然壕」を奪う。人間が人間でなくなる。これが戦争である。

本書の主眼は、米軍の慶良間列島上陸・占領とともに発せられた、いわゆる「ニミッツ」布告による日本帝国政府のすべての行政権・司法権の停止から、翌四六年四月一五日の貨幣経済復活までのおよそ「一年間」を探究することにある。

この「一年間」は、アメリカによる沖縄の占領・統治二七年間、日本本土復帰後三八年間、つまりは沖縄戦終結後六五年の「原点」ともいうべき「一年間」である。

これまで国際関係論、政治史、社会史などの分野では、断片的ながら、ある程度の究明がみられるものの、総合的にとらえた研究はなされておらず、いまもって「空白の一年間」である。この「空白の一年間」を埋めたい。

一九四五年四月一日、米軍の沖縄本島中部西海岸上陸は、沖縄戦の本格的な開始を意味した。いたるところで「鉄の暴風」・「血の暴風」が吹き荒れる。住民は生きるがために必死であった。米軍は沖縄戦の真っ只中にあって、住民を強制的に収容して軍作業へ徴用するとともに、その対価として食糧・衣類の無償配給をおこなう。この最大の目的は、伝染病の防疫、戦死米兵の埋葬、日本本土侵攻のための飛行場建設、にあった。

収容された中には、多くの戦争孤児がいた。戦火と乾きと飢えを生き抜き、親のぬくもりを求めて泣き叫ぶ。元教師たちは「青空教室」を開き、子どもたちの「心」を癒すのであった。夫や妻を失い、子を失い、兄弟姉妹を失いながらも、生きながらえて収容された人たちの中には、虚脱と放心、飢餓線上の悲惨な生活からの解放と自由に手足をのばせる喜び、この精神的な二重構造が生まれたことも忘れてはならない。

米軍政府は「新聞」を発行させるとともに、沖縄の人たちによる「沖縄諮詢会」を発足させ、占領政策の一環とする。収容所の中で、住民の心を癒し、明日への希望へと結びつなげたのは。三味線と踊りの「力」であり、陶器の町・壺屋と泡盛の町・首里から立ち昇る「煙」であった。

米軍は沖縄侵攻前の戦略の中に、住民の「水と食糧」を確保し、沖縄戦終結後を見据えていた。なかでも重要なのが一九四五年六月から一〇月までの四か月にわたって座間味島で行った「慶良間列島経済実験」であった。この実験の目的は、無償配給・無償労働・無通貨に終止符を打ち、沖縄が有償配給となった場合、沖縄が賃金制度を再開した場合、沖縄が通貨経済を復活させた場合、どのように対処すべきか、このことを確認することにあった。

沖縄の住民は米軍政府の援助を受けながらも、経済復興への道を歩みはじめる。この基礎となったのが、食糧の確保、労働力の提供、住居とした規格屋（キカクヤー）の建設であった。だが、この中には米軍政府の隠された政策意図があった。それはアメリカ本国政府の財政負担を減らし、可能な限り沖縄の資源、沖縄の労働力を利用しての復興であったことである。なぜなら、アメリカ本国政府の財政構造は、驚くべき軍事費の増加によって、すでに破綻に近い状況に追い込まれていたからである。

沖縄の将来にとって最も重要な問題が「二度」起こる。「一度目」は、昭和天皇の決断によって「沖縄戦」を回避することができたのに戦果をあげることに一喜一憂してこのことを成しえなかったこと、「二度目」は、沖縄をアメリカに売り渡す見返りに日本本土を共産圏から守ることによって戦後日本の復興を図ること、である。

「空白の一年間」を埋める作業を進める過程で、常に、脳裏から離れなかったのは、沖縄に「戦後」はあるのか、という問いかけであった。

沖縄に「戦後」はない。なぜなら沖縄には、今なお居座り続けている米軍基地、それに背負られての自衛隊基地の存置、八〇年はかかるとされる不発弾の処理、四〇二五柱にものぼる未収集の遺骨、この中のひとつでも存在する限り、沖縄に「戦後」はない、と考えるからである。

再び問う。

沖縄に「戦後」はあるのか。

ない。

目　次

図表目次

挿図目次

図表目次

表目次

戦前・前線・戦後を生き、今は「天上人」となっている父の願い
「私は戦争もなく平和で豊なる生活が続く事を切に望みます」
（多良間村戦時・戦後体験記編集委員会『島びとの硝煙記録
―多良間村民の戦時・戦後体験記―』多良間村教育委員会、
一九九五年、二四三頁）

一 沖縄戦終結はいつか

はじめに

沖縄戦終結はいつか。

一九四四年七月七日のサイパン陥落は、日本の絶対的な国防圏が破壊されたことを意味した。事実、三か月後の一〇月一〇日には南西諸島全域が空爆され、県都那覇市は九〇パーセントが灰燼に帰した。米軍による沖縄攻撃は激しさを増し、四五年三月二五日には慶良間《けらま》列島、四月一日には沖縄本島中部西海岸に上陸する。沖縄戦の本格的な始まりであった。米軍は、上陸と同時に軍政府を樹立、沖縄戦と沖縄占領を同時に展開する。六月二三日、牛島満《うしじまみつる》司令官が自決する。沖縄県は、牛島が自決した六月二三日を沖縄における組織的戦闘の終結した日として「慰霊の日」と定めている。だが、牛島は六月一九日に「最後迄敢闘し悠久の大義に生くべし」との命令を発し、戦闘の中止を命じてはいない。米軍は、六月二六日に久米島に上陸、多数の戦死者が出る。沖縄上陸作戦最大の部隊である米第一〇陸軍の『アクション・リポート』によると、六月三〇日の一日だけでも、日本軍の戦死者五六八六人、日本軍の捕虜二八三八人、沖縄の保護住民六万二三一六人にのぼる。先島地方の石垣島では戦争と「連続する」避難地でのマラリアにより、多くの住民が犠牲となった。四五年七月二日に米軍は沖縄戦終結を宣言する。八月一五日正午には昭和天皇の「終戦の詔書」が沖縄にも流れた。米軍兵士は歓喜した。日本国民は「玉音放送」に打ちひしがれ、涙したり、ほっとしたり、気力がぬけたり、さまざまであったが、沖縄住民は涙していわけにはいかない。米軍政府は、住民収容地区の石川に敗戦後の沖縄の復興を担う代表者を集め、「沖縄諮詢会」の委員の選出を命ずる。九月七日、越来《ごえく》村森根（現在は米軍嘉手納基地内）において南西諸島の日本守備軍が米軍と降伏調印をおこなった。住民にとっての沖縄戦終結は、捕われた日・収容された日であり、日本軍にとっての沖縄戦終結は、六月二三日でもなく、八月一五日でもなく、九月二日でもなく、九月七日である。

1　サイパン陥落と「一〇・一〇空襲」

一九四一年一二月八日、第二次大戦が日本軍の真珠湾攻撃で始まる。天皇・大本営幕僚をはじめ、日本人が真珠湾の戦果を喜んでいた時、イギリス首相チャーチルも喜び、第二次大戦は勝利すると読んだ。「合衆国をわれわれの味方にしたことは、私にとって最大の喜びであったと私が公言しても、私が間違っていると考えるアメリカ人は一人もいないだろう。私には事件の進展を予測できなかった。日本の武力を正確に見積っていたなどというつもりはないが、しかしいまやこの時点で合衆国が完全に、死に至るまで戦争に入ったのだということが私にはわかった。それゆえわれわれは、結局はすでに戦争に勝っていたのである！」と。(1)

チャーチルの読みは的中する。事実、日本軍は、マニラ・シンガポール・ラングーン・バターン半島を占領、攻勢を続ける。だが、翌四二年六月五日のミッドウェー海戦で攻勢は大きく転換、四三年二月一日、日本軍はガダルカナル島から撤退、五月一二日に米軍はアッツ島に上陸、二九日には日本軍守備隊二五〇〇人を全滅させる。

四四年七月七日、サイパンが陥落する。サイパン陥落は、大本営幕僚が絶対的な国防圏の最重要拠点として位置づけていた沖縄への米軍の進攻が必至であることを意味した。(2)(3) サイパン陥落の夜、日本政府は緊急閣議を開き、地上戦闘の足手まといとなる南西諸島の老幼婦女子・学童を日本本土に疎開させることを決定し、その旨を沖縄県庁に打電する。(4) 七月一八日東条英機内閣はサイパン陥落の責任をとって総辞職、二二日小磯国昭内閣が成立する。八月五日には大本営政府連絡会議を最高戦争指導会議と改称、「重要案件には天皇も臨席し、首相、外相、陸相、海相、参謀総長、軍令部総長から構成される最高会議のはずであった」が、統帥部からの正確な情報が少なく、大本営政府連絡会議と大差なく戦争を遂行していくのである。(5) そして八月一九日の最高戦争指導会議において『世界情勢判断』および『今後採ルヘキ戦争指導ノ大綱』を決定する。

『世界情勢判断』は、東亜・欧州の情勢、ソ連ならびに世界政局の動向から「今ヤ敵ハ戦争ノ主動性ヲ把握シアルノ現状ニ乗シ全力ヲ傾倒シテ政戦両略ニ亘《わた》ル真面目ナル決戦攻勢ヲ続行強化セントシ今夏秋ノ候ヨリ戦政局ノ推移ハ愈々《いよいよ》重大化スヘク、之ニ対シ帝国ハ欧州情勢ノ推移如何《いかん》ニ拘ラス決戦的努力ヲ傾倒シテ敵ヲ破シ政略的施策ト相俟《あいま》ツテ飽ク迄モ戦争完遂ニ邁進セサルヘカラス(6)」と結論づける。

『今後採ルヘキ戦争指導ノ大綱』においては、「帝国ハ現有戦力及本年末頃迄ニ戦力化シ得ル国力ヲ徹底的ニ結集シテ敵ヲ撃破シ以テ其ノ継戦企図ヲ破ス」・「帝国ハ前項企図ノ成否及国際情勢ノ如何ニ拘ラス一億鉄石ノ下必勝ヲ確信シ皇土ヲ護持シテ飽ク迄戦争ノ完遂ヲ期ス」・「帝国ハ徹底セル対外施策ニ依リテ世界戦政局ノ好転ヲ期ス(7)」との決意を確認する。

この『世界情勢判断』ならびに『今後採ルヘキ戦争指導ノ大綱』は、戦争を完遂することに重点が置かれ、国民の生活を度外視したものであった。その決定三日後の八月二二日、疎開船の対馬丸《つしままる》が鹿児島郡十島《としま》村悪石島《あくせきじま》沖で米潜水艦に撃沈され、学童七六七人を含む一四一八人が犠牲となった。(8) 沖縄戦の「海からの」・「空からの」・「陸からの」ありとあらゆる悲惨さを予兆させる出来事であった。

一九四四年一〇月一〇日、米空母から飛び立った艦載機は、午前六時四〇分の第一次攻撃から午後三時四五分の第五次攻撃まで、のべ一三九六機が沖縄本島・奄美・宮古・八重山の南西諸島全域に空爆を加えた。とくに沖縄の政治経済の中心地であった県都那覇の被害は甚大で、その九〇％が灰燼に帰し、[9]沖縄本島の主要港湾、船舶、製糖場などが破壊された。先島の宮古島では早朝と午後の二波にわたって飛行場と港が空爆され、大神島の三〇戸のうち一八戸が全焼、四人が死亡した。[10]沖縄戦の前哨戦となった「一〇・一〇空襲」である。[11]

「一〇・一〇空襲」直前・直後の様子を、ある一兵士、高級参謀、沖縄県農業会の三者に語らせる。

ある一兵士は、空襲直前の那覇の町をつぎのように描写する。[12]

朝霧を受けてキラキラと光る瓦屋根、家々の軒先からいっせいに立ち昇る白いけむりは朝餉《あさげ》の支度であろうか。けむりはやがて中天に立ち込める真綿のような朝霧と交わり合いながら、薄紫色の霞となっておだやかに棚びくさまは、あたかも、ワイドパネルに描かれた水彩画を見るような美しい風景であった。これが私の瞼《まぶた》に残った最後の那覇の姿であった。

沖縄守備軍の作戦参謀であった八原博通は、こう記している。[13]

一〇月九日の夕、軍参謀長総裁の司令部演習参加のため、参集した麾下全軍の兵団長、独立団隊長らの招宴が沖縄ホテルで賑かに開催された。その宴会のあと、軍参謀全員で市内の料亭で二次会をやった。大いに浩然の気を養い深更宿舎に帰った私は前後不覚に眠ってしまった。ところが、翌朝未明、参謀部先任書記千葉准将に叩き起こされてしまった。彼が私に差し出したものは、薬丸参謀が書いた空襲発令の起案紙であった。わが電波探知機に、アメリカ機の来襲状況が明瞭に感知されたのだ。ついに予期したものがきたのだ。敵機は、今や沖縄東南約三〇キロの地点をまっしぐらに進撃中である。私は、独断警報を発令するとともに、参謀長、軍司令官にこの旨電話報告した。腹が減っては戦ができぬと、当番兵勝山伍長を促して半煮え飯を食い、参謀部事務室に駆けつける。走りながら美しく明け初めた空を仰げば、グラマン十数機が朝陽に銀翼をきらめかせながら、首里山上を北飛行場方面に、矢の如く突進しつつある。平時計画に基づき、参謀部は重要書類を携帯し、構内防空壕にはいり、その他の者は、司令部北側高地の横穴式洞窟に避難させた。初めてのアメリカ機に見参せんとする将兵で、司令部内は相当混雑している。首里、那覇街道上は浮き足立った避難民でいっぱいだ。

沖縄県農業会は、「一〇・一〇空襲」前後の様子をつぎのように伝える。(14)

戦力増強の基本である食糧、農業生産物の増産確保のためには全農業者の総力体制の確立に指導統制力を強化し、一日一日が緊張の持続であった。戦局は緒戦の花々しさにひきかえて苛烈なる決戦段階にあり、敵の上陸に備えて陸海軍部隊の沖縄駐屯も次第に増加し、様相はただならぬものがあった。……もっとも敵の空襲、上陸等は夢想するところではなく「仮に敵が上陸作戦でくれば、周囲は海に囲まれた島であるから波打際で殲滅あるのみ云々」との兵の放談に安堵していたのである。一〇月一〇日早朝、突如に警戒警報も空襲警報も鳴らないうちに敵機の編隊来襲とあって、爆弾投下、焼夷弾投下、地上掃射と間断のない波状攻撃を加えられて分散疎開した事務所も、砂糖、米穀、大豆等の食糧品も、その他の資材や倉庫も尽く焼失したのである。

米軍は「突如に警戒警報も空襲警報も鳴らないうちに」沖縄を空爆したとするが、『戦闘詳報』によると、海軍は午前六時五〇分、陸軍は午前七時に空襲警報を発令しており、発令時に米軍機はすでに頭上にあって戦術的には完全に奇襲されたのも同然であった。(15)

「一〇・一〇空襲」は、数百人の死傷者を出した上に、食糧の蓄えをも失ったのである。このことに加えて、日本軍の損害は、「沖縄守備軍すべてをゆうに一カ月間養うに足る三〇万俵の貴重な食糧米」と「数百万発に及ぶ弾薬や大量の軍需物資」の焼失であった。(16)

2　米軍の沖縄上陸と日本帝国政府の権限停止

一九四四年七月七日、サイパンを陥落させた米軍は、翌四五年三月二五日、慶良間諸島に艦砲射撃を加え上陸する。米軍の慶良間上陸後、ただちに米国太平洋艦隊及太平洋区域司令長官兼南西諸島及其近海軍政府総長C・W・ニミッツは、つぎの米国海軍軍政府布告第一号「米国軍占領下ノ南西諸島及其近海居住民ニ告グ」を発令し、日本帝国政府のすべての行政権の行使の停止と日本裁判所の司法権の停止を命じ、(17)沖縄戦と沖縄の占領統治を同時に展開するのである。その第一歩が、座間味《ざまみ》村、渡嘉敷《とかしき》村、渡名喜《となき》村を管轄する「慶良間列島行政区」の設置であり、沖縄の米軍支配は座間味村から始まった。(18)

日本帝国ノ侵略主義並ニ米国ニ対スル攻撃ノ為、米国ハ日本ニ対シ戦争ヲ遂行スル必要ヲ生ゼリ。且ツ是等諸島ノ軍事的占領及軍政ノ施行ハ我ガ軍略ノ遂行上並ニ日本ノ侵略力破壊及日本帝国ヲ統轄スル軍閥ノ破滅上必要ナル事実ナリ。

治安維持及米国軍並ニ居住民ノ安寧福祉確保上占領下ノ南西諸島中本島及他島並ニ其ノ近海ニ軍政府ノ設立ヲ必要トス。

故《ゆえ》ニ本官米国太平洋艦隊及太平洋区域司令長官兼米国軍占領下ノ南西諸島及其近海ノ軍政府総長、米国海軍元帥シー・ダブリュー・ニミツハ茲《ここ》ニ左ノ如ク布告ス。

四月一日、米軍は、沖縄本島中部西海岸の読谷山・北谷に上陸し、沖縄守備軍が何か月もかけた突貫工事で完成した中（嘉手納）飛行場と北（読谷）飛行場をあっさりと占拠する。米軍の沖縄本島上陸は、沖縄戦の本格的な始まりであった。

米軍が沖縄本島に上陸した直後の四月三日・四月四日の二回にわたり、沖縄学の先駆者といわれる伊波普猷《いはふゆう》は、『東京新聞』に「決戦場・沖縄本島」と題した文を載せている。(19)

> 敵は遂にわが沖縄本島に上陸して来た。勇猛の気象《(ママ)》をもつた琉球人が今こそ、その愛する郷土を戦場として奮戦してゐる事を想ふと私も感慨切なるものがある。
>
> ……今や皇国民としての自覚に立ち、全琉球を挙げて結束、敵を邀撃《ようげき》してゐるであろう。敵はさきに暴爆によつて那覇を灰燼に帰せしめ、今は不逞な本島上陸を決行して来た。
>
> 幸ひ温暖の気候に恵まれた郷土は早くも藷の収穫期を迎へてゐる。食糧に心配はなく、地の利も亦敵の野望を挫くに不足はない。墳墓の地に勇戦する琉球人に対し、私は大きな期待を抱く者である。

この文を発掘した日本近代史が専門の伊佐眞一は、「伊波が沖縄について何十年も営々と行きつ戻りつしながら考え続けてきた研究のエッセンスが、集約して注ぎこまれている。そして、その研究が、日本政府・軍部と一体の沖縄県当局が打ち出した施策と結びつき、政治的言説となって、このとき発信されたのである」(20)と評価する。確かに、伊波の文面は沖縄県民の戦意を高揚し期待すると同時に、情報の制約から沖縄戦の現実を知らない状況判断による内容となっているが、このことと伊波の研究とはまったく異なる次元の問題であって、両者を同じ次元で論じるべきではない。

3　六月二三日の司令官自決が沖縄戦終結か

米軍との激闘が続く中の四五年五月六日夜、大田實《おおたみのる》司令官は、沖縄県民の献身的な作戦協力に対し、「沖縄県民斯《か》ク戦ヘリ　県民ニ対シ後世特別ノ御高配ヲ賜ランコトヲ」を結語とした電文を海軍次官宛に打ち、自決する。(21)

沖縄県民ノ実情ニ関シテハ県知事ヨリ報告セラルベキモ県ニハ既ニ通信力ナク三十二軍司令部又通信ノ余力ナシト認メラルルニ付本職県知事ノ依頼ヲ受ケタルニ非ザレドモ現状ヲ看過スルニ忍ビズ之ニ代ツテ緊急御通知申上グ

沖縄島ニ敵攻略ヲ開始以来陸海軍方面防衛戦闘ニ専念シ県民ニ関シテハ殆ド顧ミルニ暇ナカリキ　然レドモ本職ノ知レル範囲ニ於テハ県民ノ青壮年ノ全部ヲ防衛召集ニ捧ゲ残ル老幼婦女子ノミガ相次グ砲爆撃ニ家屋ト財産ノ全部ヲ焼却セラレ僅ニ身ヲ以テ軍ノ作戦ニ差支ナキ場所ノ小防空壕ニ避難尚砲爆撃下？？？風雨ニ曝サレツツ乏シキ生活ニ甘ジアリタリ　而モ若キ婦人ハ率先軍ニ身ヲ捧ゲ看護婦炊事婦ハモトヨリ砲弾運ビ挺身斬込隊スラ申出ルモノアリ　所詮敵来リナバ老人子供ハ殺サルベク婦女子ハ後方ニ運ビ去ラレテ毒牙ニ供セラルベシトテ親子生別レ娘ヲ軍衛門ニ捨ツル親アリ

看護婦ニ至リテハ軍移動ニ際シ衛生兵既ニ出発シ身寄無キ重傷者ヲ助ケテ？？真面目ニシテ一時ノ感情ニ馳セラレタルモノトハ思ハレズ　更ニ軍ニ於テ作戦ノ大転換アルヤ自給自足夜ノ中ニ遥ニ遠隔地方ノ住民地区ヲ指定セラレ輸送力皆無ノ者黙々トシテ雨中ヲ移動スルアリ　之ヲ要スルニ陸海軍沖縄ニ進駐以来終始一貫勤労奉仕物資節約ヲ強要セラレテ御奉公ノ？？ヲ胸ニ抱キツツ遂ニ？（数字不明）コトナクシテ本戦闘ノ末期ト沖縄島ハ実情形？（数字不明）一木一草焦土ト化セン　糧食六月一杯ヲ支フルノミナリト謂フ　沖縄県民斯ク戦ヘリ　県民ニ対シ後世特別ノ御高配ヲ賜ランコトヲ

大田自決後も、激烈を極める六月一〇日、米軍第一〇軍司令官バックナーは、日本軍第三二軍司令官牛島満宛につぎの降伏勧告文書を送る。この文書は、大田昌秀が指摘するように、「沖縄戦における米戦闘宣伝部隊による心理作戦のいわば究極の考え方を端的に示すものであったし、またその総仕上げでもあった」[22]と考えられるので、全文を掲げることにする。[23]

一、貴殿の指揮下にある諸部隊は此の沖縄の戦闘に於て勇敢に克《よ》く戦いました。又貴殿の歩兵戦術は我米軍の賞賛を博しています。

二、貴殿は余と同様に長期間歩兵戦闘を研究し且訓練した歩兵将官です。貴殿は本島防衛軍の悲惨な状態及増援を望み得ない事は十分に御承知の筈です。之れ故に本島に於ける日本軍の敗北は只時間の問題である。又此上抵抗すれば残存日本軍は必ずや大部分殺されるということは余と同じく克く理解されおると信ずる次第なり。

三、我軍は現在否将来も本島の大部分を確保する現在に於ても本島は日本本土空襲の基地として大いに役立っている。貴殿の本島防衛の目的は米軍の本島基地使用妨害であったが之も失敗せり。現在貴殿の行っている抵抗は日本本土防衛作戦上無益にして且亦戦後日本再建に最も必要なる青年を無駄に減少せしめるのみである。

四、部下を幸福ならしめる事は指揮官の最も重要なる義務の一つであるという事は歩兵将官として貴殿は克く御承知と思われる。既に勝敗の決定している戦争に於て部下将兵を助ける何らかの手段があればそれを遂行する事は指揮官の尊敬すべき義務である。

五、余は此の戦争の最後の勝利を獲得する迄は容赦なく各戦闘を遂行する。然しながら米国及世界文明国の人道主義上貴殿は既に勝敗の決定している戦争に無意義な防衛をして最後の一人まで殺して了うよりは寧《むし》ろ部下将兵の幸福を保証するため直ちに交渉に移るべきだと余は考える。貴殿の指揮下に在る部隊が休戦すれば貴殿は軍事的に的確なる判決を下したという名声を博するのみならず部下将兵の家族及友人の感謝の的となります。之に反して尚戦争を継続すれば閣下は自分自身の虚栄心のため無暗に幾千の勇敢なる将兵を犠牲にしたと言われ又家名を永遠に汚す事になります。

六、それ故余は閣下と交渉する準備が整って居ります。交渉は貴殿から左の如くなさるれば結構です。此の書面を受取られた翌日の午後六時に地上及空中からよく見える大きな白布を日本軍戦線内で沖縄島西海岸に最も近い位置に掲げて下さい。之は閣下の代表者が交渉のため無事に通過出来るための信号です。同日同時刻に六人以下の代表者を同地の米戦線へ徒歩で来させて下さい。閣下の代表者は直ちに余の本部に護送されます。其所で余は名誉的であり且秩序正しい休戦方法を伝えます。会議終了後代表者は還送します。代表者が会議に提出する貴殿の提案は必ずや貴殿の名声及高位にふさわしく敬意を以て取扱います。

七、日本の封建時代及近代の指揮官が既に敗北の決定している戦争に於て部下将兵を無駄に犠牲にせず立派に救った幾多の実例の追想を貴殿に促す必要はありません。人道的に考慮すれば貴殿は当然彼等の選んだ道を選ぶべきです。

八、此の通信の公式の書面は英文です。

このバックナーの降伏勧告文書は、日本軍兵士のこれ以上の無駄な犠牲を避けるためのものであったが、一七日には牛島によって拒否される。

米軍の攻撃がさらに増す中の四五年六月一九日、第三二軍牛島満司令官は、「軍の運命いよいよ最後なり」として、つぎの「軍命令」を発し(24)、日本軍兵士、沖縄防衛隊、沖縄の住民を全く無視し、無責任にもみずからは六月二三日の未明に自決する。

全軍将兵の三ケ月にわたる勇戦敢闘により遺憾なく軍の任務を遂行し得たるは同慶の至りなり　然れども今や刀折れ矢尽き軍の運命且夕に迫る　既に部隊間の通信連絡杜絶せんとし軍司令官の指揮は至難となれり　爾今各部隊は各地域における生存中の上級者之を指揮し最後迄敢闘し悠久の大義に生くべし

六月二三日は、牛島司令官が自決した日であって沖縄戦が終結した日ではない。事実、六月二六日に米軍は、沖縄本島西方の久米島に上陸しており、牛島自決後のおよそ二か月間も戦闘が続いていたのである。このことを図1・図2・図3から確認すると、六月三〇日の一日だけでも、沖縄本島における日本軍の戦死者五六八六人、日本軍の捕虜二八三八人、沖縄の保護住民六万二三一六人にのぼった。さらには先島地方の宮古島や石垣島では戦闘ばかりでなく、避難地でのマラリアの猛威によって多くの住民が犠牲となっている。

米第一〇陸軍『アクション・リポート』には、「六月二二日から三〇日の間に、およそ八九七五人のジャップが殺されて、二九〇二人の戦争捕虜が捕らえられ、九〇六人の労役兵が逮捕された」[25]と、記録されており、戦争は六月二三日以降も依然として続いていたのである。

沖縄決戦の敗因について、昭和天皇は、こう分析する[26]。

之は陸海作戦の不一致にあると思ふ、沖縄は本当は三ケ師団で守るべき所で、私も心配した。梅津は初め二ケ師団で充分と思つてゐたが、後で兵力不足を感じ一ケ師団を増援に送り度《た》いと思つた時には已に輸送の方法が立たぬといふ状況であつた。（中略）

海軍は「レイテ」で艦隊の殆んど全部を失つたので、とつておきの大和をこの際出動させた、之も飛行機の連絡なしで出したものだから失敗した。

陸軍が決戦を延ばしてゐるのに、海軍では捨鉢の決戦に出動し、作戦不一致、全く馬鹿〳〵しい戦闘であつた。詳［し］い事は作戦記録に譲るが、私は之が最后の決戦で、これに敗れたら、無条件降伏も亦已むを得ぬと思つた。

昭和天皇は、戦争の「天王山」が沖縄戦にあることを充分に承知しており、その決定的な敗北が、日本の敗北を意味すると確信していたのである。

牛島司令官が自決した六月二三日の四日後、当時、都立高校教授であった歴史家の東恩納寛惇《ひがおんなかんじゅん》は、一九四五年

図1　1945年3月31日～6月30日　日本軍の戦死，捕虜，保護住民

単位：人

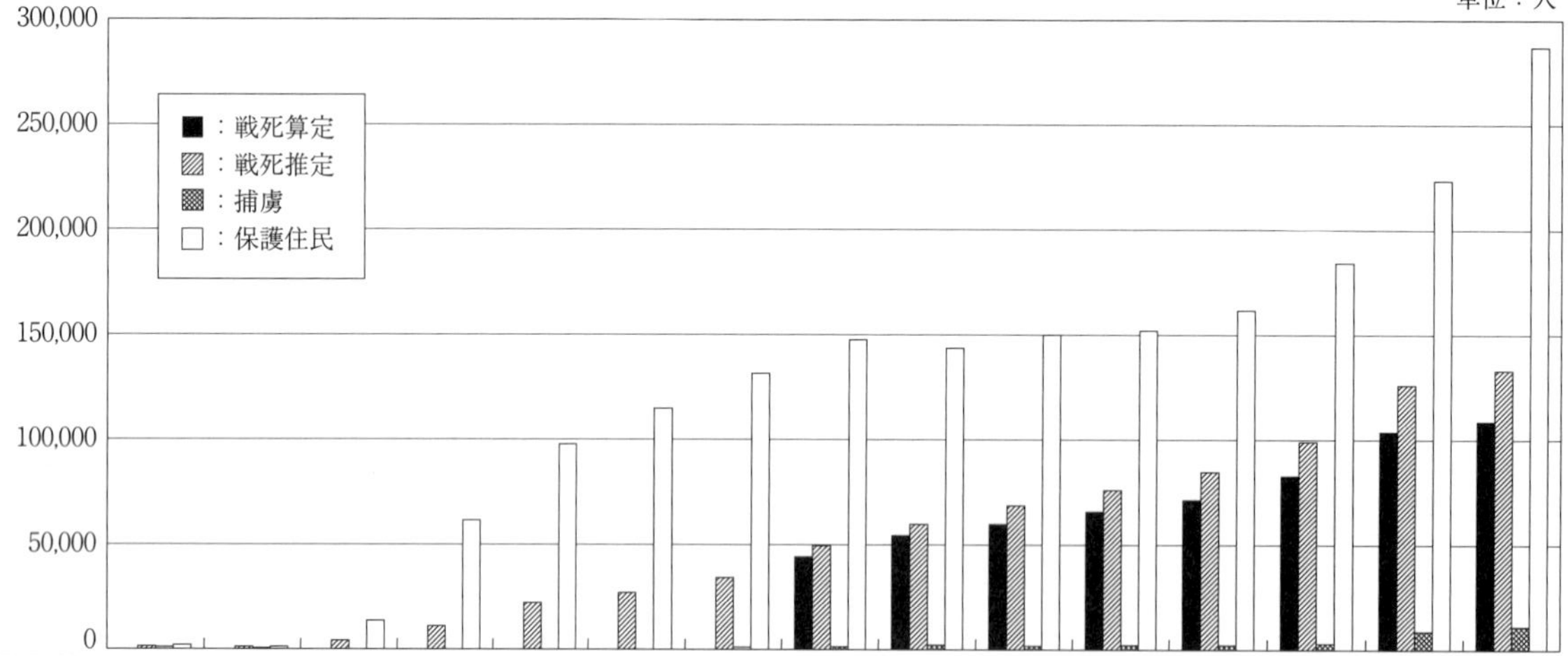

		3月31日現在	4月1日まで	4月7日	4月14日	4月21日	4月28日	5月5日	5月12日	5月19日	5月26日	6月2日	6月9日	6月16日	6月23日	6月30日
戦死	算定								43,328	52,161	58,465	64,012	68,751	80,459	101,853	107,539
	推定	530	505	3,703	9,454	20,760	25,981	33,462	47,953	58,319	67,007	74,842	81,720	97,040	124,537	131,303
捕虜		121	120	160	200	285	403	500	529	939	1,170	1,034	1,218	1,680	7,902	10,740
保護住民		1,195	271	12,661	60,384	97,027	113,404	130,130	146,343	141,113	147,966	149,809	159,506	182,046	222,309	284,625

出所：Ryukyus Campaign 10th Army Action Reports, より作成.
注1)：戦死者の算定数は，米軍が実際に数えたことを指す.
注2)：戦死者の推定数は，砲撃で日本軍陣地を殲滅した場合や地形などのため，実際に数えることのできない数を指す.

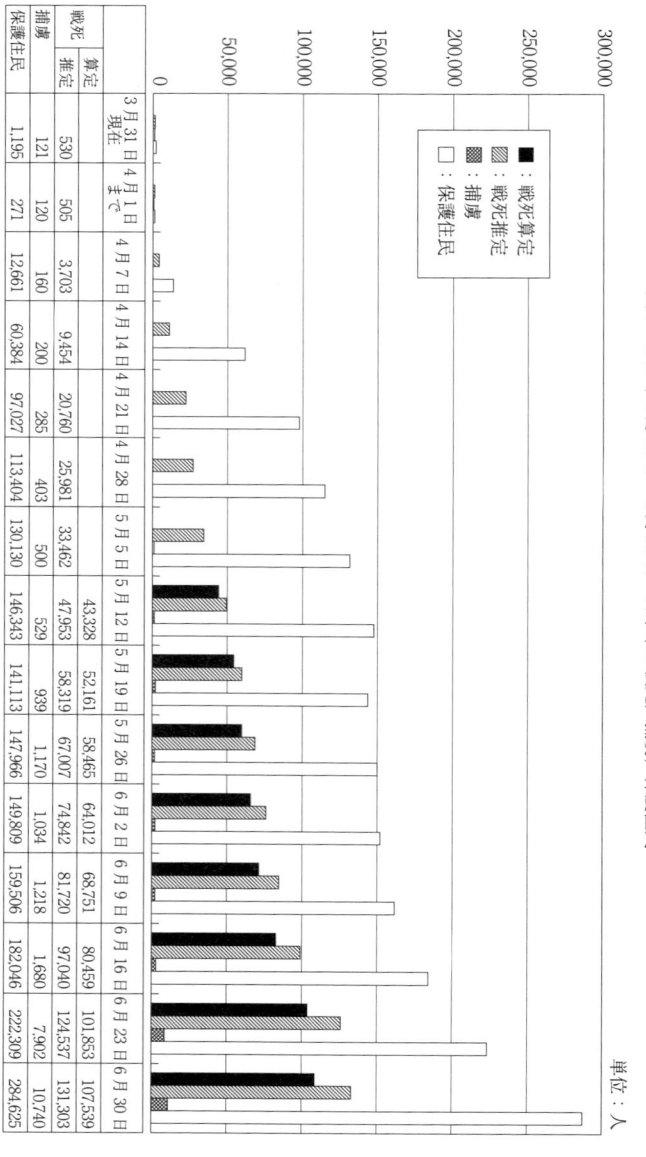

六月二七日付の『東京新聞』に「壮烈・沖縄に應へん」の題で一文を載せている。(27)

三箇月余の敢闘に、克く第一線を護り抜いて、敵に、その物量を以てしても、補塡する事の出来ない八万の出血を強ひたばかりでなく、本土防衛に鉄壁布陣の時間を稼いだ沖縄部隊の功績は、永久に没する事は出来

図2　1945年3月31日〜6月23日　米軍の戦死，行方不明

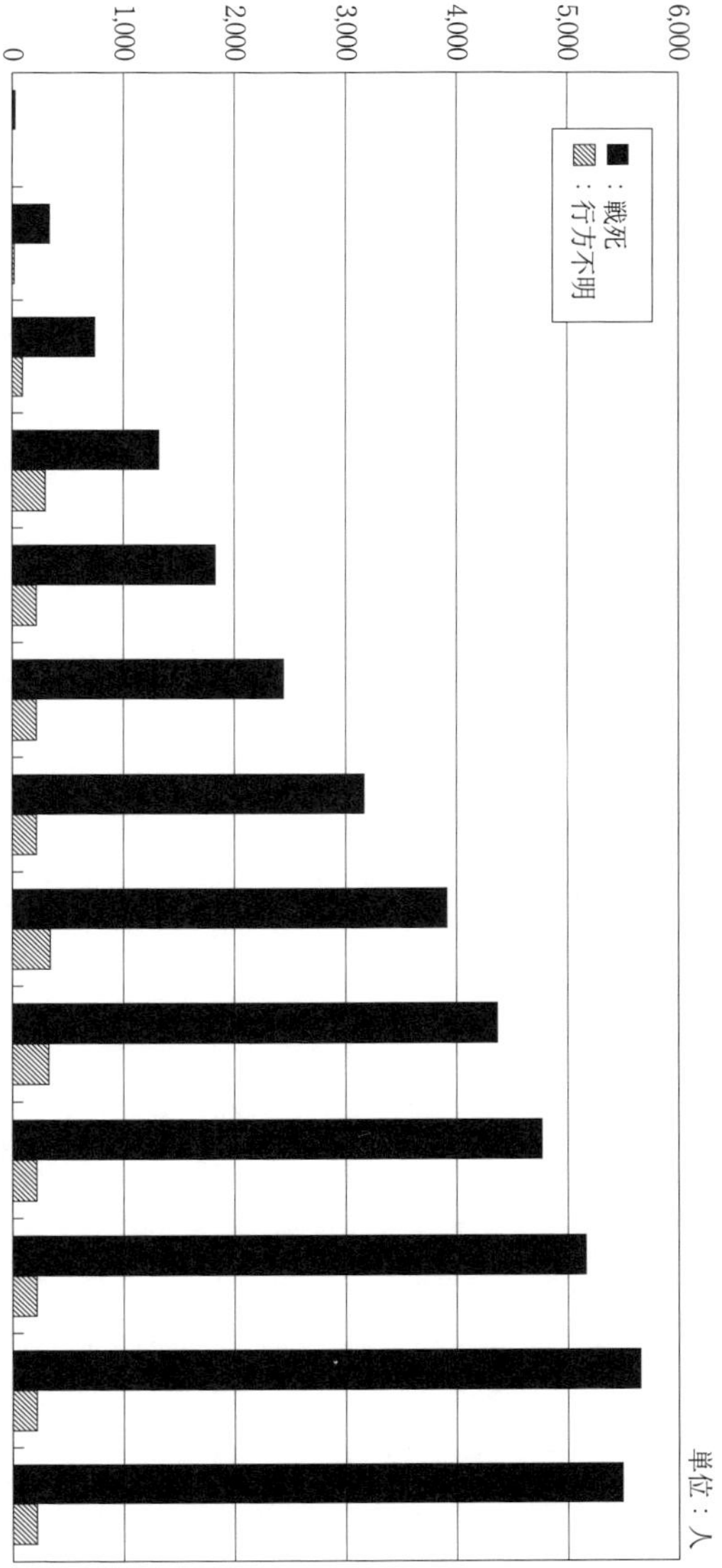

	3月31日	4月9日	4月15日	4月22日	4月29日	5月6日	5月13日	5月20日	5月27日	6月3日	6月10日	6月17日	6月23日
戦死	31	352	745	1,329	1,864	2,491	3,191	3,947	4,401	4,796	5,188	6,857	5,537
行方不明	0	28	100	318	254	195	177	352	327	249	216	236	218

出所：Ryukyus Campaign 10th Army Action Reports, より作成.

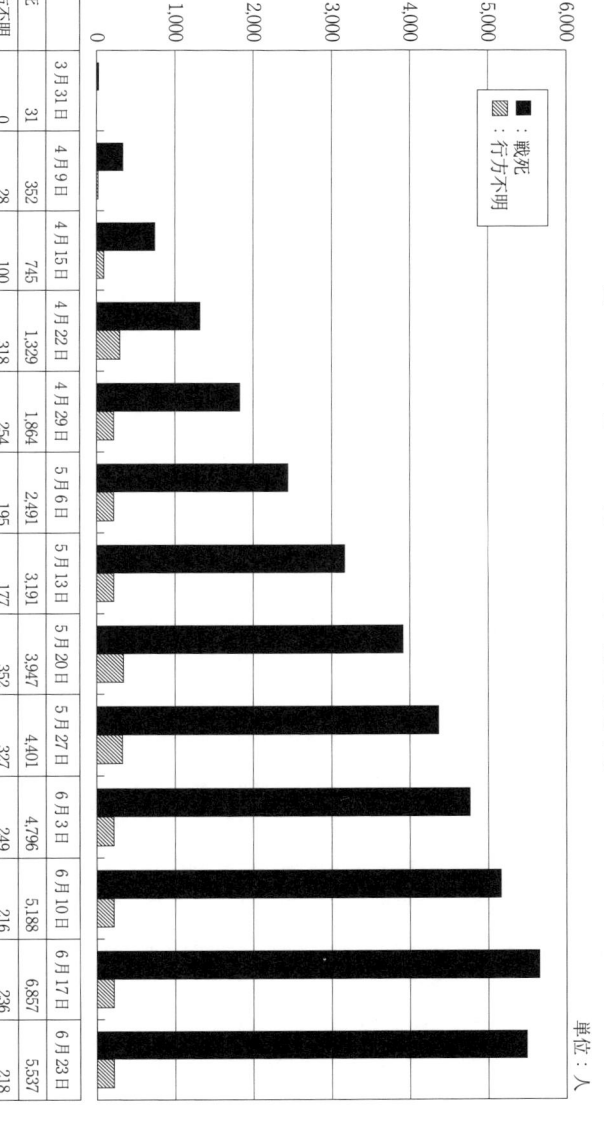

図3　1945年7月8日～10月8日　日本兵の戦死，殺害，捕虜

単位：人

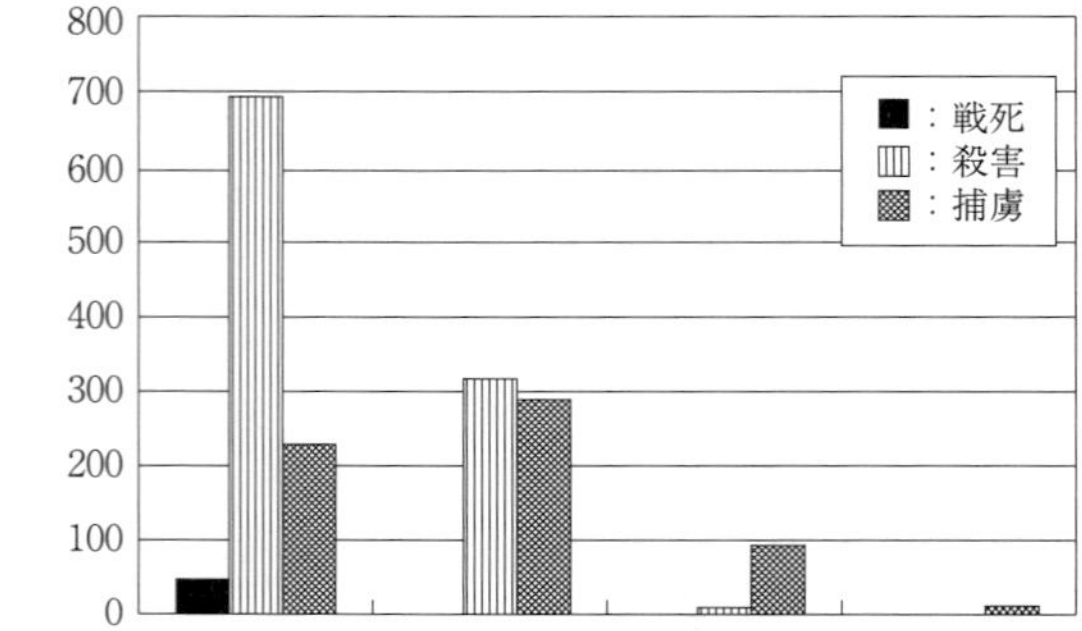

	7/8～7/31	8/1～8/30	9/1～9/25	10/1～10/8
戦死	44			
殺害	692	315	8	
捕虜	225	287	90	11

出所：G-2 Summary，より作成.

ない。

陸海空の守備将兵はもとより、国民学校及中等学校の男女青少年学徒も、恐らくまだ戦列に加はつてゐると思はれるが、外部からの補給の途がつかないために、有るたけの力を出し盡し、するだけの仕事をしつくし、打つだけの手を打ち盡し、竟に行く所に行き着いたのは、止むを得ないこととはいへ、遺憾の極みである。沖縄六十万の住民は、文字通り総決死の関頭に立つてゐる。而して船を飛行機をと叫び続けてゐたそれが送れぬならば、そちらの準備を早く〳〵と叫続《（ママ）》びけてゐた。慰安激励の夕などを催して、演説や歌謡音楽等を空輸する時期ではなかつた。第一に、それを受取るだけの余裕が死線にあらう筈もない。

比島沖台湾沖以来、敵は幾度もわが懐にとび込み、思ふ壺にはまつた。然るにその度毎に、懐を喰破り、壺を蹴とばして逃げて行つた。待つあるの緊張し切つた、胸にのみ、神機の到来はピンとひゞき、同時にこれを捉へる事が出来るのである。

本土上陸が必至と考へられ、問題の補給が心配なくなる。従つて挺身斬込だけでも敵を降伏する事が出来る。わが本土防衛第一線の島々がつぎ〳〵敵の足を押へてゐた間に防衛陣地の設備が完全に出来上つて、今

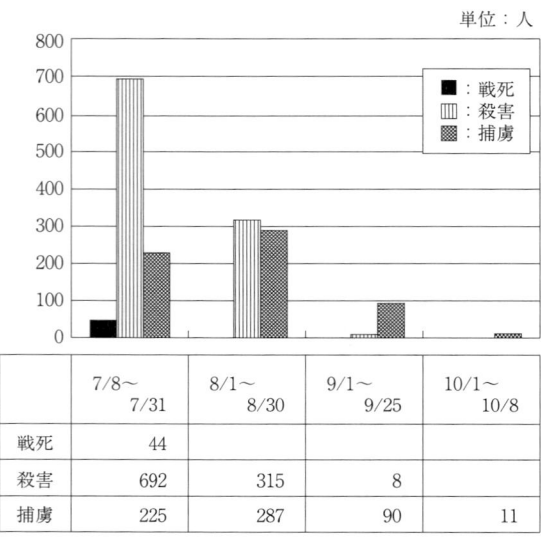

はたゞ野を清うして敵を待つばかりの情勢であるとすると、沖縄の敢闘も始めてかひがあつたと謂ふべきものである。

東恩納は、沖縄戦が「本土防衛に鉄壁布陣の時間を稼いだ」として高く評価し、米軍を本土で迎え撃ち戦う準備が完全に出来上がった今では、「沖縄の敢闘も始めてかひがあつたと謂うべきものである」とみる。ここには、沖縄の住民が沖縄戦によって「ありったけの地獄を束にした」悲惨極まる窮境に置かれていた状況がどのようなものであったかについてのおもいには全くいたっていない。資料・情報の入手に大きな制約があったとはいえ、時代が人を作るとはいえ、想像力の欠如した内容となっており、真理探究以前の姿勢が問われる発言といえる。

4 八月一五日 沖縄の米軍、沖縄の人たち

一九四五年八月一五日正午、昭和天皇は「終戦の詔書」を発表し、日本の敗北を国民に告げた。この「終戦の詔書」を受け、沖縄の米軍現地区指揮官海軍少将デビット・ペックは、つぎの布告を住民、日本軍向け発する。(28)

一、亜米利加合衆国、英吉利連合王国、支那共和国、ソブエト社会主義共和国連邦の各政府はポツダム会議に於て作成した条件に従って大日本帝国政府が無条件降伏をした旨八月十五日発表せり

二、大日本帝国天皇は全亜細亜と全太平洋方面に在る日本国民及陸海軍に対し次の如く勅令を発布せり「戦争行為は八月十五日終息を告げたり大日本の忠良なる臣民全部は即時総ゆる抵抗を息め連合国政府代理人の発布する命令に従って行動せられよ」

三、余は米国軍現地区指揮官として未だ残存する日本陸海軍将兵（防衛隊も含む）に武器を捨てよ、而して次の収容所或は沖縄人警察官の下へ出頭せよと命ずる。

△収容所—田井等、久志、嘉陽、辺土名、伊豆見、今泊、源河、喜如嘉、辺野喜

四、一般沖縄人にして未だ山中に在る者も直ちに家族や親類友人の居る場所へ帰り一緒に暮すことを望む

一九四五年八月十五日　現地区指揮官海軍少将　D.PECK

（付）裏面の地図は収容所の所在を示す

この八月一五日を、学業半ばで志願して海兵隊員となり、沖縄戦を戦ったユージン・B・スレッジは、こう述懐する。[29]「わたしたちは半信半疑でだが、同時に一種の名状しがたい救われたような思いで静かに受け止めた。日本は決して降伏などすまいと思っていた。そういう考えでずっと戦ってきた。だれもそうしか思っていなかった。静かな驚きのなかで、わたしたちは坐ったまま、今は亡き戦友のことを思った。あまりにも多くのものが散って行った。あまりにも多くのものが生涯不具の身となった。あまりにも多くの輝かしい未来が過去の灰に帰してしまった。あまりにも多くの夢が、わたしたちを呑み込んだあの狂気のなかでついえた。もちろん戦争が終わったというニュースで、二、三馬鹿さわぎはあった。だが生き地獄を生き抜いてきたものは、みな、うつろな目で静かに座ったまま戦争なき世界のことを考えていた」と。おそらく多くの米軍兵士も、スレッジと同じ思いで日本の敗戦を受け止めたであろう。

昭和天皇の「玉音放送」に打ちひしがれ、涙している最中の八月一五日、この日の沖縄の状況を、『ウルマ新報』（一九四五年八月二二日付）は、「暁だ!!　沖縄の再出発」の見出しで、つぎのように書く。日本の状況と対照的な沖縄の状況を伝えており、興味深い。

日本がポツダム宣言に従ひ終戦を確定し、永い戦乱の世界に平和の夜明が訪つれようとする歴史的な日、此処沖縄の一角石川市に於ては戦禍の裡から立上る沖縄再建を付託すべき人選の為、各地代表の仮沖縄諮詢委員会が召集された（八月十五日）。

各代表の何れの顔にも深刻に戦場民としての表情を刻んではゐるが、然し久し振りで交す友人知己の再会に感激的喜びと晴々した顔には沖縄再建の為にやるぞとの決意が伺へた。

九時十五分米軍政府副司令官モーレー大佐以下数名、一二四《ママ》名の各地代表出席のもとに開会、地元石川市長歓迎の辞に次いで、米軍政府石川隊長ベンゼント少佐の歓迎の辞の後、議長選挙に移れば志喜屋孝信氏満場一致を以て当選。

モーレー大佐の沖縄の復興が一日も早く実現するやう会員各位の協力を望み、米軍政府又今後も保護と復興に努力する旨の挨拶の後、軍政治部長モードック少佐は本会議の目的は沖縄再建につき軍当局の相談役となる十五名の委員を選ぶことであり、諮詢委員となるべき人物は全沖縄民衆の衆望を担ひ、産業、殖産、公衆衛生、社会教育、労働問題、治安、法律政治等に亘つて専門知識を有する人々が選ばれることを希望する。尚米国の機嫌をとつて自己の利益を考へてゐる者は排し、誠心誠意沖縄の福祉に対して大胆率直に述べることの出来る人物を希望するとの挨拶を終り、米軍政府側総退場の後、十五名の諮詢委員選出の方法に移り、二四名の候補者を挙げ、その中から選挙をなすことにして、八月二十日選挙の結果左の十五名が諮詢委員として当選した（委員名は省略―筆者注）。

更に一般民の意志を徹底さすべき代表機関の組織方法如何との案も軍政府側から提出され、民衆の与論《ママ》によつて政治を行つて行かうとする軍政府側の意向が明確にされ、渇望の自治権が付与されるのも、さう遠くはあるまいと、代表者に深い感銘を与えて、十五日と二十日に亘る会議は目出度く終了し、希望と期待は諮詢委員十五名の双肩に移された。

さらに、『ウルマ新報』は、この「暁だ!! 沖縄の再出発」に並ぶかたちで、米国海軍軍政府副長官ムーレー大佐の『仮沖縄人諮詢会設立と軍政府方針に関する声明』を載せている。この『声明』は、米軍政府の占領統治政策の基本方針となったものとおもわれるので、主要な点を掲げる。

米軍政府の方針は沖縄住民が普通平時の職業及び生活様式に復旧し、自己の問題に就き漸次現在以上の権利を得べき社会、政治、経済組織を可及的迅速且広範囲にわたり設立することをその主眼とする。今日までは軍事上の必要並に戦争のもたらした非常事態のために本島民事は殆んど完全に米軍政府当局に於て取扱わなければならなかった。而して諸問題処理に就ては沖縄の住民は貴重なる援助を与えて呉れた。彼等は忠実に能く軍政府当局と協力した。今や従前以上の責任と広範囲にわたる義務を委任し得べき時期が到来した様に思われる。本官は住民に於て此の大なる責任を負担する決意と能力がある事を期待して居るのである。沖縄の住民が漸次生活の向上と自己の問題に対する自由の回復を期待し得る安定した制度の設立は諸君が新に委任された任務を能く遂行することに係っている。米軍政府は引続き指導と物質的援助を与える。然し責任と管理は漸次沖縄の住民に委譲されなければならない。

戦争遂行の必要は本島の面積の大部分を農産面より撤去し、少なくとも戦時中は多数の住民を従来人口の希薄にして住民を収容するには狭隘にして、肥沃ならず、且つ充分なる居住施設なき区域に移転することを余儀なくした。この事態に関連して起こる問題こそ軍政府及び住民の今後直面する問題の主要なるものである。諸君の審議及び委員候補者詮衡に当りては人民に住居、被服、食糧及び医療を施すことが当面の主要問題であることを念頭に置かなければならない。この問題は今日までの主要問題であり、今後引続き緊要なる問題である。米軍政府当局は引続き建築材料、被服、補給食糧、医薬類物資等を提供する。然し住民が外部の援助より独立すべく可急的に計画に努力することを期待する。

このように、ムーレーは米軍政府の果たす役割と復興にたいする住民の努力を強く訴えた後に、「戦争遂行上の制限範囲内」で、住民の生産と生活に対し、ある程度の自由をあたえている。

沖縄は、八月一五日の日本敗戦の日、米軍政府の指揮下とはいえ、「戦後」復興の第一歩を踏み出しているが、大事なことは、米軍と日本軍との間には戦闘が続いていたことである。

先島の宮古では、八月一五日に敗戦の報告が広がり、八月三一日には日本軍司令部壕近くに特設された宮古郡御真影《ごしんえい》奉遷所前で、全宮古の御真影ならびに教育勅語・詔書の「奉焼式」をおこなって、日本の敗戦を実体験している。(30)

5　九月二日の日本降伏調印と沖縄

一九四五年九月二日、東京湾の米戦艦ミズーリ号甲板上で、日本帝国政府は連合国に対し、降伏文書に調印した。連合国を代表してダグラス・マッカーサー陸軍元帥、日本政府を代表して重光葵《しげみつまもる》外相、日本軍大本営を代表して梅津美治郎《うめづよしじろう》陸軍参謀総長の二人が署名した。日本側はなぜ二人なのかである。四五年八月二七日付けで外務省条約局が作成したであろう文書に、「降伏文書署名ノ為ノ全権委員任命ノ手続ニ付テ」がある。この中に、全権の資格として連合国側が要求しているのが「『大日本帝国　天皇陛下及日本国政府ノ命ニ依リ且其ノ名ニ於テ』署名スルノ権限ヲ有スルコト」・「『日本帝国大本営ノ命ニ依リ且其ノ名ニ於テ』署名スルノ権限ヲ有スルコト」、の二条件である。(31) 日本近現代経済史が専門の中村政則は、日本側はなぜ二人なのかに対し、こう指摘する。米国側は天皇に署名させる予定であったが、それでは天皇に屈辱をあたえ、日本国民の反感を買って占領に支障をきたすことになりかねない。また大日本帝国憲法は、軍隊の最高指揮権である統帥権の独立を認めており、内閣や議会が介入できない構造になっていた。政府を代表して外相が署名しても統帥部が反対すれば、降伏文書は反故になるおそれがあった。天皇は君主と大元帥の「二つの顔」をもっていたのである。天皇が署名できないならば、

政府を代表して外相が、大本営を代表して参謀総長の署名が必要だったのである。(32)

マッカーサーは、降伏調印後、直ちに、日本国の国民に対し、「日本帝国政府ノ連合国軍ニ対スル無条件降伏ニ依リ日本国軍ト連合国軍トノ間ニ長期ニ亘リ行ハレタル武力紛争ハ茲《ここ》ニ終局ヲ告ゲタリ日本国天皇、日本国政府及大本営ノ命ニ依リ且其名ニ於テ署名セラレタル降伏文書ノ諸条項ニ基キ本官ノ指揮下ニアル戦勝軍ハ本日ヲ以テ日本国ノ領土ヲ占領セントス」(33)との内容の『連合国最高司令官総司令部布告第一号』を発し、本格的な、そして基本的には米国単独による占領政策を開始する。

九月二日の日本降伏までの沖縄は、どのような状況にあったのか。沖縄は、すでに四五年三月二六日の「ニミッツ布告」によって日本帝国政府のすべての行政権の停止と日本裁判所の司法権の停止を命じており、沖縄における占領統治は、沖縄戦と同時に進行していたのである。第二章で詳しく展開するので、ここでは、簡単に触れるに止めておくことにする。八月一五日、米軍政府は三九の収容所から住民代表一二八名を沖縄本島中部の石川に召集し、第一回の仮沖縄諮詢会を開催する。会場に、天皇の「玉音放送」のニュースが伝えられ、一同の胸中には複雑な衝撃が走ったが、「戦後」沖縄の復興という使命感を燃え立たせる効果の方が大であった。二回の代表者会議を経て一五名の諮詢委員が選ばれ、八月二〇日沖縄諮詢会が正式に設置された。沖縄諮詢会設置の目的は、米軍政府の諮問に対する答申、中央政治機構創設に関する計画の立案、米軍政府への陳情具申にあり、執行権や議決権はもたなかった。だが、米軍政府の専門部門に対応した専門部会を設置し、警察、教育、食糧配給、医療衛生、人事などの日常業務に携わって「戦後」行政の礎を築くことになるのである。(34)

6　捕われた日・収容された日が沖縄戦終結の日　九月七日の沖縄

沖縄戦終結はいつか。この重い問いに対し、二つのとらえ方がある。ひとつは、第三二軍司令官牛島満が、沖縄本島南部最南端の摩文仁丘《まぶにのおか》洞窟司令壕で自決した一九四五年六月二三日を沖縄戦が終結した日とする捉え方である。沖縄県は、『沖縄県慰霊の日を定める条例』(一九七四年一〇月二一日条例第四二号)の第一条で、「我が県が、第二次世界大戦において多くの尊い生命、財産及び文化的遺産を失つた冷厳な事実にかんがみ、これを厳粛に受けとめ、戦争による惨禍が再び起こることのないよう、人類普遍の願いである恒久の平和を希求するとともに戦没者の霊を慰めるため、慰霊の日を定める」とし、第二条で、「慰霊の日は、六月二三日とする」とした。

もうひとつは、先島群島司令官納見敏郎中将、奄美群島司令官加藤唯雄少将ならびに高田利貞少将が、現在は嘉手納《かでな》基地内にある米第一〇軍司令部が置かれていた嘉手納町越来村森根で司令官スティルウェルと降伏文書に調印した一九四五年九月七日を沖縄戦終結とする捉え方である。沖縄市は、『沖縄市民平和の日を定める条例』(一九九三年四月一日条例第一八号)の第一条で、「この条例は、国内で唯一地上戦が行われた第二次世界大戦の教訓とそれに続く施政権分離下の生活体験を踏まえ、すべてのものを壊滅する戦争を繰り返さないとする市民の総意に基づき、日本国憲法と『核兵器廃絶平和都市宣言』の理念の下に、すべての人が等しく平和で豊かな生活がおくれるまちづくりを進めるために、沖縄市民平和の日を定めることを目的とする」とし、第二条で、「沖縄市民平和の日は、九月七日とする」としている。

ここで、六月二三日を沖縄戦が終結した日としてよいのか、との疑問がわく。なぜなら前述したように、牛島は、自決する前の六月一九日に、「全軍将兵の三ケ月にわたる勇戦敢闘により遺憾なく軍の任務を遂行し得たるは同慶の至りなり　然れども今や刀折れ矢尽き軍の運命且夕に迫る　既に部隊間の通信連絡杜絶せんとし軍司令官の指揮は至難となれり　爾今各部隊は各局地における生存者中の上級者之を指揮し最後迄敢闘し悠久の大義に生くべし」との軍命を発し、戦闘の中止は命じていないからである。実際、六月二三日以後も戦闘が続き、多くの住民・兵士が戦死している。なお、米軍が沖縄における日本軍の組織的戦闘の終結を内外に宣言したのは、七月二日である。八月一五日正午、日本は、天皇の玉音放送による「終戦の詔書」で、第二次大戦に敗北し、九月二日には連合国との間で降伏調印がなされた。だが、久米島、宮古・八重山の南西諸島ではまだ戦闘が続いており、南西諸島の日本守備軍が嘉手納町越来村森根で米軍と降伏調印をおこなったのは九月七日であった。本書では、住民にとっての沖縄戦終結は、捕われた日、そして収容された日であり、日本軍の降伏ということでは九月七日である、との基本的立場をとる。以下、検討に入るが、最初に、「降伏文書」の原文を掲げることから始めることにする。

沖縄でおこなわれた降伏調印式の模様は、九月八日付の『ニューヨーク・タイムズ』紙が取り上げている。二面に「スティルウェル、琉球の降伏を受け入れ」との見出しで、UP通信の記事をつぎのように掲載した。

九人の扱いやすい日本人将校は、今日、琉球グループの約六〇の島にいる一〇万五〇〇〇人の日本陸軍・海軍兵士の降伏を表明し、無条件降伏文書にサインした。

降伏式典では、合衆国第一〇軍の司令官、ジョセフ・W・スティルウェル陸軍大将が連合国を代表した。レイモンド・スプルーアンス海軍大将、ドゥーリトル・H・ジェームス中将、ジェーシー・B・オルデンドルフ海軍大将、デビット・ペック海兵隊少将が降伏の証人となった。

島のほとんどすべての非番の船員、軍人、および海兵隊員が降伏式に集まった。降伏式典は、音楽も含めて何から何までスティルウェル大将の独断場であった。沖縄の連合軍の部下たちがスティルウェル大将の本部のまわりに集まると、第一〇軍のバンドは司令官をたたえて「年老いた灰色の雌馬」（南北戦争時の陽気な行軍曲—筆者注）の演奏を始めた。

日本陸・海軍を代表して、最初に降伏文書六部にサインしたのは、納見敏郎中将だった。続いて高田利貞

Headquarters Tenth Army

7 September 1945

Surrender

The undersigned Japanese Commanders, in conformity with the general surrender executed by the Imperial Japanese Government, at Yokohama, on 2 September 1945, hereby formally render unconditional surrender of the islands in the Ryukyus within the following boundaries :

30° North 126° East, thence 24° North 122° East, thence
24° North 133° East, thence 29° North 131° East, thence
30° North 131° 30' East, thence to point of origin.

納見敏郎
Toshiro Nomi
Lieutenant General
Commander Japanese Forces
Sakishima Gunto

高田利貞
Toshisada Takada
Major General
Commander Japanese Army Forces
Amami Gunto

加藤唯雄
Tadao Kato
Rear Admiral
Commander Japanese Navy Forces
Amami Gunto

Accepted:

Joseph W Stilwell
J.W. Stilwell
General, United States Army
Commanding

降伏文書

少将と加藤唯雄少将がサインした。

日本人将校が降伏文書に署名を終えたとき、スティルウェル大将は大股でテーブルに近づき、すぐに六部すべてにサインした。

スティルウェル大将は、日本人に彼の指示に従うように命令して、日本人を護衛する役目を勤める諜報機関将校のルイス・イーリー大佐に向かって言った。

「彼らをここから連れ出せ」

この『ニューヨーク・タイムズ』紙の報道に対し、戦争と平和の琉球沖縄根拠地軍司令部が一九四五年四月一日から一九四六年四月一日までの沖縄における状況を編纂した『一年』には、こう記されている（注：『一年』史料の原文は、沖縄市史編集室と沖縄県公文書館に所蔵されているが、沖縄県公文書館所蔵の邦訳には肝心の降伏場面が欠落している。そこで、本書では邦訳文を完全なかたちで保管している沖縄県コレクター友の会副会長翁長良明のものを採用することにした）。

琉球の降伏式が九月七日第十軍地区で珊瑚礁の岩の上にあがつた観衆やパーシング中小の戦車隊を前にして行はれた。軍楽隊が「酒樽の曲」を奏してゐる間に群集は集まり、集会が終わつた時に小柄な日本使節団は降伏テーブルのところに席をとつた。真新しい軍服を着た海兵隊と陸軍の護衛隊は気を付けで立ち、日本人は降伏条項にサインしそれからステルウェル大将がサインした。すべての事がステルウェルの活発な風を示した。頭上ではB29とタング機が式場を「蜂のように」ぶん〳〵飛んだ。日本使節団は敬礼し式場を去つた。遠ざかりゆく時にステルウェル大将が幕僚の一人に振り返り「太平洋の武士たちが去つてゆく」と言つた。真珠湾攻撃の直後のビルマの苦敗を知つた場ではこの瞬間に老眼鏡をかけた将軍には個人的な勝利であつた。

さらにこの九月七日の降伏調印式をアメリカの戦史家ビーニス・M・フランクは、つぎのように記す(35)。

沖縄の物語の最後の場面は、一九四五年九月七日であった。この日、スチルウェル司令官は、琉球にある日本軍の降伏をうけた。スチルウェル将軍の命令によって、日本軍の高級指揮官たちは琉球兵団―第十軍の改称されたもの―司令部に出頭し「琉球諸島にいる一〇万五〇〇〇人をこす日本陸海軍部隊の完全な降伏をしめす無条件降伏文書」に署名した。この一〇分間の式典には、陸軍と海兵隊の歩兵部隊と戦車隊の代表部隊が参列し、空には数百機の飛行機が飛んだ。

また、鉄血勤皇隊員であった元沖縄県知事大田昌秀は、沖縄戦終結をつぎのようにとらえる。(36)

米軍は、沖縄本島における日本守備軍の組織的抵抗がやんだ後、六月二六日には、県都那覇市の西方海上約九〇キロメートル余にある久米島へ上陸した。そして数日を出でずして難なく同島を占拠したが、その過程で、二〇人の地元住民が、敵軍にではなく友軍の日本軍によってスパイの嫌疑を受けて殺害された。これは、「久米島事件」として世に知られているが、この事件は、日本が降伏した八月一五日以後に起こったこともあって沖縄戦の陰惨な内実を象徴的に示しているので、歴史に記録しておく必要がある。しかし、沖縄戦の終結を六月二三日とすれば、こうした非戦闘員の受難は、消えてしまうことになる。もっとも沖縄戦の終結を六月二三日とするのが、不当なのは、たんにそれだけの理由からではない。そのこと以上に、むしろ南西諸島守備軍が米占領軍に正式に降伏したのが一九四五年九月七日だという事実があるからだ。すなわち米軍の主力部隊である第一〇陸軍司令官ジョセフ・スチルウェル大将が、米極東軍司令官ダグラス・マッカーサー元帥から南西諸島の日本守備軍の無条件降伏を受諾するよう指示されたのは、八月二六日になってからであった。これを受けてスチルウェル大将は、南西諸島各地の日本軍司令官にその旨を通告した。その結果、日本守備軍を代表して、宮古島から第二八師団の納見敏郎中将（師団長）と奄美大島から高田利貞中将が陸軍代表として、また同じく奄美大島から加藤唯男少将が海軍を代表して嘉手納の第一〇軍司令部に出頭し、九月七日にスチルウェル司令官とのあいだで、六通の降伏文書に署名して正式に沖縄戦を終結せしめたのである。

このフランク、大田に異を唱えるのが、大田と同じ鉄血勤皇隊員の元公立学校教諭渡久山朝章である。彼は、九月七日を「沖縄戦の降伏調印式　米軍が仕組んだセレモニー」であるとして、つぎのように展開する（『沖縄タイムス』一九九四年九月三日付）。

降伏とは、常識的に言えば、自軍が余力を残しながらも、勝ち目がないことを見越した司令官が、無益な流血を避けるために決断するもので、交戦中に申し込むのが普通である。しかし、沖縄での降伏調印は、日本軍がすっかり敗退壊滅し、砲声も途絶えた後なのである。式に呼び出され、調印した者たちは、納見先島群島司令官や高田奄美群島司令官、それに加藤奄美海軍司令官という面々で、いずれも沖縄本島の戦略とは直接関係を持たない地区の司令官たちなのである。そして、その調印書は、私の拙い訳によれば「一九四五年九月二日、横浜における日本帝国政府により履行された総降伏に従い、ここに琉球諸島の無条件降伏を表明する」というような内容になっている。琉球諸島の降伏ならば、総司令官たる第三二軍軍司令官牛島満中将でなければならず、先島や奄美の司令官たちは、権限・職分を越えた役割を押し付けられたと言うべきだろう。その後、先島や奄美では米軍による武装解除が行われており、それからすると調印式は、実質的には両地区における武装解除への布石であったと見るべきかも知れない。降伏文書にある「日本帝国政府により履行された総降伏に従い……云々」もおかしい。ということは、米軍は沖縄進攻に当たってニミッツ布告を発し、沖縄を、日本帝国政府の司法・行政・立法のすべての権限から切り離したはずである。だから今更、日本帝国政府云々もあってしかるべきでは無いと思えるからである。ここで極言すると、この降伏調印式は、米軍の都合によって仕組まれたセレモニーであり、実質的には先島および奄美方面守備軍の円滑な武装解除を行うための布石として、同地区守備軍の降伏調印式だったのである。

この渡久山と同じように考えるのが、『鉄の暴風』の共著者太田良博である。[37]

その調印式の時点では、日本軍の主力が駐屯していた肝心の沖縄島には「日本軍」は存在しなかったのである。みんな捕虜になっていたのだ。また、宮古や奄美諸島にいた日本の残存部隊も、残存兵の集団にすぎなかった。なぜなら、そのとき、九月七日の時点では、マッカーサーはすでに日本に来ており、日本軍は解体されたことになっていたからである。嘉手納の調印式は、その解体作業のしめくくりの一つとしておこなわれたものであり、武装解除と帰順を意味するものであった。

ドキュメンタリー作家上原正稔は、「hereby formally render unconditional surrender of the islands in the Ryukyus within the following boundaries」を、「ここに正式に下記領域内の琉球諸島を無条件譲渡する」と訳し、「surrender」を「譲渡」と考えている。その論拠としたのが、米軍諜報部（G２）情報部による降伏調印の流れをとらえた報告書の末尾「こうして、儀式は正式に完了し、南西諸島（琉球諸島）の支配はアメリカ合衆国に移された。九州から台湾に及ぶ琉球列島は一八七九年以来日本の領土になっていた」という文言である。そして、上原は「一九四五年九月七日の『降伏』調印式は沖縄戦の終了となんら関係がないばかりか、『琉球列島の支配権』を狙った（それは実現された）『偽りの降伏調印』だったのだ」と結論づけるのである。[38]

だが、この報告書には、歴史事実にたいする誤りがある。一八七九年は明治維新政府が琉球藩を廃して沖縄県を設置した年であり、日本が台湾を領有したのは、一八九五年の日清講和条約によってである。さらにいえば、この上原の解釈の仕方には、無理がある。なぜなら、四五年八月二五日外務省条約局第一課が作成した「Instrument of Surrender を降伏文書ト訳シタル理由」の中に、「今回ノ如ク交戦国ノ一切ノ軍隊ガ敵ニ降ル場合トハ異ルモ兵力ノ一部ナリトモ全体ナリトモ敵ニ降ルコトノ事実ニ於テハ性質上何等異ル所ナキヲ以テ今回モ亦訳語トシテ降伏ノ文字ヲ用ヒタリ」[39]と明記していることから判断して、「Surrender」は、「譲渡」ではなく、「降伏」である。

ここで、見方を変え、沖縄戦についての多くの証言や聞き書きを代表させて、外間《ほかま》米子《よねこ》の語りを聞くことにする[40]。

一九四五年八月十五日は、日本がポツダム宣言を受諾し、無条件降伏した記念日であるが、沖縄にはそうした日はない。米軍上陸後の戦闘のなかで捕虜となった日が、人びとの〝戦後〟のはじまりとなる記念日である。

沖縄本島中部の米軍上陸地点では、上陸の日の四月一日に捕虜になった人もいる。激戦地の中、南部では弾丸のなかを多くの死体を踏み越え、逃げのびながら死の寸前で捕われた人、地下洞くつの奥深くひそんで、戦争終結も知らず、九月～十月頃地上に這い出た人、北部の山中を逃げまわって五～八月頃米兵に見つかって山をおりた人びと等、鉄の暴風をかいくぐり、山の中を飢えに苦しみながらさまようという、さまざまな戦争体験をしながら、米兵に捕われた日が〝終戦記念日〟であった。

これまで、「沖縄戦終結はいつか」について見てきた。大切なのは、住民にとっての沖縄戦終結と日本軍にとっての沖縄戦終結を同じ次元で論じるべきではないということである。繰り返しになるが、住民にとっての沖縄戦終結は捕われた日であり、収容された日であるということ[41]、日本軍にとっての沖縄戦終結は、九月七日であるということである。

つぎの「詩」で本章を閉じることにしたい。この「詩」は、二〇〇七年六月二三日の「慰霊の日」に、中学校二年生の匹田崇一朗君が「平和の詩」として朗読したものである[42]。

写真の中の少年

何を見つめているのだろう
何に震えているのだろう
写真の中の少年
周りの老人や女性、子供は
身を寄せ合って声を殺しうずくまっている
後ろでは逃げ出さぬようにと
鋭い眼光で見張るアメリカ兵
その中で少年はひとり一点を見つめている
何を思っているのだろう

とうとう戦争はやって来た
いつ来るとも知れない恐怖に怯えながら
必死に生きてきた
少年のもとに
悪魔はとうとうやって来た
戦争で異郷の地にいる父や兄に代わって

ひとり毎日山へ行き
家族を守りたいその一心で
防空壕を掘り続けた少年
しかし無情にも堅い岩が
少年の必死の思いをあざ笑うかのように
行く手を阻み掘り進む事ができない
手には血豆
絶望感と悔しさが涙とともにあふれ出た

とうとうやって来た
奴は少年のすぐそばまでやって来た
殺される　死ぬのだ
そんな恐怖が少年を震わせ凍らせた

やっとの思いで入れてもらった親戚の防空壕
泣きじゃくる赤ん坊の口をふさぎ
息を殺して奴の通り過ぎるのを祈った
少年は無我夢中で祈った
しかし祈りは天には届かなかった

壕の外でアメリカ兵の声
「出て来い」と叫んでいる
出て行くと殺される
「もう終わりだ」
少年は心の中でつぶやいた
先頭に立って出て行こうとする母親を
少年は幼い手で必死に引き止めた
けれどいつしかその手は離れ
母親はアメリカ兵の待つ入り口へ
それに続いて壕の中から次々と
少年や親戚が出て行った
写真はまさにその直後に撮られたものだ

とうとうやって来た
恐怖に怯え　夢や希望もなく
ただ生きることだけに
家族を守ることだけに
必死になっていた少年のもとに
悪魔はやって来た

写真の中の少年
一点を見つめ何を思っているのだろう
写真の中の少年　僕の祖父
何を思っているのだろう
どんな逆境の中でも最後まであきらめずに
頑張って生き抜いてきた祖父
だから今の僕がいる
命のリレーは
祖父から母へ　母から僕へと
つながった
あの時祖父が生きることをあきらめずに
必死で生きてきたから僕がいる
だから
自分で自分の命を絶ったり
他人によって奪われたりということは
いつの世でも　いかなる場合でも
決してあってはならないことだ

僕がいる
必死で生き抜いてきた少年がいたから
僕がいる
僕はその少年から受け継いだ
命のリレーを大事に絶やすことなく
僕なりに精一杯生きていこう
また少年から聞いた
あの忌わしい戦争の話を
風化させることなく
語り継いでいこう

一枚の写真を見たことが、詩を作るきっかけになったという。写真は、「集団自決」があった座間味島で壕から出てきた住民を米軍が写したものである。その中に自分と同じ一三歳ころの祖父が軍服のようなものを着てうずくまり、恐怖におびえて写っていたのに衝撃を受け、祖父から聞いたその時の状況、少年だった祖父の情景を詠んだという。沖縄戦の実相を風化させようとやっきとなっているこの国の風潮の中で、祖父の思いを「詩」に込めた少年の感性と想像力を大切にしたい。

注

（1） W・S・チャーチル／佐藤亮一訳『第二次世界大戦　下』（河出書房新社、一九七二年）四〇頁。
（2） 大田嘉弘『沖縄作戦の統帥』（相模書房、一九七九年）七六頁。

(3)『琉球新報』は、二〇〇四年七月七日から二〇〇五年九月七日にかけて、「当時の状況をいまの情報、視点で構成」した「沖縄戦新聞」(第一号〜第一四号)を企画・連載する。「沖縄戦は三カ月の地上戦だけでは語り尽くせません」との立場で、「サイパン陥落」から「日本守備軍が降伏」までを丹念に拾い上げ、沖縄戦とは、いったい何であったのかを追究している。本論文を執筆するうえで大いに刺激となった。
(4)大田昌秀『那覇一〇・一〇大空襲　日米資料で明かす全容』(久米書房、一九八四年)二四頁。
(5)伊藤隆「昭和天皇、終戦への道」(『中央公論』二〇〇四年八月号)七三頁。
(6)参謀本部所蔵『敗戦の記録』(原書房、一九六七年)五二頁。
(7)同前、五五〜五六頁。
(8)新里清篤編『記録と証言　あゝ学童疎開船対馬丸』(対馬丸遭難者遺族会、一九七八年)三六三〜三六四頁。
(9)那覇の「一〇・一〇空襲」については、何よりも那覇市企画部市史編集室編発行『沖縄の慟哭　市民の戦時戦後体験記1(戦時篇)』(一九八一年)所収の「十・十空襲」の証言を参照にすべきである。
(10)仲宗根将二「先島の『8・15』沖縄戦は続いていた(1)」(『琉球新報』一九九八年八月十三日付)。
(11)吉浜忍「一〇・一〇空襲と沖縄戦前夜」(沖縄県文化振興会公文書館管理部史料編集室編『沖縄戦研究Ⅱ』沖縄県教育委員会、一九九九年)一八一頁。
(12)渡辺憲央『逃げる兵—高射砲は見ていた—』(文芸社、二〇〇〇年)四二〜四三頁。
(13)八原博通『沖縄決戦　高級参謀の手記』(読売新聞社、一九七二年)五三〜五四頁。
(14)『琉球農連五十年史』(琉球農業協同組合連合会、一九六七年)二一二〜二一三頁。
(15)大田嘉弘『沖縄作戦の統帥』(相模書房、一九七九年)一七三頁。
(16)大田昌秀『那覇一〇・一〇大空襲　日米資料で明かす全容』(久米書房、一九八四年)三頁。
(17)「米国海軍軍政府布告第一号」(『アメリカの沖縄統治関係法規総覧(Ⅰ)』池宮商会、一九八三年、三四九頁)には、一九四五年のみ記されており、月日は記載されていない。三宅明生は、この「第一号」についての【解説】で、「原資料には布告の日は記されていないが、公表されたのは三月三一日のことである」(歴史学研究会編『日本史資料[五]現代』岩波書店、一九九七年、一四四頁)と断定する。占領布告なるものは、占領してはじめて発令されるものであり、月日を記載しないのが通例である。よって三宅の断定は、誤りである。この指摘については、琉球大学法文学部・我部政明教授の教示を得た。なお、本文記載以下の全文は、つぎのとおりである。

一、南西諸島及其近海並ニ其住民ニ関スル総テノ政治及管轄権並ニ最高行政責任ハ占領軍司令長官兼政府総長、米国海軍元帥タル本官ノ権能ニ帰属シ本官ノ監督下ニ部下指揮官ニヨリ行使サル。

二、日本帝国政府ノ総テノ行政権ヲ停止ス。

三、各居住民ハ本官又ハ部下指揮官ノ公布スル総テノ命令ヲ敏速ニ遵守シ、本官下ノ米国軍ニ対シ敵対行動又ハ何事ヲ問ハズ日本軍ニ有利ナル援助ヲ為サズ、且ツ不穏行為又ハ其ノ程度如何ヲ問ハズ治安ニ妨害ヲ及ボス行動ニ出ズ可カラズ。

四、本官ノ職権行使上其必要ヲ生ゼザル限リ居住民ノ風習並ニ財産権ヲ尊重シ、現行法規ノ施行ヲ持続ス。

五、爾今総テノ日本裁判所ノ司法権ヲ停止ス。但シ追テノ命令アル迄、該地方ニ於ケル軽犯者ニ対シ該地方警察官ニ依リテ行使サルル即決裁判権ハ之ヲ継続スルモノトス。

六、本官又ハ本官ノ命令ニ依リ解除サレタル者ヲ除ク総テノ官庁、支庁及町村又ハ他ノ公共事業関係者並ニ雇傭人ハ本官又ハ特定サレタル米国軍士官ノ命令ノ下ニ其職務ニ従事ス可シ。

七、占領軍ノ命令ニ服従シ平穏ヲ保ツ限リ居住民ニ対シ戦時必要以上ノ干渉ヲ加ヘザルトス。

八、爾今、布告、規則並ニ命令ハ本官又ハ本官ヲ代理スル官憲ニ依リ逐次発表サレ、之ニ依リ居住民ニ対スル我要求ハ禁止事項ヲ明記シ、各警察署並ニ部落ニ掲示サル可シ。

九、本官又ハ本官ヲ代理スル官憲ニ依リ発布サレタル本布告、他ノ布告並ニ命令又ハ法規等ニ於テ英文ト其他ノ訳文ノ間ニ矛盾又ハ不明ノ点生ジタル場合ハ英文ヲ以テ本体トス。

一九四五年　月　日

於

米国太平洋艦隊及太平洋区域司令長官兼南西諸島及其近海軍政府総長

米国海軍元帥　ニミツ

(18)　宮城晴美『母の遺したもの』(高文研、二〇〇〇年)二一七〜二一八頁。

(19) 伊波の文章は、近代史研究家伊佐眞一によって発掘されたもので、『琉球新報』二〇〇七年五月二一日および二三日に掲載されている。
(20) 伊佐眞一『伊波普猷批判序説』(影書房、二〇〇七年)八二頁。
(21) 防衛庁防衛研究所戦史室編『戦史叢書　沖縄方面陸軍作戦』(朝雲新聞社、一九六八年)五七四頁。
(22) 大田昌秀『沖縄戦下の米日心理作戦』(岩波書店、二〇〇四年)二四八頁。
(23) 『沖縄県史　資料編2』(沖縄県教育委員会、一九九六年)一四八〜一四九頁。
(24) 防衛庁防衛研究所戦史室編『戦史叢書　沖縄方面陸軍作戦』(朝雲新聞社、一九六八年)六〇〇頁。
(25) Ryukyus Campaign 10th Army Action Reports 7—Ⅲ—35.
(26) 寺崎英成　マリコ・テラサキ・ミラー編『昭和天皇独白録　寺崎英成・御用掛日記』(文藝春秋、一九九一年)一一三〜一一四頁。
(27) 東恩納の文は、沖縄歴史教育研究会の仲村顕によって発掘された。
(28) 仲宗根源和『琉球から沖縄へ』(月刊沖縄社、一九七三年)表紙裏。
(29) ユージン・B・スレッジ/外間正四郎訳『泥と炎の沖縄戦』(琉球新報社、一九九一年)三一〇頁。
(30) 仲宗根将二「先島の『8・15』沖縄戦は続いていた(2)」(『琉球新報』一九九八年八月十四日付)
(31) 江藤淳責任編集『占領史録　第1巻　降伏文書調印経緯』(講談社、一九八一年)二一二〜二一三頁。
(32) 中村政則『戦後史』第八刷(岩波新書、二〇〇六年)一六〜一七頁。
(33) 江藤淳責任編集『占領史録　第1巻　降伏文書調印経緯』(講談社、一九八一年)二六三頁。
(34) 『沖縄県史料　戦後1　沖縄諮詢会記録』(沖縄県教育委員会、一九八六年)、大城将保による「解題」六〜七頁。
(35) ビーニス・M・フランク/加登川幸太郎訳『沖縄　陸・海・空の血戦』(サンケイ新聞社出版局、一九七〇年)二二一頁。
(36) 大田昌秀『沖縄戦とは何か』(久米書房、一九八五年)一九〜二七頁。
(37) 太田良博『戦争への反省』(ボーダインク、二〇〇五年)三八頁。
(38) 上原正稔『沖縄戦トップシークレット』(沖縄タイムス社、一九九五年)二三五〜二三七頁。

(39) 江藤淳責任編集『占領史録　第1巻　降伏文書調印経緯』（講談社、一九八一年）二〇九頁。

(40) 外間米子「屈辱と栄光からの出発」（『沖縄・女たちの戦後―焼土からの出発―』（ひるぎ社、一九八六年、所収）一〇～一一頁。

(41) 住民の捕らわれた日・収容された日の詳細は、第二章で論ずることにする。

(42) 沖縄県平和祈念資料館所蔵。

二　米軍の沖縄上陸、占領と統治

はじめに

一九四五年四月一日、米軍は、沖縄本島中部西海岸に上陸する。米軍の沖縄本島上陸は、沖縄戦の本格的な開始を意味し、同時に米軍政府による沖縄の占領統治の開始をも意味した。沖縄の住民すべてを巻き込んだ沖縄戦は、戦史上、類を見ない、極限の中の極限における戦争であった。壕に避難している赤ちゃんが母親のお乳が出ないのでよく泣く、泣き声が漏れて米軍に知られるのを恐れた他の人達から「口を塞いで死なしなさい。みんなのためだ」といわれ、また日本兵が「注射して上げようね、おとなしくなる注射だ」といって殺す。人が人としての感情を失うのが極限である。

米軍は上陸と同時に、強制による住民の収容、強制による住民の労働力を確保して、日本軍が〝作戦的に〟放置した飛行場の整備、新たな基地建設を推し進め、この対価として食糧・衣類をはじめとする生活物資の無償配給を続ける。「軍作業」・無償配給は、沖縄の住民にとって生命の綱であった。

このような状況の中、米軍政府は、沖縄における占領と統治、沖縄住民による〝ある程度の自治〟を認める。その端緒が四五年八月一五日の「仮沖縄人諮詢会」の設置であった。米軍政府は、「沖縄に対する軍政府の方針」を立てるが、その主要内容はつぎのとおりである。「沖縄の住民が漸次生活の向上と自己の問題に対する自由の回復を期待し得る安定した制度の設立は諸君が新に委任された任務を能く遂行することに係っている。米軍政府は引続き指導と物質的援助を与える。然《しか》し責任と管理は漸次沖縄の住民に移譲されなければならない」。そして八月二〇日に沖縄諮詢会が設置される。その二四日後の九月一三日には、米軍政府と沖縄諮詢会は組織的な地方行政を創設する必要から「地方行政緊急措置要綱」を公布、この第五条でうたわれたのが「年令二十五才以上ノ住民ハ選挙権及被選挙権ヲ有ス」という文言である。これにより沖縄の女性に参政権が与えられたのである。九月二〇日の住民収容一二地区における市議会議員選挙、九月二五日の市長選挙において、沖縄の女性は、日本政治史上、はじめて、参政権を行使したのであった。

1 「アイスバーグ作戦」にみる民間人用の「水と食糧」

一九四五年四月一日、史上最大の艦隊が沖縄本島中部西海岸に進攻、上陸する。軍事記者のハンソン・W・ボールドウィンは、「何千マイルもの大洋を越えて、敵基地にとり囲まれた地域に米軍を投入するということだけでも、戦史に前例のないところである。進攻艦隊は、文字どおり世界中から艦船をかき集めて編成された」ものであり、対日本攻撃を強化するためには沖縄攻略が戦略上重要であったからだ、と記す。(1) 米軍の上陸時、「敵は奇妙にも静まりかえって」おり、「上陸はあまりにも容易であったが、その後には、戦史上もっとも苛烈な血みどろの戦闘が控えていた(2)」のであった。「かつて地上戦で、これほどの短期間に、こんなに狭小な地域で、これほど多くのアメリカ人の血が流れたことも、一度もなかった(3)」し、「沖縄制圧は悲惨で血塗られたものであった(4)」のである。

日米最後の戦闘である沖縄戦は、一九四四年一〇月三日、太平洋地区米軍が、琉球列島を確保せよ、との指令を受け取ったときから始まっていた。米国が沖縄進攻を決定したことは、日本の防衛線である沖縄に深く食い込む用意ができていたことを意味し、日本軍にとっては防衛の強化か、降伏か、を意味した(5)。沖縄進攻作戦は、「アイスバーグ作戦(6)」と呼ばれ、米国が戦術に戦術を重ねて築きあげた作戦であった。このアイスバーグ作戦について、米国陸軍省はこういう。「アイスバーグ作戦は三カ年以上の戦争で蓄積に蓄積を重ねた兵員や武器、飛行機などいっさいの軍事力を一緒にしたもので、したがって日本帝国内陣の保塁に対しては、太平洋戦線でいまだかつて動員されたことのない陸海空軍勢力の大結集をはかり、さらに各軍の共同一致した作戦が必要とされたのである(7)」。米国の戦史上、類を見ないアイスバーグ作戦に、米軍は兵器以外にどれほどの物量を準備し、兵站《へいたん》をどのように展開したのか、「アイスバーグ作戦の成功のカギは、海軍の輸送・補給統制システムにあった(8)」。

　ここでは、アイスバーグ作戦の中で計画された民間人用の「水と食糧」に焦点を絞ってみることにする。水の補給について、（一）太平洋戦務司令官は、軍政府の責任において二四万人の民間人に一人当たり一日一クォート＝〇・九五リットルの蒸留水を供給できる蒸留能力施設を提供する(9)。（二）浄化装置の準備の整い次第、蒸留による水の供給を中止し、現地の水を浄化して供給するようにする。これも軍政府の責任において二四万人の民間人に一人当たり一日〇・五ガロン＝一・九リットルとする(10)。

　兵士への水の供給とともに、民間人にたいする水の供給をも作戦の中に取り入れている。水処理の基準については、つぎのように詳細を極めた(11)。

　a　衛生に関する基準は、本司令部直属軍医によって適切な指令により決定される。全部隊に分配された処理水は、医務局実験室の試験で、簡単な処理法でも十分であると判断されるまでは第一〇軍の飲料水特別処理法に基づいて処理する。

　b　飲料水支給地点で分配される水は、塩素を混合してから三〇分後の塩素の残留量が一・〇〜一・五ｐｐｍの間の値を表示されているものとする。

c　飲料水支給地点では、緊急時以外に直接河川もしくは既存の井戸から水を引いてはならない。自然泉や新しく掘った井戸又は地下洞穴の水を利用する。

井戸や地下洞穴には少なくとも二〇フィートの天然砂や浸潤用砂利を用いる。

d　人間の利用に不適当な水の腐敗防止には、ケイ酸ナトリウムを使用する。天然の土壌をブロックとして使用してはならない。

民間人の水の使用については、こう制限する。(12)

民間人は、部隊に水を供給する飲料水支給地点から水を汲んだり、その付近に集結してはならない。有刺鉄線のフェンスを張り巡らすこと、武装した歩哨をおくことも許可する。緊急用の民間人の水も軍団や師団の司令官の裁量で部隊の飲料水支給地点で処理してもよいが、水の配給は、飲料水支給地点を危険に晒すことのないような陸地で行うようにする。民間人への水の補給は軍政府が実施する。

米軍は、水の供給については、周到な用意のもとで作戦を立てている。環境が違い、水が違えば、体調を崩すことは目に見えており、それが士気の低下につながるのを恐れたからに違いない。

民間人用の食糧については、七万食のレーションを積載することになっていた。(13)レーションとは、米軍の野戦用非常携帯食のことで、それにはチーズ、クラッカー、コーヒー、粉末ジュース、チョコレート、チューインガム、タバコなどが防水された紙箱に入っていたKレーションと肉や卵の入った缶詰のCレーションがあった。七万食の内訳をみると、米＝二万七七四六キログラム、大豆＝六九三五キログラム、油脂＝九九三キログラム、魚缶詰＝一九九一キログラム、砂糖＝九九三キログラム、食塩＝九九三キログラム、である。そのほかに、一人一日当たりの基準として、米＝三七〇グラム、大豆＝七六〜一四グラム、油脂＝一四グラム、魚缶詰＝二八グラム、砂糖＝一四グラム、食塩＝一四グラムを一万レーション分が準備された。(14)

とにした。[15]「水と食糧」以外に、民間人への医療行為については、つぎのように計画し、衛生用品は補給・輸送で賄うこ

a　軍政府病院が地上に設置されるまで、軍隊の医療施設が軍の負傷者の手当に支障のない範囲内で民間人に最小限度の医療行為を施す。

b　軍政府病院は、その施設が地上に建設された時点で民間人負傷者の医療手当の責任を負う。

さらに、民間人用の衣服および経済活動補給品の支給については、補給・輸送で賄うとの計画をたてている。[16]

2　米軍上陸と住民の収容

一九四五年四月一日、米軍の沖縄本島中部西海岸上陸は、日本軍の反撃のない予期せぬ「静かな」上陸であった。沖縄戦が本格化するにつれて、米軍による住民の収容者数は、表1にみるように、増加の一途をたどる。四月一日の上陸時にわずか二一人であったのが、一か月後の四月三〇日には一二万四三九五人、五月二二日に第三二軍が首里の司令部を放棄して沖縄本島南部へ撤退後の五月三一日で一四万九五五〇人、日本軍司令官が自決した六月二三日には二二万二三〇九人、そして六月三〇日で二八万四六二五人にのぼった。米軍政府本部の調査によると、四五年八月ごろの沖縄本島および周辺離島の人口が三三万四四二九人であったので、[17]実に八五パーセントもの住民が収容されたことになる。

米軍は、住民を、図表1にみるように、一二地区に分散して収容する。そして住民に対し、つぎの「収容所注意」[18]を提示する。

一、諸君に危害を加へ又は家族を分離する事絶対なし、諸君の衣食住に付き出来得る限り便宜を計るものな

表1　収容住民数・1945年3月26日—6月30日

単位：人

3月26～31日	1,195
4月　1日	21
2日	1,023
3日	5,502
4日	6,335
5日	8,909
6日	12,661
7日	12,661
8日	43,378
9日	49,995
10日	44,367
11日	51,352
12日	51,211
14日	60,384
15日	61,865
16日	68,363
17日	68,563
18日	81,106
19日	83,744
20日	96,644
21日	97,027
22日	100,335
23日	107,669
24日	115,279
25日	111,690
26日	112,003
27日	112,659
28日	113,404
29日	114,374
30日	124,395

5月　1日	129,122
2日	129,152
3日	130,040
4日	130,138
5日	130,130
6日	128,519
7日	131,414
8日	138,852
9日	140,490
10日	137,434
11日	142,869
12日	146,343
13日	137,068
14日	137,767
15日	138,093
16日	138,540
17日	139,958
18日	140,140
19日	141,113
20日	143,143
21日	144,149
22日	144,307
23日	144,339
24日	147,044
25日	147,033
26日	147,966
27日	148,427
28日	149,985
29日	150,077
30日	150,139
31日	149,550

6月　1日	149,591
2日	149,809
3日	149,809
4日	149,814
5日	150,080
6日	151,826
7日	156,529
8日	158,263
9日	159,506
10日	159,506
11日	168,775
12日	157,948
13日	170,297
14日	173,431
15日	177,249
16日	182,046
17日	177,992
18日	181,379
19日	204,371
20日	212,066
21日	212,066
22日	215,045
23日	222,309
25日	240,403
26日	240,994
27日	282,363
28日	282,252
29日	282,747
30日	284,625

出所：上原正稔訳編『沖縄戦　アメリカ軍戦時記録　第10軍G2㊙レポートより』（三一書房，1986年），より作成.

図表1　1945年7月の収容所人口の動き（単位：人）

		7月1日	7月31日
中南部の収容所	玉城・新里	15,000	24,000
	野嵩・安谷屋・喜舎場	23,000	12,500
	コザ・島袋	22,000	11,500
	桃原・具志川	38,500	42,000
	計	98,500	90,000
石川以北の収容所	石川	19,000	24,500
	宜野座	65,000	117,700
	田井等	57,000	64,500
	計	141,000	206,700
総　計		239,500	296,700

出所：『沖縄戦後初期占領資料　第11巻』（緑林堂書店，1994年）21頁，より作成.

れば諸君の協力を乞ふ。

二、家族に随意に分離せず指定されたる部署に居る事。

三、軍部又は民間収容所巡査の命令を守る事。

四、収容所の与える飲食物のみを使用する事。

五、塵芥、汚物は設立されたる場所に捨てる事。

六、身分証明書は必らず首に掛ける事。

七、指定場所以外に大小便をするべからず。

八、燈火管制と晩鐘規則を厳守する事、草煙禁す。

九、酒類又は麻酔剤は収容所内に絶対に使用するべからず。

十、炊事区境設立される迄各自に料理するべからず。

十一、施薬或は治療は収容所軍医の監督又は許可により施す事。
十二、病気は収容所本部に直ちに報告する事。

米軍は、日本軍と戦闘中であったため、収容所内の規律の徹底化を図ることはもちろんであるが、最も神経を使ったのが病気の蔓延を防ぐことにあった。ここで目に入るのが、「身分証明書は必らず首に掛ける事」という注意事項である。日本兵が民間人になりすまして住民の収容所に入り込む、という事態が続出したためである。そこで、一九四五年四月二七日、沖縄米軍司令官は、つぎの「収容所民へ」のビラを配り、潜入した日本兵の排除に打って出る。(19)

最近君達沖縄市民に直接大影響を及ぼす重大な問題が我が注意を惹いて居る。然し此の問題が起つたのは直接君達の責任ではない。日本の軍人が市民に変装して市民の様に見せ掛け市民収容所に潜入して居る実例がある。

軍人として恥べき此の行ひの為に君達市民は皆疑の目で見られて居る。又其の為我が軍は君達を昼夜厳戒し又君達の自由行動を限定する様な断乎たる処置を取らねばならぬ。それは君達に多大の不便を及ぼすのみならず自宅に帰つて以前の生活を続ける事さへも出来なくなる様な状態を持《ママ》たらす。

今述べた如く日本軍人の此の恥ずべき行ひは君達市民に大いに不利な影響を及ぼして居る。君達の中に軍人が潜入して居る限り我が軍は罪のない君達市民に不便を感じさせねばならぬ。

戦時に軍人と知りながら市民に変装して居る軍人を匿ふ事は大罪である。潜入兵と知りながら其れを其筋に届けない市民は法律に違反して居るのみならず家族及び社会の義務を怠つて居るのである。二十四時間以内に軍人らしく自ら進んで出た日本軍人は罰される事なく軍人収容所に移される。二十四時間以内に自ら進んで出ない潜入兵を其筋に告げる事を君達市民に命ず。此の通知は直に収容所当局に告げよ。

では、米軍は、上陸後、実際、どのようにして収容した住民の食糧を調達したのか。当時、食糧調達に従事したバーソン・ロストローの証言を聞いてみる。(20)

米軍は、沖縄を日本侵攻のための前進基地とすべく計画していたが、日本が予想していたよりも早くに降伏し、しかも沖縄の港のほとんどが米軍の攻撃によって破壊されていたため、およそ一〇〇〇隻もの輸送船が荷下ろしもせずに何か月も沖縄沖に停泊したままであった。船には、日本侵攻に備え、戦車、大砲、砲弾、ジープ、トラック、ライフルなどのほか、医薬品、食糧が積まれていた。大半は、米軍兵士用の物資である。食糧には、ピーチ、イカ、小麦、ドライミルク、ドライエッグ、食用油などがあった。ロストローの任務は、沖縄基地司令部の管轄のもとで、輸送船から餓死寸前にあった住民のために食糧を調達することにあった。住民が食べるのに適する食糧は何かを判断し、それを手に入れるのである。水陸両用輸送トラックに乗って食糧輸送船へ行き、船長に積荷目録を見せてもらい、住民にとって良さそうな食糧をチェックする、というのが私の日課だった。あまり住民の気に入らない食糧もあった。例えば、固形塩を嫌い、海水から採取した天然塩を欲しがったり、チーズをみたことのない人も多く、石鹸と勘違いした。最も好まれたのは、豆とかウインナーソーセージとか米だった。わたしは、これらの食糧を要請して命令書に署名し、水陸両用輸送トラックで海岸へ運ばせた。海岸に積まれた食糧は、沖縄人の運転する軍用トラックで収容所や村々へ配布させた。敗残兵が盗みにくることもあったので、住民に監視させた。米軍の要員が少なかったため、住民に頼らざるを得なかったのである。食糧のほかに、船に積まれていた衣服も住民に配給された。米兵の軍服なので住民には大き過ぎたが、折り曲げたりしてなんとか着こなしていた。

沖縄戦と米軍の収容による住民の沖縄戦終結は、同時に進行した。収容された住民が、どのような状況に置かれていたかについては、後に詳述する。

3　日本兵は奪ったが、アメリカ兵は与えた

一九四四年「一〇・一〇空襲」は、沖縄県農業会倉庫に貯蔵されていた砂糖、米、大豆などの食糧品[21]、沖縄守備軍一か月分の食糧米三〇万俵および数百万発の弾薬と大量の軍需物資を焼き払った[22]。沖縄戦における住民、日本兵の食糧難はここにはじまる。

四五年二月七日、「沖縄守備軍」の長勇参《ちょういさむ》謀長が沖縄県庁に島田叡《あきら》知事を訪ねる。知事室に部課長を呼び、「軍の判断では、機動部隊は二月一五日頃沖縄に来攻するものとみている」と告げ、続けざまに、「そこで、この際県にお願いしたいことは住民の食糧を早急に確保してもらいたいことである。軍の想定では敵は六ヶ月沖縄で頑張ると思う。そしてヘトヘトになって戦線を放棄、残存兵力を撤収すると思うが、更に兵力を再編成して二度目の上陸戦を挑むことになろう。その間のつまり六ヶ月分の住民食糧をぜひ確保してもらいたい。もちろん軍では兵員食糧を半年分保有しているが、それを住民に分けることはできない。敵がいちおう撤退すれば、内地や台湾からも十分補給がきくと思うからさしあたり半年分を手配して欲しい[23]」と要請する。当時の沖縄にある食糧米は三か月分しかなく、芋も相当量の作付けがあったものの、軍への供出が優先で、しかも民間需要の約半分を家畜が消費していた。その日のうちに部課長会議が開かれ、「芋の生産に重点をおくが、消費の現状から大家畜をつぶして食糧に充てる一方、家畜の減少によって浮く量を、人間の食糧にふりむける」・「雑穀類も極力確保して、主食に充てる」・「北部地区をはじめ全島にわたって、出来るだけ蘇鉄を採取して備蓄食糧とする」・「台湾総督府との直接交渉によって、相当量の台湾米を移入する[24]」ことが決定された。島田知事は台湾に飛び、三〇〇〇石の台湾米の入手に成功、米は那覇港、名護港に陸揚げされた[25]。

沖縄戦の激烈化と極限的なまでの食糧不足がもたらしたものは、日本兵による住民からの食糧強奪であった。食糧の強奪は、日本軍が駐留している沖縄本島、沖縄本島周辺離島などでおこっているが、ここではいくつかの事例をみることにする。

座間味島の事例1(26)

食糧事情が悪化するにつれ、軍では要所要所に関所をつくり、見張りを立て、厳重な警戒をしいた。……部落民はそのままでは餓死するほかはなく、背に腹は代えられぬとあって、暗闇を利用して、しかも厳重な見張りをかいくぐって食糧あさりをするものがおおくなった。不幸にして兵隊に見つかった者は、食糧はすべて取り上げられ、そのうえ足腰が立たぬ程に殴打される状態が毎夜のように繰り返された。もうこうなっては住民にとっての敵は、米軍というよりも、むしろ日本軍であった。

座間味島の事例2(27)

一緒に避難している「友軍」の一部に、住民の食糧を奪う者まで現れだした。女性たちが、やっとの思いで子どもや老親のために確保した食糧である。それは、死体をかきわけて、整備中隊の壕の中から拾ってきた米であり、夜遅く米兵の監視の目をぬって掘ってきた芋もあった。……女性たちは新たな食糧探しをはじめ、そしてやっと食事ができあがったころ、災難はやってくるのである。食事だけではなかった。鍋代わりに使っている鉄かぶとごと奪う兵隊もおり、食事が作れなくなることもあった。時折「ごはんを食べていいですから、鉄かぶとは返してください」と、逃げる日本兵を追いかける女性の姿も見られた。女性たちには「友軍」を相手に新たな〝食糧戦争〟がはじまっていた。……「〝捕虜〟になるのは非国民」と日本兵に言われながら、住民は四月二九日をさかいに(天長節までには友軍が助けにくるといっていたが、結局はこなかった。この日を「さかいに」の意—筆者注)、グループをつくって投降を開始した。場所は、米軍の小型舟艇が待つ海岸であった。投降する人々のなかには、地元民になりすました日本兵の姿も混じっていた。はじめて見る米兵に怯え、さらに「捕虜」になってどんな仕打ちが待ち受けているかわからない不安を抱えながら、住民は米兵に指示されるままについて行った。逃げ出す気力など全く残っていない。米兵は、子どもたちにチョコレートやチューインガムを差し出し、毒が入っていないことを自ら証明して、食べるようすすめた。住民は、予想外の「鬼畜」の対応に面食らっていた。

渡嘉敷島の事例(28)

芋や野菜は、初め自分の畑から掘っていた。あとでは、他人の畑だろうが関係なかった。近くの畑から盗んだりした。男のいる家は、魚をとったり、逃げ出した豚や山羊をつかまえて食べていた。私の家族は、男は年寄り一人、嫁も私も、子持ちで、あまり働けない。ある日、豚をつかまえて、「今日は御馳走にありつける」と思って、首に縄つけて引張っていたら、日本軍の兵隊がとび出して来て、持って行きよった。あの時は、アメリカ兵も怖かったが、日本兵も怖かった。食べ物は、あらいざらい持って行くし、山をおりようとすると、スパイだ、といって殺された。

宮古島の事例(29)

宮古島では戦中戦後、住民と兵隊は食い物との戦にあけくれていた。食糧品は底をつき、来る船は魚雷で沈められ、何一つ島外から補給されず、限られたイモのみにたよって生命をつないでいた。牛や馬、軍馬や犬などすべての動物も殺された。およそ食べられるものは工夫して食べた。ゆり根まであさって掘って食べた。日中は作物を植えつけるにも空から低空で飛ぶ飛行機の目標になったので、作業は夜にかけて食糧づくり、調達がなされた。マラリヤ、伝染病、栄養欠乏の原因で、風の吹くままに人間達が群れをなして死んでいった。

日本兵による食糧強奪は頻繁に起こっていたが、アメリカ兵に食糧を与えられた証言を聞く。

証言1：伊佐順子　昭和六年六月二四日生まれ　中城村《なかぐすく》出身

沖縄本島中部の中城村から那覇市首里、首里から本島南部まで何日も何日も避難を繰り返していた時、糸満《いとまん》の報得川《むくえがわ》付近で米軍の焼夷弾が家族を襲った。父は全身に火傷を負い、兄弟三人は爆風でなぎ倒され、母と自分は体に破片が突き刺さった。八歳の妹と一〇か月の弟は無事だった。父に糸満の喜屋武《きゃん》岬に行くといったら、動けるものは行けという。残るもの四人、行くもの四人、イモクズと黒砂糖を半分に分けた。喜屋武岬に着いたのは朝の六時ごろであった。イモクズと黒砂糖を混ぜ、一日一回、回し飲みした。首と肩に破片が刺さった母の容態が弱っていくのがわかる。三日後に母は亡くなった。妹は「母ちゃん母ちゃん」と泣き、弟は目をキョロキョロしていた。その後、アメリカ兵に喜屋武集落の収容所に連れていかれた。アメリカ兵からチョコレートをもらった時、殺されるのではなく、生かされるとおもった(30)。

証言2：大家初子　昭和一〇年一一月二〇日生まれ　糸満市米須《こめす》出身

沖縄本島南部西海岸の低地から丘陵地に位置する豊見城《とみぐすく》村、そこにあった伊良波壕に避難していた時、日本兵から「おまえたちが戦争をしているのか」と言われ、壕から追い出された。壕から壕へ転々とし、六月二一日ごろ米軍の捕虜となった。アメリカ兵をはじめて見たとき、ヒージャーミー（山羊の目）をしているとおもった。黒人もはじめて見た。トラックに乗せられ沖縄本島南部の糸満名城まで来て、一休みした時、アメリカ兵がタバコ、ガム、チョコレートを与えた。「日本軍は取り上げたのに、アメリカ兵はあげた(31)」。

この大家さんの言葉の奥にあるのは、いままで「友軍」であると信じていた日本兵に裏切られ、いままで「鬼畜米英」と教え込まれていたアメリカ兵に助けられた、という〝驚き〟と無念さがある。

4 米軍政府の樹立と活動

図4 米軍政府地区区分図

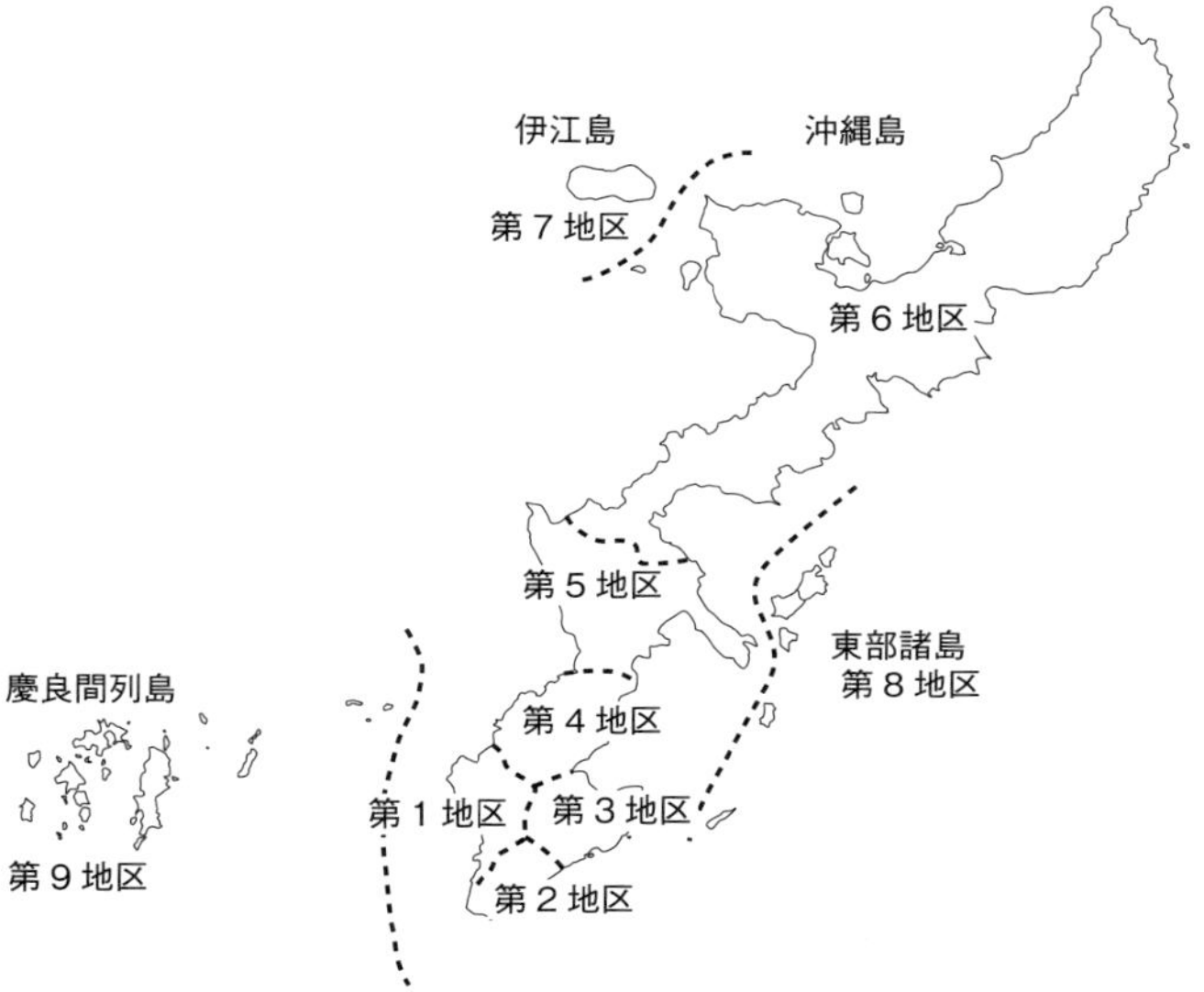

出所：『沖縄県史 資料編12 アイスバーグ作戦（和訳編）沖縄戦5』（沖縄県教育委員会，2001年）358頁．

アイスバーグ作戦には、すでに、米軍政府の樹立についての構想が描かれている。[32] それによると、上陸初期の段階では、沖縄本島および周辺離島における米軍政府地区を図4のように、九地区で構成する。任務としては、民間人にたいしての衣服、経済活動補給品である商業・農業・漁業用具、医療および衛生用品それぞれの支給を補給・輸送することにあった。[33]

そして「強襲作戦段階時に、軍団指揮官は簡潔な公文書で毎日陸軍に対し、各地域における軍政府の行政状況について報告する」[34]、として「極秘」扱いでつぎの事項が厳命された。[35]（一）各自の戦闘地域における軍政府分遣隊の位置。（二）軍政府に保護されている全ての民間人、男子、女子及び子供の数と所在場所、それは特別に軍事用物資で養われている人々について。（三）要請のあった民間人労務者の数と場所、及び配置された労務者の数。(四) 重大な伝染病が発生した場合の範囲と場所。(五) 軍政府が取り扱う回収業務。(六) 軍政府作戦の概況。

では、米軍は、上陸後、実際、どのような展開をみせたのか。米軍は、上陸直後の一九四五年四月五日、沖縄本島中部の読谷村字比謝《ひじゃ》に米軍政府を樹立し、「ニミッツ布告」を発令して軍政の施行を宣言する。米軍政府の当初の任務は、「民間人をして軍政作戦の妨害にならぬように未然にこれを防ぎ、民間人の取扱いについては国際法で決められた責務を遂行し、かつ秩序を維持し、不安や克服できる苦難……これらを除去するために必要なあらゆる措置をとること」[36]にあった。だが、米軍政府の樹立当時は、日本軍との激戦の中にあった。そのために、「沖縄作戦展開中は軍政活動の重点は、住民を戦禍からいかに守るかに集中しなければならなかったが、沖縄が日本本土侵攻上強力な基地として建設されるようになった時点からは軍政府としては住民を速やかに島の後背地に移動させ、新しい環境の下不便な生活を強いらねばならなかった」[37]のである。

米軍が上陸し、進攻すると住民は山中や洞窟に避難するが、やがて戦闘部隊によって引き出されたり、説得されたり、みずから投降してきた。米軍政府は、これらの住民を村の一部かあるいは全集落を使った収容所に収容し、四月には一二万六〇〇〇人、六月にはさらに一一万人が米軍政府の管轄下に置かれる。収容された住民は、そのほとんどが栄養失調、心身の消耗、身体にはかさぶたができ、ノミにたかられ、負傷したまま放置された人たちであった。医療要員は、住民の治療にあたるほか、四月四日にはコザに米軍政府病院を設立し、翌五日から住民の負傷者を受け入れ、五か月間で外来患者八二万六四八八件、入院患者三万四八四人(入院日数三八万三三九四日)の治療にあたった[38]。

学校の授業が再開されたのは、五月七日であった。最初は小学校だけの再開で、主に遊戯的なプログラムで子どもたちをひきつけ、徘徊して管理するのに支障が起こらないようにすることにあったが、次第に仮校舎や仮運動場も少しずつ整備され、教材も限られていたものの正規の授業に近づきつつあった。九月までには、一日三時間の授業で一年生から六年生まで揃っていたのは三校のみであったが、それでも七二校、児童数四万人、教員数一三〇〇人に増える。また東恩納博物館を設置し、沖縄の文化遺産の保護にも力を入れるようになる。(39)

米軍政府は、農業・林業・水産業をはじめとする諸産業の復興、貨幣経済の復活、賃金制度の復活、引揚者の対策などを進めていくが、これらについては第五章に譲るとして、ここではつぎの興味ある事項を掲げることにする。米軍政府にとって、残された仕事で緊急に解決を必要とする事項は(一)財産所有権問題の解決・(二)琉球列島と外国との貿易の復活・(三)地元裁判所の裁判権の拡大・(四)アメリカの市民権を有する者の帰米と市民権があると主張する者の身分の明確化・(五)賠償手続の開始・(六)琉球列島と外部との間の郵便の復活。軍政面で緊急に必要な事項は(一)補給、行政、警察業務のための島嶼間船便の十分な確保・(二)専門家。将来占領軍にとって解決を迫られる大きな問題としては(一)将来の琉球の政治的地位とその方向への目標の設定・(二)琉球列島の過剰人口・(三)琉球列島の政治的、経済的統合と統一された政治的法人化・(四)大人に代わってその職を継ぐための若い青年男女の海外での教育の実施。(40) これらの事項は、米軍政府にとってばかりでなく、沖縄の住民にとっても大きな課題となっていくのであった。

5 無償配給・軍作業の始まり

沖縄の「戦後」は、沖縄戦と米軍による占領統治が同時に進行する中に始まる。米軍は沖縄上陸後、住民を収容するとともに、米国太平洋艦隊及太平洋区域司令長官兼南西諸島及其近海軍政府総長である米国海軍元帥C・W・ニミッツによって発せられた、いわゆる「ニミッツ布告」の米国海軍軍政府布告第四号「紙幣、両替、外国貿易及金銭取引」(41)ならびに同第五号「金融機関の閉鎖及支払停止令」(42)により貨幣取引に関する一切の行為の禁止、金融機関の閉鎖、を指令する。米軍政府が沖縄を占領下において以降のおよそ一年間は、賃金の支払い、税金、商品の売買、金融など通貨に関するすべての経済事象は沖縄から姿を消してしまう。沖縄は、一九四六年三月二五日公布の米国海軍軍政府特別布告弟七号「紙幣両替、外国貿易及金銭取引」(43)にもとづく第一次通貨交換まで、米軍政府による食糧品・衣類など無償配給の時代が続くのである。

沖縄の人たちは、無償配給の中にあったものの、それだけでは足りず、山のものであるソテツ・パパイヤ・ノビルなど、海のものである貝・海草を食糧にし、また農地を分け合っての耕作、米軍の上陸用舟艇を借りての漁撈に従事するなど、食糧の自給に努めるのであった。(44)

無償配給と並んで、沖縄県内では物々交換が重要な意味をもっていた。物々交換がどのようにおこなわれていたのか。何と何を交換していたのか。いくつかの事例の中から、住民生活の中で営まれる物々交換の様子をみることにする。収容所での配給物資では足りず、戦場を彷徨・避難しながらでも「命を賭して持ち続けて来た訪問着を手放して米二升」との交換、(45)雷管、火薬を離島へ運び込み子豚や山羊などの家畜と交換して沖縄本島内への持ち込み、(46)米と衣料品、肉類の交換、(47)軍作業に出るときに自分で作った帽子と食糧やタバコの交換、(48)などがあった。

沖縄戦終結直後、タバコはそれこそ貴重な品であった。一九四六年四月一五日に通貨経済が復活した後も、物々交換が広くおこなわれており、タバコがひとつの交換の基準となり、通貨的な役割さえ担っていた。例えば、子豚一頭がタバコ何ボール、といった具合である。(49)

物々交換についての沖縄諮詢会の興味ある記録をみてみる。一九四五年一二月二一日に文化・農業・軍民協議会が開催され、その中で、沖縄側委員が「農業が少くて生産に支障を来して居るから早く調達して貰いたい。種子籾は北部（漢那・宜野座・田井等）から南部（中頭・島尻）に送って物々交換をやりたい」と、米軍政府に訴えるが、「物々交換することは出来ない。之は軍政府で研究した」といって、はねつける。[50] また翌四六年四月一七日の銀行・予算・通貨制についての経済小委員会で、「住民は六月一日から物品を自由に買へるものと思つて居るから販売品を或程度増して貰いたい。物がないと自然と物々交換になり却而逆効果が来る恐れがある」との要望を出し、米軍政府も「輸入品、当地生産品を検討してインフレー策を防止して居る」[51] と答えるが、物々交換は一向に止む気配がなく、業を煮やした米軍政府は、物々交換の主役であったタバコの取り締まりに乗り出し、一九四七年六月二五日の軍民連絡会議で「煙草と物々交換の禁止」を〝協議通達事項〟として出すほどであった。[52]

この時代の生活の一端をみる。生活の知恵である。空き缶は鍋・お椀・皿・洗い桶・ひしゃく・灰皿・三味線の胴体に、鉄かぶとは鍋・洗面器に、飛行機の残がいは溶かしてジュラルミンの鍋・灰皿・盆などに、コカコーラの空き瓶は切断してコップに、パラシュートの絹布は花嫁衣裳・よそゆきのドレス・刺繡してネッカチーフに、軍服はワンピース・スカートに、毛糸で編まれた軍手はセーターに、すべてを失った人たちの知恵とたくましさは、米軍物資を日常生活用品へと作り変え、姿を変えていくのであった。[53]

一九四五年四月一日以降、米軍は沖縄本島中部を中心に住民を収容して、北谷・嘉手納海岸での軍需物資の陸揚げ、住民が避難していなくなった集落をまわり、マラリアを防止するため蚊の発生源である水ガメ割り作業に従事させる。これが軍作業のはじまりであった。[54] のちに、男たちは、兵舎の修理、軍用車輌のパンク修理・グリス差し、道路の建設工事、戦線から送られてくるアメリカ兵の戦死体の埋葬処理、シェルター建設、軍施設の建設、女たちは、兵舎内の清掃、軍服の洗濯作業をおこなうようになった。[55]

軍作業の対価としては、四六年五月一日に賃金制度が実施されるまでは、食糧品・衣類・タバコをはじめ、靴、お菓子など当時の高級品での現物支給であった。軍作業による現物支給のほかに、「戦果をあげる」と称した缶詰類をはじめとする米軍物資の抜き取りも大きな魅力であった。軍作業は住民にとって最大の職場であったのである。

軍作業はレバー（労務）とチェッカー（事務）の二種類に分けられるようになるが、レバーの中でドライバーは重要であった。米軍は、沖縄本島の田井等《たいら》・金武《きん》・前原・胡差《こざ》・知念《ちねん》・糸満・那覇・首里の八地区に軍用自動車隊車輌の集積地であるモータープールを設置し、軍用トラックを配置した。沖縄本島中部の具志川《ぐしかわ》村田場《たば》の衣料倉庫、同村天顔《てんがん》の食糧倉庫から各市町村へ生活物資や資材の運搬、中城村久場崎・美里村高原インヌミに上陸した引揚者の輸送にあたらせるためである。[56]

一九四六年五月一日に賃金制度が実施されるが、その一週間後の五月八日時点における職種別の賃金をみると、書記・事務員・技手が一二〇円、沖縄本島知事が一〇〇〇円、教師が一六〇～五〇〇円、学校長・判事・検事が三四〇～六〇〇円、弁護士が五〇〇円などであった。[57] これに対し、軍作業員の月給はどうであったのか。資料としては、四六年三月二二日発令の南西諸島米国海軍軍政府指令第一三九号に記載されている「沖縄民労務時間給の等級」[58]があるが、一日の労働時間は休憩時間も含めて九時間三〇分となっており、一か月に何時間働いたかは不明である。そこで、一九五〇年四月一二日琉球列島米国軍政府本部布令第七号「琉球人の雇用、職種並に賃金」[59]の「如何なる琉球人労務者も一ヵ月に二百五十時間を超過し或いは四週間に二百四十時間を超過して働くことはできない」（第三項）との規定から、住民は生活を維持・継続するため目一杯に働いていたと判断した。一か月に二五〇時間働いたとして月額に換算すると、普通労務者が一五〇円、大工・左官が平均して二三〇円、トラック運転手が二七〇円、仲仕が二七〇円であった。

教師一六〇～五〇〇円に対し、軍作業の普通労務者は一五〇円であったが、それでも軍作業は教師よりよかったし、うらやましがられた。軍作業に行くと、毛布・木材・テントなどの物資を手に入れるチャンスがあり、気前のいいアメリカ人は、少しでも古いもの、傷ついたものは捨てるか、ポンとくれた。缶詰一ケースの中で一個でも傷がついていると、ケースごとくれた。住民にとってこれほどの役得はない。[60] 教師といえば、ロクに飯も食えず、休み時間になるとイモを求めて近くの畑に出向くのであった。教師の中で、条件のよい軍作業に転職するものが続出した。ある学校では二四人いた教師が一人減り、二人減り、教師全員が軍作業に行く例もあった。[61] 当時の児童生徒の憧れの的は、何といっても、軍作業であった。軍作業に行けば給料はもらえるし、食べ物にもありつけたので、子どもたちが軍作業に憧れるのは無理もなかった。[62]

一九四七年六月一日時点での沖縄の総人口は五一万三四四九人、うち労働者は二二万五五〇二人で、そのうちの三万二五一人が軍作業にかかわっていた。地域別にみると、沖縄本島中部が人口の二割の二万二八〇六人でトップ、北部は通勤距離外のため少ない。中部では二世帯に一人、南部では二・五世帯に一人、沖縄全体では三世帯に一人の割合で軍作業に出ていたのである。[63]

6　基地建設と住民移動

一九四四年三月二二日、大本営直轄の軍として沖縄守備軍の第三二軍が新設された。主要任務は、飛行場建設と沖縄全島の要塞化にあった。建設した飛行場は、図5にみるように、伊江島一・沖縄本島七・南大東島一・宮古島三・石垣島三の、計一五か所にのぼった。ところが、「沖縄守備軍は、軍・民が昼夜を分かたず何か月もかけて突貫工事で築き上げた両飛行場（嘉手納飛行場と読谷飛行場―筆者注）を、米侵攻部隊が上陸した最初の日にあっさりと敵手に委ねてしまったのだ」[64]った。飛行場を完全に制圧した米軍は、日本本土への侵攻拠点を沖縄に置き、飛行場の整備と基地建設を強力に推し進めていくことになる。米国陸軍省は『沖縄　日米最後の戦闘』の中

図5　日本軍による飛行場建設

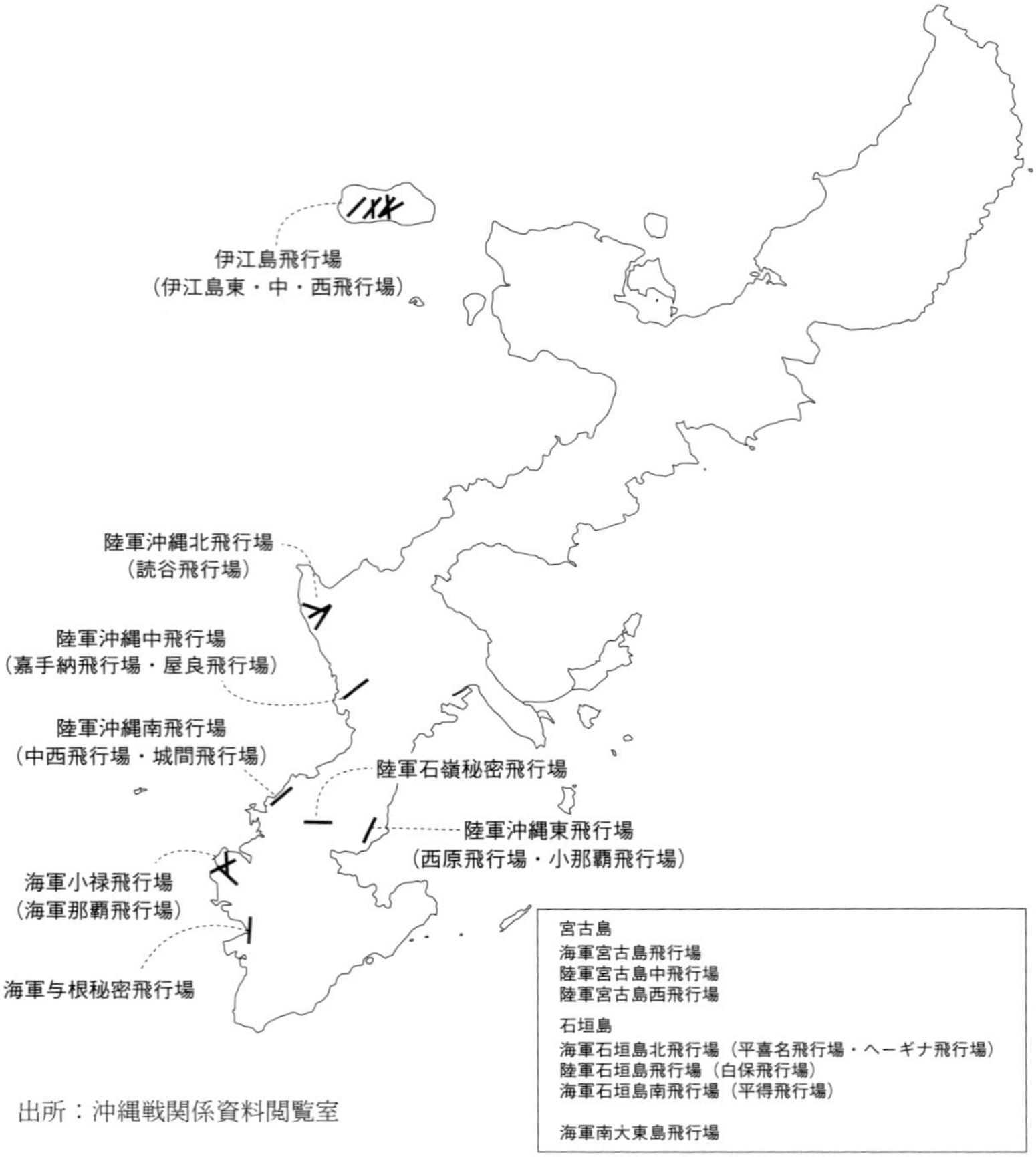

出所：沖縄戦関係資料閲覧室

で、このような沖縄の状況をつぎのように記す。「沖縄の軍事的価値は、すべての期待をしのぐものだった。それは大軍隊を収容することができ、日本本土の近くに多数の飛行場を建設でき、日本の入口で作戦が遂行できるような艦隊基地をあたえた」と。[65]

　米軍の上陸によって沖縄の住民は、二度の局面にさらされる。このことに関して『軍政活動報告』は、こう記す。「一回目は戦争避難とその後の収容であり、キャンプにはガードが配置された。第二の局面は、沖縄の基地拡張のため住民が住んでいる土地から広大な面積を接収しなければならず、そのための民間人の大移動が折り重なるようにして行われた時期である」[66]。住民にとっては、「第二の局面」が重要である。米軍は沖縄本島上陸当初から、住民を収容するとともに、「飛行場建設、疫病予防、荷卸・貯蔵作業、医療業務、道路などの建設工事の順」[67]に動員し、日本本土侵攻のための基地建設を進める。この基地建設の中心地となったのが、沖縄本島中南部であった。そのため米軍は、収容した住民を中南部から石川以北の北部へと移動させる。この住民移動を『軍政活動報告』では、つぎのように「報告」している。[68]

沖縄の基地化が明確になるにつれ、民間人は住んでいるところからさらに別のところへ移動させられた。この移動は最初は収容キャンプへ、次は人口密集地域の沖縄本島の三分の二を占める南部から比較的人口のまばらな北部の不毛の山岳地帯国頭方面へという具合に行われた。しかしそのような傾向が明確に現れる以前に、軍の方針がいろいろ変わり、そのたびに住民は収容所に閉じ込められたり、解放されたり、かと思うとまた閉じ込められたりを繰り返さねばならなかった。基地建設計画は拡大されたかと思うと修正されあるいは縮小されたり延期になったり、絶えず再検討を繰り返していた。そして当然のことながら住民もそれの中に翻弄されたのである。

住民の沖縄本島南部から北部への移動は、その後も継続するが、六月以降の状況については、こう「報告」する。[69]

知念地区は米軍が日本軍の南部防衛線を突破後、六月初めには民間人の収容キャンプ場に指定されていたが、その後すぐこの地区から民間人の多くが国頭地区に再移動させられた。金武の町は六月下旬に開放され、宜野座には何千という住民が歩いて移動してきた。……七月から八月にかけて軍トラックの長い行列ができて毎日南部からの避難民を運び、また頭にうず高く品物を乗せて歩く住民の行進が道路に列をなしていた。

このことを確認すると、図表1にみられるように、七月一日から七月三一日までの一か月間で、中南部の収容所から石川以北の北部収容所へ移動させられた住民は八五〇〇人にのぼる。北部の収容人員が五万七二〇〇も増加したのは、中南部からの移動に加え、北部の山中に避難していた住民の下山、北部の山中に潜んでいた日本兵の投降があったからである。

八月以降もなお、北部への移動は続く。この状況についても『軍政活動報告』が詳しく「報告」している。[70]民間人の北部への移動は一九四五年の八月中続いた。その結果、島内に三〇万人はいるといわれた民間人のうち二五万人が第六号線道路（石川―仲泊）の北に住み込んだ。この地域は戦争前は恐らく四万人しか支えることはできない地方であった。

そのため残りの五万人はコザと知念地区に収容されたが、戦争が長びけば恐らくそこからもまた移動させられたに違いない。沖縄の南半分の地域に住んでいる人たちは北部の人びとより比較的豊かな生活をしていた。北部は住居も極めて質素で、衛生状態や水道など解決すべき大きな問題を抱えており、食料は一日分の手持ちがあるのであればそれで十分といった状態だったので新たな人口の流入で社会の変貌も目まぐるしいものがあった。

確かに、図表2にみるように、平安座および周辺離島の慶良間・久米島・浜・田名《だな》を除いて、七月三一日と比較すれば、中南部地域で七万人余の減少である。北部地域でも一万七〇〇〇人余の減少である。この減少には、移動のほかに、つぎの二つの事実があった。一つの事実は、「沖縄本島と北部・南部琉球の離島を結ぶ小型船で数千の人たちが故郷に帰ったほか、戦車揚陸用舟艇CT一一〇七を使ってさらに数百人の人たちが離島に引き揚げた」[71]こと、もうひとつの事実は、「軍政の管理下に入ってきた何千何万の人たちは、何カ月も避難を続け、混

図表２　1945年８月25日の収容所人口（単位：人）
（1945年８月25日付文書の綴込みにある人口調査）

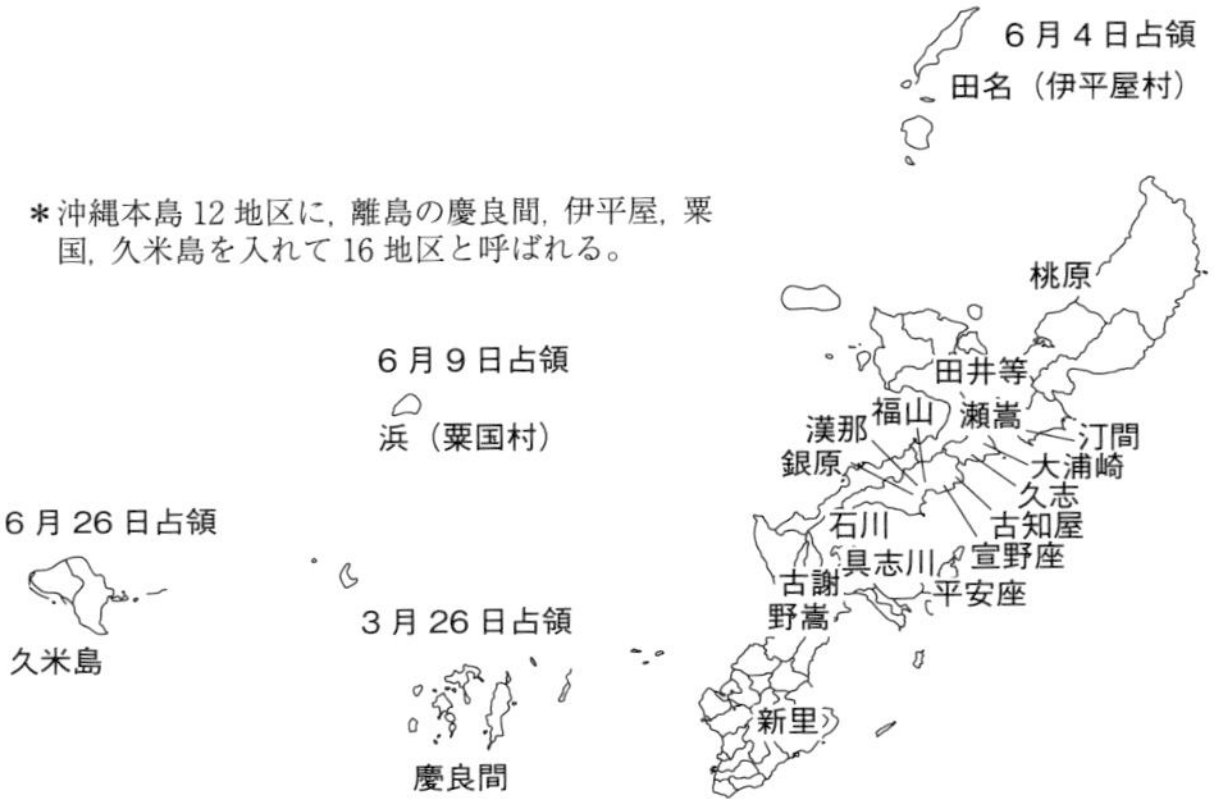

＊沖縄本島12地区に，離島の慶良間，伊平屋，粟国，久米島を入れて16地区と呼ばれる。

新　里	野　嵩	古堅キャンプ	具志川	平安座	石　川	銀　原
464	2,014	11,762	5,656	8,031	25,137	16,996
漢　那	**福　山**	**宜野座**	**古知屋**	**久　志**	**大浦崎**	**汀　間**
11,531	23,170	11,968	19,327	8,096	22,470	19,619
瀬　嵩	**田井等**	**桃　原**	**慶良間**	**久米島**	**浜（粟国島）**	**田名(伊平屋島)**
19,263	64,415	37,537	4,241	11,557	3,488	7,687

出所：仲宗根源和『沖縄から琉球へ』（月刊沖縄社，1973年）122頁，より作成.

雑して非衛生的な状況のなかで暮らし、しばしば丘の上のほら穴に難を逃れたり、あるいは隠れるところもなく何日間も何週間も陽にさらされるという生活をしてきた。とくに戦争の終わり頃に捕らわれた人たちは、爆撃や艦砲には曝されるし、飛行機の銃撃は受けるし、軍と同じような激戦を体験するという戦場のむごたらしさの中にさらされてきた。どこから見てもまともな服装の者は一人もおらず、またみんな栄養失調の上に、戦争の衝撃や心身の消耗をきたし、身体にはかさぶたができ、ノミにたかられ、日射病や栄養不足で病気になったばかりか、さらにひどいことには、負傷したり外傷を受けているにもかかわらず、適当な医療が受けられないまま放置され、非衛生的な状況の中で、第二次感染をするといったぐあいに益々悪くなる一方だった」[72]、この

図表3　沖縄本島および平安座の収容所人口
（1945年10月10日現在）

知　念	古　謝	前　原	平安座	石　川	漢　那
17,914	10,286	40,183	7,992	23,033	27,661

宜野座	古知屋	久　志	瀬嵩	田井等	辺土名
37,036	19,194	29,027	28,680	55,266	29,497

出所：仲宗根源和『沖縄から琉球へ』（月刊沖縄社，1973年）122頁，より作成.

両者が主な原因であった。戦場を必死で彷徨し、生き残って収容されたものの、まっていたのは死である人が何と多かったことか。

つぎに図表3から、一九四五年一〇月一〇日時点における収容所人口の動きをみると、八月二五日と比較して、中南部地域は四万八四八七人の増加、北部地域は、逆に三万一三五人の減少となっている。このことは、収容されていた住民が出身地への再移動を許されたからであるが、やがて問題が生じてくるようになる。土地台帳のほとんどが戦争によって焼失しており、「出身地に帰るとなるとその移動先の土地の各筆ごとに明確な区分けをしなければならなかった[73]」という問題、これに加えて米軍が「恒久的な軍事施設用に広大な土地を確保し、その隣接地でさえ帰ってくる人たちに解放することを渋っていた[74]」という問題である。一九四五年九月二日の日本降伏後に作成された米軍の基地建設プランによると、陸軍が沖縄本島にボロ・普天間《ふてんま》・嘉手納・牧港《まきみなと》・本部・那覇・読谷《よみたん》の七か所の飛行場と伊江島飛行場、海軍が泡瀬《あわせ》・与那原《よなばる》・金武の三か所の飛行場を建設する計画をもっていた[75]。そのために四六年一〇月一日現在で一五万人余の住民が元の居住地へ帰ることができなかった。

ここで、戦前の一九四〇年と敗戦後の一九四六年一〇月一日の人口を図表4から、比較検討することにしたい。糸満とコザの人口が大幅に減少したままである。戻れなかった糸満の住民は、知念・前原・コザ・石川・宜野座《ぎのざ》・田井等に分散して生活するほかなく、その人数は五万三五五〇人にのぼり、コザの住民は、知念・前原・石川・宜野座・田井等に分散、その数は八万二〇五八人に達した。すこしさかのぼるが、『軍政活動報告』では再移動の状況についてこう報告している。「一〇月三一日〔一九四五年〕から一九四六年五月三一日までの再移動状況を数字で見ると一三万八〇〇〇人の住民が出身地のある地区に帰っている。しかしこれは必ずしもこの人たちが自分の生まれた集落に帰り着いたということではない。これら集落は跡かたもなく消えて無くなったか、あるいは米軍用地にとられたままだからだ。ともあれ、この人たちは自分たちの以前の家のあった一番近いところに再定住できたのである。それでもまだ自分の出身集落に帰れないでいる人たちが一二万五〇〇〇人はいた。この中には那覇からの二万二〇〇〇人、読谷からの一万三〇〇〇人、北谷からの一万二〇〇〇人が含まれている[76]」と。

当時、米軍当局は反共基地としての沖縄の重要性を主張していたにもかかわらず、アメリカ本国政府は沖縄にたいし比較的に無関心であった。だが、米ソ冷戦の開始、中国の内部革命による国府軍の敗退は、本国政府をして沖縄の地位を重視させ、やがて基地建設の強化に乗り出すようになるのであった。

図表4　1940年と46年10月1日現在の人の動き（単位：人）

		1940年	1946年10月1日	再移住の場所と人数									
				中南部					石川以北				総計
				糸満	知念	前原	コザ	計	石川	宜野座	田井等	計	
中南部	糸満	114,218	17,433		0	0	0	0	0	0	0	0	0
	知念	55,298	34,677	3,892		0	30,420	34,420	0	13	33	46	34,358
	前原	34,928	48,690	2,431	97		10,129	12,657	953	0	19	972	13,629
	コザ	89,599	17,755	3,603	314	680		4,597	0	9	13	22	4,619
	計	323,743	118,555	9,926	411	680	40,549	51,566	953	22	65	1,040	52,606
石川以北	石川	21,532	32,939	6,000	575	1,755	7,225	15,555		50	0	50	15,605
	宜野座	12,395	83,471	24,338	3,000	5,834	30,139	63,331	1,200		491	1,691	65,002
	田井等	78,011	98,686	13,286	192	252	4,145	17,875	701	24		725	18,600
	計	111,938	215,096	43,624	3,767	7,841	41,509	96,741	1,901	74	491	2,466	99,207
総計		435,681	333,651	53,550	4,178	8,521	82,058	148,307	2,854	96	556	3,506	151,813

出所：『沖縄戦後初期占領資料　第38巻』（緑林堂書店，1994年）129頁，より作成.

7　沖縄諮詢会の設置・市会議員選挙・婦人の政治参加

一九四五年八月一五日、昭和天皇の「終戦の詔書」が流れた日、米軍占領下の沖縄では、沖縄諮詢会設立に向けての第一回仮沖縄人諮詢会が石川市で開かれた。参加したのは、沖縄各地の三九か所の収容所から選ばれた一二八名の住民代表であった(77)。

米軍政府は、どうして沖縄諮詢会の設置を計画したのか。米軍は、沖縄本島上陸四日後の四月五日、軍政府を樹立する。各地区住民の民事は戦闘部隊長が担当してきたが、指揮系統は統一されておらず、いろいろな問題が生じていた。また、米軍政府の基本的な方針としては、既存の政治機構を利用して間接的に統治することにあったが、沖縄県庁をはじめ、すべての政治機構が完全に崩壊したために、住民主体の行政活動は四か月もの間、空白が続いていた。だが、六月二三日の牛島司令官自決、八月一五日の日本の敗戦によって、「軍政は『戦闘』の段階から『駐留』の段階に移行」するようになり、統治機構の整備が急がれた。そこで最初に着手したのが、沖縄本島住民の代表から構成する諮問機関の沖縄諮詢会の設置であったのである(78)。

第一回仮沖縄人諮詢会の席上、米国海軍軍政府副長官ムーレー大佐は、こう声明する。「今日までは軍事上の必要並に戦争のもたらした非常事態のために本島民事は殆んど完全に米軍政府当局に於て取扱わなければならなかった」のであるが、「諸問題処理に就ては沖縄の住民は貴重なる援助を与えて呉れた、彼等は忠実に能く軍政府当局と協力した。今や従前以上の責任と広範囲にわたる義務を委任し得べき時期が到来した様に思われる(79)」と述べ、沖縄諮詢会の設置を言明する。そして米軍政府の方針としては、「沖縄住民が普通平時の職業及び生活様式に復旧し、自己の問題に就き漸次現在以上の権利を得べき社会、政治、経済組織を可及的迅速且広範囲にわたり設立することをその主眼とする[80]」、というものであった。そして諮詢会のメンバーは一五人で構成するようにとの訓示がなされた。ついで軍政部長のモードック中佐は諮詢会委員の選出条件について、「専門の知識技能を有する人及び各社会階級の代表者を一部の地区に偏しない様に且つ、日本の軍部や帝国主義者と密接な関係を有する者は望まない。尚御都合主義で米国の機嫌のみを取って自己の利益を考えて居る者は排したい[81]」と語り、率直に意見を述べるようにうながした。

会議は、まず最初に諮詢委員候補を選ぶために、二〇人が推薦され、この二〇人によって諮詢委員候補者として二四人が選出され、各地区に持ち帰って世論にはかり、八月二〇日の本会議で一五人の委員を決定することにした。八月二九日、第一回沖縄諮詢委員会が開催され、委員長に志喜屋孝信、幹事に松岡政保が決まり、米軍政府の専門分野に対応した総務部・公衆衛生部・法務部・教育部・文化部・社会事業部・商工部・農務部・保安部・労務部・財務部・通信部・水産部の一三部門が設置され、各部門の部長が決定された[82]。諮詢委員会の役割であるが、これについてはムーレー大佐が八月一五日の「仮沖縄人諮詢会設立と軍政府方針に関する声明」の中で、つぎのように明確にのべている[83]。「沖縄の住民の政治機関に関する計画を可及的迅速に本官に提出すること」・「本官の常設諮詢機関たること」・「本官より計画を受け、それを研究答申すること」・「住民の政治経済福祉に関する問題につき具申をなすこと」。ここに米軍政府の諮問機関で、一九四六年四月二二日沖縄民政府樹立までのわずか八か月の短命ではあったが、「戦後」沖縄の統治機構が成立したのである。

米軍政府は諮詢会を設置すると、一九四五年九月一三日、末端行政組織の確立を図るため、『地方行政緊急措置要綱』を公布する。九月二〇日には収容一二地区における市会議員選挙、九月二五日には市長選挙を実施する。『要綱』の中で、特筆すべきは「市ニ於ケル年令二十五才以上ノ住民ハ選挙権及被選挙権ヲ有ス[84]」としたことであり、沖縄の女性は、日本歴史上はじめて参政権を得たのである。このことを沖縄婦人有権者同盟副会長の外間米子は、「沖縄の婦人たちは、惨憺たる戦後を歩みはじめたなかで、毎日のように起こる米兵による婦女暴行という恐怖と屈辱、そしてこれまで婦人の先駆者たちが永年にわたって運動し、要求し続けても実現しなかった婦人参政権を、本土の婦人たちにさきがけて行使した、という栄光を同時に与えられたのであった[85]」と述懐している。『要綱』は、一九四八年七月二一日、米軍政府の指令によって「市町村制」が公布されるまで、市町村運営の基礎となったのである。だが、沖縄は、四六年四月に実施された日本本土における戦後最初の総選挙から除外され、実現したのは二四年後の七〇年一一月であった。

注

（1）ハンソン・W・ボールドウィン／木村忠雄・杉辺利英訳『勝利と敗北―第二次大戦の記録―』（朝日新聞社、一九六七年）四二五頁。
（2）同前、四二二・四二四頁。
（3）同前、四三五頁。
（4）『ロチェスター・タイムズ・ユニオン』（一九四五年六月二五日付）に、デビット・マッケンジー記者が書いた「戦争の分析　沖縄戦、日本軍の不屈さを証明」の記事（『沖縄県史　資料編3　米国新聞にみる沖縄戦報道　沖縄戦3（和訳編）』（沖縄県教育委員会、一九九七年）二八七頁。
（5）米国陸軍省編／外間正四郎訳『沖縄　日米最後の戦闘』（光人社NF文庫、二〇〇〇年）一五頁。
（6）アイスバーグ作戦の全体像については、『沖縄県史　資料編12　アイスバーグ作戦（和訳編）　沖縄戦5』（沖縄県教育委員会、二〇〇一年）の保坂廣志による「解題」一九～三三頁を参照。
（7）米国陸軍省編／外間正四郎訳『沖縄　日米最後の戦闘』（光人社NF文庫、二〇〇〇年）二八頁。
（8）ハンソン・W・ボールドウィン、前掲書、四二五頁。
（9）『沖縄県史　資料編12　アイスバーグ作戦（和訳編）　沖縄戦5』（沖縄県教育委員会、二〇〇一年）二九六頁。
（10）同前。

(11) 同前、三〇〇頁。
(12) 同前。
(13) 同前、三〇五頁・三四二頁。
(14) 同前、三〇八頁。
(15) 同前、二九二頁・三四二頁。
(16) 同前、三四二頁。
(17) 仲宗根源和『沖縄から琉球へ』(月刊沖縄社、一九七三年)一二二頁。
(18) この「収容所注意」資料は、沖縄県コレクター友の会副会長・翁長良明が所蔵しているもので、活字化されるのは、本書がはじめてである。
(19) 大田昌秀監修『写真集　沖縄戦後史』(那覇出版社、一九八六年)九三頁。
(20) 吉田健正『沖縄戦　米兵は何を見たか―五〇年後の証言』(彩流社、一九九六年)二〇四～二〇九頁。
(21) 『琉球農連五十年史』(琉球農業協同組合連合会、一九六七年)二二二～二二三頁。
(22) 大田昌秀『那覇一〇・一〇空襲　日米資料で明かす全容』(久米書房、一九八四年)三頁。
(23) 浦崎純『消えた沖縄県』(沖縄時事出版社、一九六五年)八〇～八一頁。
(24) 同前、八二頁。
(25) 田村洋三『沖縄の島守―内務官僚かく戦えり』(中央公論新社、二〇〇三年)一六三～一八七頁。
(26) 垣花武栄「『敵』と化した日本軍」(座間味村史編集委員会編『座間味村史　下巻』座間味村役場、一九八九年、所収)一三三頁。
(27) 宮城晴美『母の遺したもの』(高文研、二〇〇〇年)二三〇～二三二頁。
(28) 宮里安江「赤ん坊のミルク代りに椎の実を嚙み砕いて…」(渡嘉敷村史編集委員会編『渡嘉敷村史　資料編』渡嘉敷村役場、一九八七年、所収)三八三頁。
(29) 岡本恵昭の「文」(松谷みよ子『銃後・思想弾圧・空襲・原爆・沖縄戦・引揚げ』(立風書房、一九八七年、所収)三三四頁。

(30) 二〇〇六年九月一日、中城村ライカムでの聞き書き。
(31) 二〇〇六年九月二日、無名の遺骨が納められている糸満市米須の「魂魄の塔」前での聞き書き。
(32) 『沖縄県史　資料編12　アイスバーグ作戦（和訳編）　沖縄戦5』（沖縄県教育委員会、二〇〇一年）二七五頁。
(33) 同前、三四二頁。
(34) 同前、三四三頁。
(35) 同前。
(36) 『沖縄県史　資料編20　軍政活動報告（和訳編）　現代4』（沖縄県教育委員会、二〇〇五年）二頁。
(37) 同前。
(38) 同前、五～一〇頁。
(39) 同前、一〇～一二頁。
(40) 同前、五二頁。
(41) 『アメリカの沖縄統治関係法規総覧（I）』（池宮商会、一九八三年）三五四～三五五頁。
(42) 同前、三五六頁。
(43) 同前、三六六～三六七頁。
(44) 漢那区誌編集委員会編『漢那誌』（漢那区、一九八四年）二八二～二八四頁。
(45) 沖縄市町村長会事務局長編纂『地方自治七周年記念誌』（沖縄市町村長会、一九五五年）二五頁。
(46) 長山一男『傘寿を超えて～往にし歳月への回想～』（株式会社サザンプレス、一九九七年）一五～二二頁。
(47) 桃原用永『戦後の八重山歴史』（一九八六年）八四～八五頁。
(48) 中山ミツ「山原への避難・漢那での収容生活」（宜野座村誌編集委員会編『第2巻　資料編1　移民・開墾　戦争体験』宜野座村役場、一九八七年、所収）六〇三～六〇九頁。
(49) 琉球新報社会部編『戦後おきなわ物価風俗史』（沖縄出版、一九八七年）二三～二五頁。
(50) 『沖縄県史料　戦後1　沖縄諮詢会記録』（沖縄県教育委員会、一九八六年）二三一頁。
(51) 同前、四八五頁。

(52) 『沖縄県史料　戦後2　沖縄民政府記録1』(沖縄県教育委員会、一九八八年)三七六頁。
(53) 外間米子「屈辱と栄光からの出発」(沖縄婦人運動史研究会『沖縄・女たちの戦後―焼土からの出発―』(ひるぎ社、一九八六年、所収)三二頁。
(54) 石原昌家『戦後沖縄の社会史―軍作業・戦果・大密貿易の時代―』(ひるぎ社、一九九五年)三一～三六頁。
(55) 川上雄善『ふるさとの追憶』(二〇〇二年)一六〇～一六二頁。
(56) 新里豊蔵「モータープールと戦果」(那覇市企画部市史編集室編発行『沖縄の慟哭　市民の戦時戦後体験記2(戦後・海外篇)』(一九八一年、所収)九三～九四頁。
(57) 『ウルマ新報』一九四六年五月八日付。
(58) 『琉球史料　第一集　政治編1』(琉球政府文教局、一九五六年)一八二～一八四頁。
(59) 『アメリカの沖縄統治関係法規総覧(Ⅱ)』(月刊沖縄社、一九八三年)八六～八八頁。
(60) 琉球新報社編『ことばに見る沖縄戦後史』(ニライ社、一九九二年)二一頁。
(61) 同前、二二一～二二三頁。
(62) 長嶺秋夫『私の歩んだ道』(印刷センター、一九八五年)一〇一頁。
(63) 『アメリカ世の10年・沖縄戦後写真史』(月刊沖縄社、一九七九年)一一二頁。
(64) 大田昌秀『沖縄戦下の米日心理作戦』(岩波書店、二〇〇四年)一九三頁。
(65) 米国陸軍省編/外間正四郎訳『沖縄　日米最後の戦闘』(光人社NF文庫、二〇〇〇年)五一六～五一七頁。
(66) 『沖縄県史　資料編20　軍政活動報告(和訳編)　現代4』(沖縄県教育委員会、二〇〇五年)五頁。
(67) 鳥山淳「軍用地と軍作業から見る戦後初期の沖縄社会～一九四〇年代後半の『基地問題』～」(浦添市立図書館編『浦添市立図書館紀要　No.12』浦添市教育委員会、二〇〇一年、所収)六八頁。この鳥山論文は、沖縄の戦後初期をとらえるのに示唆に富んでおり、本節を執筆するにあたって大きな刺激となった。
(68) 『沖縄県史　資料編20　軍政活動報告(和訳編)　現代4』(沖縄県教育委員会、二〇〇五年)六頁。
(69) 同前。
(70) 同前。

(71) 同前、八頁。
(72) 同前。
(73) 同前、六〜七頁。
(74) 同前、七頁。
(75) 鳥山、前傾論文、六九頁。
(76) 『沖縄県史　資料編20　軍政活動報告（和訳編）　現代4』（沖縄県教育委員会、二〇〇五年）七頁。
(77) 『沖縄県史料　戦後1　沖縄諮詢会記録』（沖縄県教育委員会、一九八六年）、大城将保による「解題」六頁。
(78) 同前。
(79) 『沖縄県史料　戦後1　沖縄諮詢会記録』（沖縄県教育委員会、一九八六年）一三頁。
(80) 同前、一二〜一三頁。
(81) 同前、五〜六頁。
(82) 同前、二七〜二九頁。
(83) 同前、一六〜一七頁。
(84) 同前、五七六頁。
(85) 外間米子「屈辱と栄光からの出発」（沖縄婦人運動史研究会『沖縄・女たちの戦後―焼土からの出発―』ひるぎ社、一九八六年、所収）二二頁。

三　収容所の中の住民と生活の息吹

はじめに

沖縄戦は、〝鉄の嵐〟と〝血の嵐〟が吹き荒れた、戦史上、類を見ない、戦争であった。戦場を彷徨《さまよ》い、壕の中から生きながらえて収容された住民は、明日への目標を失い虚脱と放心の中にいるものもおれば、飢餓線上の悲惨な避難生活から解放されて、明るい太陽の下で、自由に手足をのばせる喜びを実感するものもいた。

収容された人たちの中には、親を失い、兄弟姉妹を失い、親戚を失い、天涯孤独となった多くの孤児もいた。ひとり戦火の中を生き延びて収容されたものの、飢えと渇きによる栄養失調で幼い命を落とす孤児、親のぬくもりを求めて泣き続ける孤児、恐怖に震えて明るいところへ出てこようとしない孤児、彼らがいったい何をしたというのか。

沖縄戦のただ中にあっても、生き残った教師たちは子供たちの教育に正面から取り組む。これが青空教室であり、ガリ版刷教科書であった。子供たちにとって多くの仲間と一緒に歌い、学び、遊べるのは大きな喜びであった。子供たちの喜びは、教師たちにとっても喜びであった。

米軍政府は、収容所内で新聞を発行させるが、その意図するところは日本の敗戦が必至であることを報せると同時に、住民の身心を安定させ、収容所をスムーズに統括することにあった。

戦争で打ちひしがれていた人たちを救ったのは、三味線と踊りの「力」であった。「砲弾の降ってこない南島の夜空に吸われていく三味の音」と踊りは、「枯れ枯れの大地に浸みとおる水のように、飢えた心の奥深くまで浸み込んでくる豊かなもの」であった。沖縄の三味線と踊りには、沖縄の人たちを絶望の淵から生き返らせる「力」が秘められているのである。

そして鉄と血の嵐が吹きまくった沖縄戦の終結後、人びとの復興への灯火となったのが、奇跡的に焼け残った壺屋の窯から立ち昇る煙であり、廃墟と化した首里から奇跡的に発見された黒麹菌《くろこうじ》による泡盛《あわもり》の製造所から立ち昇る煙であった。壺屋から立ちのぼる煙、首里から立ちのぼる煙は、復興に立ち向かう沖縄の人たちを勇気づける煙でもあった。

1　収容所の中の住民の精神状態

一九四五年四月一日、米軍は沖縄本島中部西海岸の読谷山《ゆんたんざ》・北谷《ちやたん》に上陸、同時に、住民、軍人・軍属をつぎつぎと収容する。収容所では憲兵隊から厳しい尋問を受けた。本籍、氏名、生年月日、官等級などがチェックされ、軍人・軍属は日本人部隊・沖縄人（琉球人とはいわなかった）部隊・朝鮮人部隊・将校部隊に区分されて屋嘉捕虜収容所へ送られ、沖縄出身の防衛隊や学徒隊も軍服をつけておれば屋嘉収容所送りになったが、沖縄人と申告すれば住民と同様に取り扱われた。(1)一九四五年三月一日、文学者の外間守善《ほかましゆぜん》は沖縄初年兵として山形第三二歩兵連隊に配属され、四月二四日に八百余人いた連隊であったが、九月三日まで生き延びたのはわずか二九人のみであった。その中に九人の沖縄初年兵がいた。彼はこの時の状況をなまなましく語る。「私はそれまで『日本人』として国家のため、故郷のために戦ってきたので自分は『日本人』であると信じて疑わなかった。そこで『日本人』だと答えると、先に収容されていた友人たちが有刺鉄線の囲いの内側から『守善！　沖縄人と言え！』と口々に叫ぶ。これは何かあるのだろうと思い、『沖縄人』と申告しなおした」。(2)

収容された住民は、沖縄戦が激しさを増すにつれて増大し、四五年四月三〇日＝一二万四三九五人、五月三一日＝一四万九五五〇人、六月三〇日＝二八万四六二五人にのぼった。(3)米軍は、日本軍との戦闘、住民の収容、軍人・軍属の捕虜取り扱いと三重の行為を同時に遂行しなければならなかった。

一九四五年七月二日、米軍は沖縄戦の終結を宣言するが、この時点における住民の状況を「琉球列島の政治・社会・経済に関する陸軍長官への報告書」は、つぎのように伝える。(4)

沖縄住民の戦争による被害と混乱は徹底したものだった。少なくとも全人口の七五パーセントが何ヵ月もの間、自分の出身地を捨てて暮らさねばならなかった。出身地にいた人たちはほんのわずかであった。

住居や建物という建物の九〇パーセントが破壊され、かろうじて全壊を免れた建物もその損壊はひどかった。農民は自分の土地で農耕に従事することもかなわず、耕しているところはといえば他人の土地だった。控え目に見ても全戸数の九〇％が家具や調度品を破壊された。住民は砲爆撃下、持てるだけの家財道具や消耗品を肩にかつぎ、あるいは頭にのせて逃げまどうのみだった。その間に家具類は一切が灰じんに帰したのである。失った品物のなかには食料品や日用雑貨類も含まれていた。

政治も政府機関も存在せず、社会生活らしきものはあってもなきがごとく、わずかに緊急食料を配給するときにだけみられるようなものであった。

このような混迷状態は全島至るところで見られ、しかも何ヵ月も続いたのである。

戦場を彷徨し、親を失い、夫や妻を失い、子を失い、兄弟姉妹を失い、壕から追い出され、生きながらえて収容された住民は、どのような精神状態にあったであろうか。このことを少しでも知ることなしには、収容された住民の生活の意味がわからない。

林博史は、こう問題提起する。「沖縄戦の戦場での体験とともに重要なのは、収容所での体験だった。沖縄の社会は、字《あざ》（かつての村）ごとに言葉の語彙やアクセントも違い、話す言葉で字の違いがわかったというほどそれぞれが閉鎖された社会だった。……その閉鎖性が一気に崩れるのが沖縄戦のなかだった。沖縄のなかで人々の大移動がおきた。さらに米軍の収容所には各地の人々が混ざって収容された。故郷が米軍に接収されて、別の場所に新たに生活の基盤を作らざるを得なくなった人々もたくさん生まれた。そのなかからようやく共通の言葉、共通の意識が生まれたのである(5)」と。林がいう「沖縄戦の戦場での体験とともに重要なのは、収容所での体験だった」とする問題提起は、ある程度評価するにしても、他は皮相的な指摘にすぎない。なぜなら、住民が同じ地区に収容されたからといって「共通の言葉、共通の意識が生まれた」ことにはならないからである。とくに「言葉」は長い年月をかけて生まれてきたものであり、短時間で生まれることはない。また上に引用した文言に続いて、「後の一九五〇年代に米軍基地に対する島ぐるみの反対運動を起こしうる基盤が、このなかから作られていくのである(6)」と断じるにいたっては、まったく異なる次元の問題を単線的に結んで展開しているにすぎず、論外である。

ここでは、証言などの資料を読み解くことによって、収容された住民の精神状態に迫ることにしたい。とにかく住民は、極端なまでの栄養失調で収容された。加えて敗戦による傷心は、彼らを魂の抜けた虚ろな人間にした。一切を失った心の痛手はあまりにも深刻であった。昼も夜も心を支配していたのは、虚脱と放心であり、現実をみつめ、将来をおもうとき、あるのは無明と絶望のみであった(7)。敗戦の住民にとっては、理性も情愛も道義心も何もかも失った。戦争は、人間の内面までも徹底的に粉砕し、残したものは虚ろの人間でしかなかった(8)。ある老婆は、トラックが収容所に着くたびに、「ンジ、イッタヤー、チュウル、シマジリヌ　ボウクウゴウ　カラ　ンジティチャンリヤー（あなた方はきょう島尻の防空壕から出て来たそうだね）」「アンシ　ヤーニンジュ　ンーナ　ゲンキン　タマヌナカ　フシヂ　チュールムン　イッターヤ　イッペー　トックヮムチヤテーサ（そして家族全部元気で弾丸の中を生きて来たんだからあなた達は大へん徳があったんだね）」「アンシ　エー　ワッターヤ　アラカチ　ンリイーシガ　ワッター　ンマガーグヮーター　ンーランティ（そして私は新垣というが、私の孫達を見なかったかね）」と老いの目をショボショボさせ、目には涙を一杯浮かべて孫たちを放心したままで探し回るのである。(9)

つぎのように実感する住民もいた。収容され、日がな一日戦禍で荒廃した田畑の開拓に没頭するようになったが、沖縄本島北部山中での避難の緊張と過労、そして飢餓線上を彷徨してきた悲惨な生活から解放され、明るい太陽の下で自由に手足を動かして生きる喜びを再びしみじみと味わい得た。衣料の無償配給があり、新・中古品とりどりに野戦靴、靴下、ズボン、シャツ、上着、毛布、布団などが公平に行きわたった。また食糧が無償で給せられ、米、バター、チーズ、各種の魚肉、獣肉、野菜、果物の缶詰から菓子類にいたるまで、見たこともない食糧は干天に慈雨の如く只々生き抜いて来た喜びをさらにしたのであった。米軍政府の配給によって、誰でも同じ洋服を着、同じ靴を履き、同じ茅葺かテント張りの家に住み、同じ食糧を食べて、上も下もない平等の世の中になって有難かった。日中戦争以来、困苦・欠乏に耐えて来た住民にとって、収容所の生活はさして苦痛ではなかった。食糧、衣服、その他の支給物資は公平に配給され、日課といえば、一六〜六〇歳以下の健康な男女は農耕、建築、衛生などの作業を米軍要員の指導監督の下にやればよいだけであった。(10)住民の表情は明るく、活気がみなぎっている。声も弾んでいる。「生気ある情景」であった。(11)

収容された住民の精神状態には、二重の構造が生まれていたのである。

2 戦災孤児と「戦争マラリア」孤児

沖縄戦は多くの戦災孤児を生んだ。沖縄戦中、そして沖縄戦終結後、戦災孤児がどれほどいたかはわからない。一九五三年七月、琉球政府文教局研究調査課は、宮古群島と八重山群島を除く、沖縄本島および周辺離島における戦災孤児の実態調査をおこなっている。「沖縄には戦後〝戦災孤児〟の語が生れ〝靖国の子〟の美名はこの中に影をひそめてしまつた。戦災孤児の多くは親類縁者に引取られ、或は厚生園などの社会施設に収容されてすくすく伸びているが反面、路頭に迷い転落の一途をたどつている者もあり憂慮されている」[12]との世論を受けての実施であった。五三年一一月時点において、両親を失った児童・生徒は四〇五〇人、母親を失ったものは二八五〇人、父親を失ったものは二万三八〇〇人にのぼった。「戦争がどれだけの男を、父を殺したか」[13]を端的に語る数値である。この調査が児童・生徒を中心になされたものであることを考慮に入れるなら、おそらく沖縄戦終結後は、もっと多くの戦災孤児がいたであろう。ここでは、収容された戦災孤児がどのような状態におかれていたかをみることにしたい。

米軍は、沖縄本島上陸後、住民避難地区に孤児院をつくり、親を失い、親からはぐれた子供たちを収容した。収容地の中心が、沖縄本島北部宜野座《ぎのざ》村の古知屋《こちや》であった。収容されたものの、二か月間も飲まず食わずで戦場を逃げまわっていたために、孤児の多くが、栄養失調で幼い命を閉じるのであった。このときの状況を一九一二(明治四五)年生まれの仲間幸徳は、生々しく語る[14]。

古知屋には、中頭(沖縄本島中部―筆者注)や島尻(沖縄本島南部―筆者注)から毎日のように栄養失調の乳児や子供、年よりが運ばれて来ました。……彼らは運ばれて来た時から栄養失調で、目ばかりぎらぎらして、死にかけている人たちばかりでした。それで、運ばれて来てから、二、三日したらほとんどが死んでいったのです。年よりもいましたが、一、二歳の乳児や四、五歳の子供も多かったです。戦争孤児たちで、戦争で親とはぐれたり、親をなくしたりして身寄りのない子供たちがほとんどでした。病気とか、けがをしたとかではなく、ほとんど栄養失調の子供たちで、ヤーサ死（餓死）で非常にかわいそうでした。墓地は開墾に二か所ありました。戦後、ほとんど遺骨を掘り出してあります。

米軍によって子供たちの面倒をみる保母、炊事係、院長が選ばれた。元慰安婦に育てられた孤児たちもおり、「日本語は分からないが、子どもたちの洗濯や世話をしてくれた。美人でとても優しかった」[15]という。かやぶき小屋の建物が作られ孤児たちが集められた。だが、子供たちの様子は悲惨だった。沖縄本島北部には、中部・南部から避難民がひしめきあい、食糧が不足、子供たちは、栄養失調とシラミだらけで衰弱しきっていた。炊事の女性が止血や傷に効くというヨモギを摘んで沸騰させた湯でさっとゆで、子供たちの身体を懸命にふいた。親を失い、衰弱していた子供たちを救おうと必死だった。保護されたものの、戦禍によるけが、栄養失調、病死など、「鉄の暴風」が去っても、身も心も傷ついていた子供たちに余波は容赦なく吹き続けた。食事はミルクしかなく、あとで「おかゆ」も出るようになる。着る物もなく、お腹が冷えないようにタオルを巻いても下痢する子供は跡を絶たず、部屋は豚小屋のようになって衰弱は増すばかりであった。幼児につきっきりの保母が心配しながらも疲れ果てて寝入り、朝起きてみると、泣き声も上げずに亡くなっている子供もいた。子供たちの遺体は、「衛生係」と呼ばれた男性が担架で近くの墓地に埋葬したが、雨が降ると埋葬に行けないので、孤児院の軒下に小さな遺体を並べた。悲惨な沖縄戦を生き抜いたのに、幼子の多くの命が孤児院で散っていった。目を離すといなくなり、垣根の中やカマドの煙突の隙間、また床下に何日も隠れ、いつも何かにおびえるように、ぶるぶると震えていた子供もいた。子供たちの心は、戦争の恐怖、親を失った悲しみに打ちひしがれ、一人では抱えきれないほどの悲哀に満ちていたのである。童話を読む時は、「お父さん」「お母さん」という言葉は禁句だった。その言葉を聞くと、子供たちが泣き出すのである。言葉を教えないといけない年齢なのに、この言葉を飛ばすのである。子供たちの中には、巡り合った親や親戚に、あるいは養子となって引き取られていくのもいたが、養子になるのを嫌がって、面会の時に、逃げ回るのもいたという。幼くて自分が誰かもわからない戦災孤児、戦争が終わっても、子供たちの心に刻み込まれた戦争の傷は、決して癒えることはない(16)。

コザの孤児院で、保母を務めた元梯梧学徒の稲福マサは、当時の子供たちの様子と自らの気持ちをつぎのように語る(17)。

……幼児達は栄養失調で痩せ細り、お腹が膨れほとんどの子は下痢で顔色も悪く、柵で囲まれた中には十名の子が寝かされ、一人の子が汚すと柵の中の子ども達は頭から足の先まで体中汚物で塗られ、そのまま冷たくなっている子や、泣きじゃくっている子を見て激戦の中から紙一重で生き残った子ども達は親の懐のぬくもりを知らず気の毒で胸が痛んだ。

十月に入り、……生還を待っている家族のもとへ帰る決心をした。帰る朝、子ども達に帰ることを話すとわんぱくでいじめっこ達が寄ってきて帰さないと纏りついて離れない。七時集合の時間を気にしながら「家族に会ってすぐに来るから待っていてねー」と説得し、やっと離してくれた。纏りつき泣く子ども達。朝早く出たので代表として女の子二人で大きなおにぎりと「おかずがなかったからお塩を持って来ました。お腹が空いたら食べて下さい」と出発間際に持ってきてくれた。なんと優しい子達でしょう。「親はなくとも子は育つ」その好意に愛情と感謝を込めて「ありがとう」の一言で涙があふれ、胸がいっぱいになった。小高い丘には五年生の子ども達が手を振って見送っている。(十月十六日と覚えている)家族や郷里の人達との再会は、生きてよかったと感無量。過酷な戦争は夢のような気がした。

学徒隊へ参加する時、卒業証書を貰ったらすぐ帰ると約束の口実を使い家を出て行っただけに親の監視から逃れることができず、子ども達との約束を破ったことに詫びたい気持ちが未だに胸に残っている。孤児院で過ごしたことは一生忘れることはないと思う。

孤児たちは、どのような収容所生活を送っていたのであろうか。ここで、いくつかの証言を聞いてみることにしたい。

証言1：大湾近常　当時六歳　読谷村渡具知《とぐち》出身

六月になっていたであろう。孤児院には多くの子供たちが収容されていた。男の子、女の子、皆戦争の中を奇跡的に生き残ってきた子供たちだ、親を亡くし、又、親とはぐれた子供たちだ。小学三年、四年でもなれば子供達の世話をみる兄貴や姉であった。

孤児院では、三度の食事をはら一杯食べることができた。僕にも友達ができていくようになった。小学生は広場に集められて勉強が始められていた。青空学校、木の下での学校である。体操をしたり、唱歌を歌ったり元気な子供達になっていった。お父、お母、兄、妹を亡くした僕も心の傷が癒えて子供達の仲間にとけこみ、元気な声をだすようになっていった。保母さんが子供達の世話を面倒を見てくれるし、居心地のよい生活を送ることができた。日が経つにつれて、多くいた子供達が親戚や、家族が来て引きとられて孤児院から去って行く。秋が過ぎて冬も越し、一九四六年の二月頃になっていた。残り少なくなった孤児の中に僕は居た。[18]

証言2：伊佐順子　当時十四歳　中城村仲順出身

八名家族のうち、沖縄戦を生き延び、米兵に助け出されたのは順子、八歳の妹洋子、十カ月の弟邦雄の三名だけとなった。順子は久志《くし》の野戦病院へ収容され、その後、宜野座村福山にあった収容所へ連れていかれた。

洋子と邦雄は、越来村嘉間良《ごえくかまら》の孤児院に送られた。そこで、乳飲み子は別の部屋に分けられたため、二人は別の部屋に入れられた。洋子によると、二日後に乳飲み子部屋を見に行くと、弟の姿はなかったという。六十年たった今でも、邦雄の生死は分からない。「弟は、骨と皮になり、泣くこともできなかった。生き永らえることができなかったのでは」。弟への思いを断ち切るために順子はそう考えてきた。(19)

証言3：鶴田好子　大正十五年生まれ　糸満市賀数《がかず》出身

姉の家族は七人から甥と姪の二人だけが生き残り、残された二人の子は戦災孤児となった。甥の孝治が石川で暮らしているのを聞いて、(大前の)牛栄さんに頼んで連れてきてもらった。孝治と姪の直子は祖母と三人で山原《やんばる》に疎開したが、祖母が亡くなり、直子は孤児院に送られていた。

間もなく私たちは兼城《かねぐすく》に移動することになった。兼城から賀数に移ってから直子の消息を尋ねて、方々の孤児院に手紙を出した。宜野座の福山の孤児院に直子がいることがわかった。孤児院から直子を賀数に引き取ることになり、兼城の役所まで連れてきてもらった。

甥と姪は自分の誕生日を覚えていなかった。当時の子どもは誕生祝いは、生まれて七日目のマンサン祝いと一年目のタンカーユーエーだけで、正月が来る度に年が一つずつ増えると教えられていたので、自分の誕生日がわかるはずはなかった。仕方がないので、孝治は男の子の節句の五月五日、直子は福山から引き取った六月十三日を記念して誕生日とした。考えてみれば不思議なもので、直子を引き取った日は一年前に賀数から撤退した日と同じ日だった。(20)

「鉄の暴風」と「血の暴風」が吹き荒れた沖縄戦の中を、飢えと渇きに耐えて奇跡的に生き抜いた戦災孤児たちであった。だが、収容されてもこれまでの栄養失調がたたって幼い命を散らす孤児、なれないミルクのため下痢がひどくなり死に至る孤児、親の懐の温もりを求める孤児、生まれた日さえ知らない孤児。沖縄戦は、多くの戦災孤児を生んだ戦争でもあった。

孤児院は、一九四五年には、沖縄本島北部に田井等《たいら》・瀬嵩《せだけ》・福山・漢那《かんな》の四か所、中部にコザ・石川・前原の三か所、南部には首里・糸満・百名《ひゃくな》の三か所の計一〇か所あったが、四七年には沖縄民政府によって田井等・福山・コザ・百名の四か所に統合され、さらに翌四八年には那覇市首里石嶺町のチャイナホーゼ（国府軍キャンプ）跡地に建てられた沖縄厚生園の一か所に整理された(21)。また五三年九月には、沖縄で唯一の民間養護施設の「愛隣園」が与那原《よなばる》町与那原に開園する。アメリカ・バージニア州のリッチモンドに本部を置く「キリスト教児童福祉会」が、沖縄戦によって多くの戦災孤児を生んだ沖縄に、孤児救済のための施設の設置を考えたのが開園のきっかけであった(22)。

初代園長には比嘉メリーが任命された。愛隣園について、一期生の知名武三郎は、こう振り返る(23)。当時の沖縄社会には、愛隣園にたいする偏見があったという。「学校でいじめとか盗みがあったら、園の子が最初に疑われ、白い目で見られた。孤児イコール不良というのが悔しかった」。すさみかけた気持ちに光を照らしたのが、園長であった。悩んだ子どもたちがいると、自宅にまで招きいれて、話を聞いてくれる、母親のような存在だった。武三郎は、苦しかった時に、よく思い出す言葉がある。園長が、白のハンカチを取り出し、汚れてしまっても、それは白いハンカチであると話した。「皆さんも、恐れず、いろいろ経験することが大切です」。親を失った子どもたちが小さくならずに勇気を持つよう、励ました言葉を大切にしている。

戦災孤児の肉親捜しが公に始まったのは、皮肉にも、昭和天皇「終戦の詔書」がラジオから流れた一九四五年八月一五日発行の『ウルマ新報』（創刊号は一九四五年七月二六日）第四号においてであった(24)。見出しは、「本部より皆様へお知らせ」、である。戦災孤児を引き取り親身となって世話をしてくれる家庭を捜している「お知らせ」である。

表 3　八重山郡におけるマラリア罹患者および死亡者（1945 年 1 月～12 月）

単位：人・%

島	町村	島名／集落		罹患者	死亡者	死亡率%
石垣島	石垣町		登野城	1,760	633	36.0
			大川	891	226	25.4
			石垣	1,017	149	14.7
			新川	1,390	373	26.8
			川平	72	7	9.7
	小　計			**5,130**	**1,388**	**27.1**
	大浜村		平得	613	264	43.1
			真栄里	239	88	36.8
			大浜	1,805	479	26.5
			宮良	901	107	11.9
			白保	1,184	169	14.3
			開南	27	0	0.0
			川原	44	0	0.0
			川辺	45	1	2.2
			伊原門	57	0	0.0
			平久保	15	0	0.0
	小　計			**4,930**	**1,108**	**22.5**
	竹富村	竹富島		77	7	9.1
		黒　島		862	124	14.4
		小浜島		128	19	14.8
		新城島		144	24	16.7
		波照間島		1,587	477	30.1
		鳩間島		526	59	11.2
		西表島	古見	23	5	21.7
			南風見	164	21	12.8
			西表	98	6	6.1
			白浜	25	25	100.0
			王三	19	18	94.7
	小　計			**3,653**	**785**	**21.5**
	与那国村	与那国島	祖納	1,757	203	11.6
			比川	473	13	2.7
			久部良	941	150	15.9
	小　計			**3,171**	**366**	**11.5**
合　計				**16,884**	**3,647**	**21.6**

出所：表 1 に同じ．718 頁，より作成．

表 2　八重山における沖縄戦・戦死者

単位：人

	男	女	計
石垣島	58	55	113
竹富島	2	0	2
小浜島	1	0	1
黒　島	6	4	10
新城島	0	0	0
波照間島	0	0	0
鳩間島	2	0	2
西表島	8	4	12
与那国島	28	10	38
計	105	73	178

出所：吉野高善・黒島直規「一九四五年戦争に於ける八重山群島のマラリアに就いて」（『石垣市史　資料編近代 3　マラリア資料集成』石垣市役所，1989 年，所収）722 頁，より作成．

表4 「戦争マラリア」孤児

単位：人

		島名／集落	男	女	計
石垣島	石垣町	登野城	26	17	43
		大川	12	8	20
		石垣	6	11	17
		新川	16	12	28
		川平	0	1	1
	小計		**60**	**49**	**109**
	大浜村	平得	10	11	21
		真栄里	1	4	5
		大浜	5	6	11
		宮良	2	7	9
		白保	4	1	5
	小計		**22**	**29**	**51**
	竹富村	竹富島	2	5	7
		小浜島	4	5	9
		波照間島	4	8	12
		鳩間島	1	3	4
		西表島	4	2	6
	小計		**15**	**23**	**38**
	与那国島		0	0	0
合計			**97**	**101**	**198**

出所：表1に同じ．729頁，より作成．

厚生部（救済部）の方では孤児の親類を探し当たる為に、随分努力してゐますが、差し当り、こ□やうな孤児の親類を見つけ出す□とが出来ない場合当局としましては、縦来通り孤児院で世話して貰ふよりも子供の順調なる發育のために最も必要な温い親心と家庭的楽しみや躾等の諸点を考へたとき親切な或家庭に世話して貰ふ方が良策であると望んでゐます。それにしても当局の畫が万支障無く遂行されます上には是非とも皆様の直接間接の御協力□緊要です。

第二次大戦敗戦直前の一九四五年、八重山の住民は日本軍の命令によりマラリアを媒介するアノフェレス蚊の主な発生源である山中やマラリア有病地への避難を強制された。二か月から五か月にわたる避難生活で、マラリアの特効薬であるキニーネの不足、食糧不足によって多くの住民が犠牲となった。沖縄戦による戦死者は、表2にみるように、一七八人であったが、マラリアにより死亡した住民は、表3にみるとおり、罹患者数一万六八八四人の二二・六パーセントにあたる三六四七人にものぼった。第二次大戦前の一九二八年から四二年までの八重山郡におけるマラリア死亡者は各年九〜五一人で、罹患者にたいする死亡率は〇・九四〜三・一パーセントであった。[25] だが、この爆発的な発生は、これまでのとは異なって戦争がもたらしたのであり、「戦争マラリア」ともいうべきものであった。両親がマラリアに罹患して死亡し、「戦争マラリア」孤児になったのは、沖縄本島や周辺離島、宮古群島ではあまり見られず、八重山群島で多く見られ、実態調査もなされている。

孤児は、表4にみるように、石垣町＝一〇九人、大浜村＝五一人、竹富村《たけとみ》＝三八人で、集落別では登野城《とのしろ》が最も多かった。孤児の中には、縁故者に引き取られる者もいたが、石垣町の三〇人は頼る者も無く、扶養してくれる者も無く、住む家も無く、子犬のように町内を徘徊して食を探し求めるのであった。孤児たちの生活の情況を、吉野高善・黒島直規は「一九四五年戦争に於ける八重山群島のマラリアに就いて」の中で、つぎのように描写している。(26)

……登野城に於ける孤児、嘉〇某（当九歳）は爆弾で半潰した空家の土間に寝てゐた。頭髪は脱落し、顔色は蒼白で、著しく羸痩《るいそう》して、マラリアの為め発熱してゐた。枕元には十一歳の姉が何処からか探して来たと見えて、芭蕉の葉に魚の煮付と二、三個の芋があった。又比嘉某（当十六歳）外数名は登野城船浦お嶽の庭に集つて、鑵詰の空鑵に芋を煮てゐたが、其の隣にゐた十歳の孤児と十三歳の孤児はつかみ合つて喧嘩をしてゐた。之れは十歳の孤児が探して来た鑵詰を十三歳の孤児が盗んだのが原因であつた。是等の孤児は一人も完全な衣服を着けた者が無く、上衣のみ着けた者もあれば、半ズボンのみ着けた者もあり、夜具を持つてゐるやうな者は一人も無かつた。食糧は勿論民家から盗んでゐたのであるが、孤児各人が単独に盗んだのは少なく数名隊を組んで計画的に盗んだのが多かつた。又盗んだ物は食糧のみで無く、他の物資もあり、而も盗んだこの物資で食糧、例へば塩、醬油、味噌、魚等を交換してゐた。

日本軍は、戦争遂行のために足手まといとなる老人・子供たちをマラリアの有病地へと強制的に追い立て、生まれたのが「戦争マラリア」孤児であった。

3　収容所の中の青空教室とガリ版刷教科書

一九四五年四月一日、米軍は沖縄本島中部西海岸に上陸するが、その一か月後の五月七日には、早くも石川収容所地区に石川学園（現在の城前小学校の前身—筆者注）を設立している。「戦後」の学校の開設第一号である。四五年五月二二日、日本帝国政府が「戦時教育令」を発し、「学徒ハ尽忠以テ国運ヲ双肩ニ担ヒ戦時ニ緊切ナル要務ニ挺身シ平素鍛錬セル教育ノ成果ヲ遺憾ナク発揮スルト共ニ智能ノ練磨ニ力ムルヲ以テ本文トスベシ」として授業閉鎖に追い込まれていたころ、沖縄ではすでに「戦後」の教育がはじまったのであった。どうして、米軍政府は、沖縄戦の最中にもかかわらず、子供たちを集め学校を開いたのであろうか。このことについて、『琉球列島の政治・社会・経済に関する陸軍長官への報告書』は、つぎのように記している。「沖縄戦が始まると、焼け残った校舎は直ちに米軍に使用されたが、作戦遂行中でも、ある程度の学校教育は続行することが許された。それはレクリエーション的なものを主体とするという制限付きのものではあったが、そのねらいは子供達の心をそこに集中させることによって徘徊をコントロールしようということもあった[27]」。またアメリカの歴史学者アーノルド・G・フィッシュ二世は、もう少し詳しく指摘する。「教育の復活は、子どもが群がって生活していたキャンプで始まった。というのは、野放図に子どもを放っておくのは邪魔になるだけではなく、地域によっては大きな問題でもあったからである。上からの指示による何らかの教育が秩序を確立するための最もいい方法だった。子どもが道端で遊ばないようにするため石川のBチーム（住民集結キャンプの管理—筆者注）の司令官は、早くも一九四五年五月から運動場をつくるのを許可した。そのため一五〇〇人のアメリカ人と沖縄人を選んだ。三日後に運動場が完成したとき、四歳から八歳までの一〇〇〇人の子どもがそれを使用した。このささやかな始まりに次いで軍政本部は地区司令官に対し、小学生用の娯楽施設をつくるよう指示した。この娯楽施設で授業を行う。授業では読み書き、計算、図工、団体遊戯などを重視する」(28)。

確かに、米軍政府にとって、戦争を遂行するうえで、子供たちが戦場を「徘徊」することは作戦的にみても障害であったにちがいない。だが、沖縄戦を生き延びた教師たちが学校を再建し、子供たちの教育を再開しなければならない、という熱い思いがあったことも見逃してはならない。

設立当初の石川学園の状況をみることにしたい(29)。四五年四月二五日、創設者であった山内繁茂は、家族ぐるみで石川に収容され、「職業―教師」として難民登録をした。石川に次々と収容されてくる住民、とくに多くの孤児を含む五〜六歳の子供たちは、習いたての「ギブミー」を連発し、米兵にたかる。また南北に疾走するトラックから米兵が投げる食べ物・タバコに群がる。時には、海岸に集積された食糧を盗み威嚇射撃を受ける子供、生まれて始めてみる黒人に「土人々々」と罵声をあびせて水をぶっかけ胸元に銃剣をつきつけられる子供、制限時間外の夕方に道路に出て米兵に拉致された七歳の女の子もいた。その頃、山内のもとに、海軍将校が訪ねてくる。「子供たちがあれでは、米軍の作戦に支障をきたして困る、教師であったというあなたで何とかしてほしい」という。山内は、こう決意した。「今、日米両軍は戦っている。その勝敗はわからぬ。しかしそれがどうであれ、自分たちの子供は自分たちで守る外はないではないか」。この山内の決断が、石川学園の第一歩となった。皇軍が奮戦している時、敵の学校に子供をやれるかと反対する住民もいたが、一番喜んだのは、子供たちであった。米軍による三月二三日からの大空襲、艦砲射撃、上陸と沖縄戦が激烈さを増す中で、明かりを恐れ、声を押し殺され、恐怖の戦場をさまよっていた子供たちにとって、太陽の下で仲間たちと一緒に遊べるのは、大きな喜びであった。米軍から、まずは幼児を集めろとの命令であったが、それは無理なので、四年生以下を集め、クラス分けした。木陰を求めて場所を移動しながら、知っている限りの歌を歌わせ、知っている限りの話を聞かせ、遊戯をさせ、地面をならして字を書かせる。時には、潮の引いた砂浜で字を練習させる。鉛筆一本・紙一枚のない中で子供たちをまとめ、何とか工夫して教える。ある元教師は語る。「アメリカ軍からはただ、子供たちを管理しろということだったのですが、集まった子供たちを見ていると、何とかしなくちゃという気になったのですよ。やっぱり教師根性というものだったのでしょうね」と。ここに、戦火の中であっても、子供たちの行く末を案ずる教師の姿があった。

『石川学園日誌』(琉球大学附属図書館所蔵)をみると、五月一〇日木曜日晴天、今日の行事として、全児童に対し、朝礼後、校内外の清掃をして開園式を挙行するとあり、式次第は、一一同敬礼、二黙禱、三軍隊長挨拶、四園長挨拶、五ラジオ体操、六一二年唱遊、七三四年競技、八解散、とある。石川学園の開園を皮切りに、六月から八月にかけて各地の収容所において、学校の発足がみられるようになる。だが、「校舎ナシ、教科書、学用品、腰掛、机等学校設備ト見ラルルモノ一切モナシ[30]」、というのが現実の姿だったのである。だが、このような状況の中でも、子供たちは、自分たちの周りにあるすべてを学習用品として楽しんだのであった[31]。子供たちの想像力の豊かさには、驚かされる。

(一) 体育あそび：小高い丘へのぼったり、すべったり、横になってころがったり、頭を下にしてはらばいになってすべるなど。
(二) 水あそび：川の水の中に顔を沈めて誰が長く続くか競争したり、水かけっこ。
(三) 手あそび：ガジュマルの葉を二つ折りにして唇にあてハーモニカの代わりの草笛に、ガジュマルの葉をつなぎあわせて帽子に。
(四) お絵かき：木の枝で地面に自由に絵を描いて相手に説明したり、空き缶に水を入れ、指をぬらして地面に一滴ずつたらして水絵にしたり、草花を摘んで色水を作って絵の具やクレヨンの代わりにしたり。

(五) 数あそび：松ぼっくりを拾ってきて数の練習、石ころを並べて足し算、引き算の練習。
(六) 楽器あそび：空き缶を棒切れで叩いて強弱や拍子うちの練習、口オルガンで高い音、低い音の歌唱の練習。

はじめての教科書は、ガリ版刷であった。ガリ版刷教科書の編纂経緯について、〝ひめゆり部隊〟を引率、教え子の戦死、自決を目の当たりにして苦悶の中にいた仲宗根政善の語りを中心にみる。仲宗根は、牛島満司令官が自決した一九四五年六月二三日に米軍の捕虜となって、沖縄本島北部の宜野座村松田にあった古知屋の収容所に移動させられる。そこにいる時、米軍政府の教育係将校ハンナ大尉が山城篤男（県立二中校長、現在の那覇高校―筆者注）を迎えに来て、当時最大の収容所があった石川に連れていかれた。その後、「山城さんから『君も石川に来い、教科書の編修をしたいから』と言われたんです。しかし、ぼくは負傷してもいたし、とても再び教育にたずさわる気にはなれませんでした。南風原《はえばる》陸軍病院撤退のとき重傷患者といっしょに壕に残して来た生徒が、米兵に救助されて宜野座の病院に連れて来られて、オフ・リミッツ（禁止区域）をくぐりぬけて見舞って来た直後でしたから……。ただ妻子がどこにいるのか、まだわからなかったものですから、ひょっとしたら石川へ行けば、妻子の消息はわかるかもしれないと思って、石川の山城さんのテント小屋に行ったわけです[32]」。

教科書の編修に意欲が湧かなかった仲宗根であったが、目の前に〝ある光景〟が飛び込んできた。この光景こそが仲宗根に教科書編修への参加を決意させた。

……石川の街頭をうろついている学童を見ると、スパスパ、タバコをすっているんです。レーション（米軍の野戦食）の中に入っているやつをすっているんですね。人々の服装も男か女かほとんど見分けもつかない。アメリカさんの洋服をつけたり、つぎはぎのよれよれの服をまとって、夢遊病者のようにうろつきまわっている。はだしの者も多い。

いちばんショックだったのは、チリ捨場にたかっている学童の群れを見たときでした。古川という二世が国頭《くにがみ》へ行くと聞いたもんだから、この機会を逸してはいけないと思って――妻子は国頭においてあるもんだから――、必死になってお願いして乗せてもらったんです。石川を発って恩納《おんな》の谷茶《たんちゃ》をすぎて、やがて恩納に近づいたところを、丘の上に、大きなチリ捨場がありましてね、そこを通ったとき、袋をかついだ少年がいっぱい群らがっておるんです。大人は柵外に出るのを絶対許されなかったんですが、子供は大目に見られていました。いわゆる〝戦果〟探しに恩納の方まで石川からずっと遠出していたわけです。そういう少年たちが無数に、チリ捨場に群らがって来たんですよ。つぎつぎとトラックがチリを満載して運んで来て、放り捨てると、そのもうもうとけぶる黒煙の中に、袋をかついだ無数の小さな乞食の群れがたかって行くのです。〝戦果〟をあさっているんですね。みんなわれわれの国民学校の学童たちです。それを見たとき、これは放っておけないなあと思いました。名護へ行ってもそういう状態でした。あちらこちらに子供らの群れがうろついていました。

そういう状態だったもんですから、何とかして、みんなで早く教科書を作って教育を始めなけりゃいかんなあという気になったんです。東恩納部落のいちばんはしっこに焼け残った民家があって、それが教科書の編集所だったんです。そこで、山城先生のもとで教科書編集を始めたわけです。[33]

米軍政府から示された教科書編集の基本方針は、(一)日本的教科書の絶対禁止、(二)軍国主義的教材の禁止、(三)超国家主義的教材の禁止、であった。[34] 仲宗根は、こう語る。「教科書編集ですが、沖縄を主体とする教科書の編修方針で、県民はすべて敗戦によって茫然自失していたときのことでしたので、新沖縄建設の意気を高めることを先ず眼目におき、生命の尊さを自覚して、積極的に生き抜いていくことを強調しました。沖縄の固有の文化を重んじて、世界の文化を摂取して沖縄文化を発展させていくこと、世界の事情、とくにアメリカの事情を知らしめる。そのようなことが中心でした[35]。そして出来上がった一年生用の教科書一ページが「アオイソラ　ヒロイウミ」であった。「沖縄は、戦争で何もかも失った。目につく大きなものは、それであった。象徴的な教科書の始まりであった[36]」。ちなみに、三年生は「蔡温《さいおん》」、四年生は「マラッカへの船」、五年生は「ベンゲット道路」、七年生は「産業の恩人　野国総官」、八年生は「首里城跡の赤木」である[37]。ガリ版刷教科書はいくつか現存しているが、ここに、貴重なガリ版刷教科書がある[38]。この教科書は、達筆な漢字かな混じりの文体で、一部は鉛筆書きとなっており、何名かが分担して編集したことがわかる。残念なことに、四三〜七七頁の部分しか残っておらず、いつ発行されたか、何年生用なのか知れないが、高学年用のものであったことは推測できる。知るかぎりでの内容は、「十三　ひざ栗毛」・「十四　名護浦の海豚《いるか》捕り」・「十五　アメリカだより　サンフランシスコから」・「十六　星の話」・「十七　久田船長」・「十八　もくせいの花」（詩—筆者注）・「十九　仏法僧」・「雀の子」（一茶の俳句—筆者注）、である。ここでは、「名護浦の海豚捕り」を取り上げてみることにする。

「海豚だ。海豚だ。」

威勢のよい叫び声が、野に山に村々に傳はる。鍬《くわ》を持つ者、鉈《なた》を負う者、もりを握る者、老いも若きも、男も女も名護の浜辺へと急ぐ。砂浜は忽ち人の黒山を築く。鎮守の森では豊漁の祈りを捧げてゐる。

嘉津宇岳が青空高くそびえ白い砂浜がはてしなくつゞいてゐる。名護の浦曲はのどかになきわたつてゐる。遥か沖にかすかにうごめいてゐるものが見える。岸辺では多くの群集と共に村の幹部が旗を携へて沖に見入つてゐる。

やがて各部落からは伝馬がえつさえつさと掛声勇しく運ばれて来る。伝馬の乗組員は数名で皆海の覇者を以て自負する元気ばかりだ。

数知れない海豚の大集団は油を流したやうな静かな海を大海豚を先頭に浮きつ沈みつ潮を吹きながら砂浜

へ向ふ。その後を小石を投げつ〳〵伝馬がさそうて行く。その間は一間とは離れない。海豚と伝馬との呼吸がぴつたりあつてゐる。海豚は名護の浦曲の緑を自分等の安住所とでも思つたのか、船のさそふま〳〵に岸辺に進んでゆく。やがてあさせに進みか〳〵るや方向を沖に轉じようとして海豚の群はあわて出す。間髪をいれず「突込め」の合図に岸辺の大旗を振る。各伝馬は思ひ思ひのもりを投げつける。もりは大綱をひいて体内深く喰い込んで動かない。海（ここから鉛筆書き―筆者注）豚は白波を立てながらものすごくあばれまはる。船も海中深くひきづりこまれさうた。二番もり三番もりと続けざまにつきさゝれる、海豚は血しぶきをはきながらいよ〳〵のたうちまはる。すがざす鉈を振りかさして海豚に馬乗りして、そののどもとをえくりとる。見る〳〵名護湾は血の海となる。

岸に待ち受けた人々は、小山のような大きな海豚をめい〳〵の村へ持ち帰つて行く。

この文章は、沖縄の人たちが古から営々と受け継いできた伝統を守り、さらに未来へ向って雄々しく飛び立っていこうとする意気込みに溢れた内容となっており、読む人をして感動させずにはおかない。

4　「ウルマ新報」を発行させたことの意味

沖縄戦の中で、発刊された新聞が「ウルマ新報」である。

発行の経緯は、創刊者であった島清によれば、こうである。(39)一九四五年七月初旬頃、石川収容所に収容されていた島のもとに、米海軍大尉が訪ねて来た。「この混乱状態で住民はニュースを渇望していると思う。新聞を発行してくれる人はあるまいかと、市長と小橋川所長に問うたところ、君意外に適任者はないといわれて、相談に来た。軍の援助で新聞を発行してくれる気はないか」(40)という。

ここで、収容されるまでの島の経歴に触れておく。[41] 島は、一九〇八年糸満町に生まれ、尋常高等小学校一年を中退して沖縄を去る。法政大学法文学部英法科卒業後、東京で社会主義政党に入党、実践活動に従事するが、満州事変・日中戦争と、拡大する戦局による東京での戦争の難を避けるため、一九三八年に沖縄へ引揚げる。沖縄では、社会大衆党那覇支部を結成して社会主義勢力を結集、翌三九年には県政社会浄化連盟を結成し、沖縄政界にデビューするも、第二次大戦の勃発によって弾圧も厳しくなり、政治的な発言は封じられるようになる。米軍が沖縄本島に上陸した四五年四月一日の深夜、首里から中部戦線を突破して北部の山中に避難、同年七月上旬にみずから下山し、石川収容所に入った。

石川は、米軍上陸直後、沖縄本島における中心的な収容所であった。ここにいた島を米海軍大尉が、「新聞を発行して欲しい」と訪ねて来たのである。島は、「沖縄県民の多くは、今でも日本軍逆上陸を信じ、必勝を疑っていない。これ程盲信している県民に、何時か誰かが真実を知らせる役割を果さねばなるまい。偽りない世界を紹介し、次の時代に遅れをとらせないよう、方向を示すことは、やり甲斐のある尊い仕事だとは思う。軍は民心安定の手段に新聞の発行を望んでいるのであろうが、私も民心の安定を欲している。その限り軍の意図は諒解できるし、その意味では新聞発行に興味がないでもない[42]」と答え、条件として「新聞は県民のためのものとし、私の責任で発行する」・「人事、編集、運営等一切、私の権限に属するものとす」・「軍は援助だけで干渉はしない[43]」、このことを提示して了解を得、発行の準備にとりかかる。編集方針は、つぎの点に置いた。[44]

新聞を編集する私の基本方針は、真実の世界を偽りなく、ニュースとして提供するというにあった。軍の住民に対する示達事項はニュース価値も高いので掲載したが、軍の出し渋る事柄でもニュース性のあるものは求めて記事にした。併し反面、軍の提供するニュースと雖も、価値の低いと判断したものは採択しなかった。県民特に本島収容所内の住民の関心事は、家族を含めての親戚の安否、わが家に何時帰れる（解放）かということにあったので、その点特に意を注いだ。

社は性能の優れたオールウェブ受信機と、四名のレシーバーを擁し、四六時中世界各地の電波を自由に受信し、それを私が収拾選択して編集した。

一九四五年七月二六日、『ウルマ新報』創刊号が発行される。(45) 創刊号の現物は、これまで見つかっておらず、幻の創刊号といわれていたが、二〇〇七年一一月二四日現在時点で沖縄県コレクター友の会副会長の翁長良明が発行されたままのかたちで所蔵しているのがわかった。資料の重要性からみて、ここでは全記事を掲げ、それから検討に入ることにしたい。新聞名のない、わら半紙、A4サイズで、ガリ版刷表裏の二頁である。(46) 四五年八月一日発行の第二号から『ウルマ新報』の名が付けられた。

△米英聯合艦隊日本々土を砲撃す

独乙無条件降伏後、大西洋から解任された英国艦隊の一部と、米国太平洋艦隊とは、去る十一日前から聯合して日本々土沿岸都市に向つて艦砲射撃を加へた。

米英聯合艦隊は、十一日間に亘り日本々土近海を巡航したが、日本側からは、何等発砲するに至らなかった。

米英聯合艦隊は、北は北海道沿岸都市室蘭市内を始めとして太平洋沿岸都市並びに工業地域の砲撃を開始した。同時に日本鉱業鉄会社、輪西精鉄所及び三菱炭鉱等の軍事施設を攻撃した。

未だ米英聯合艦隊に依り艦砲射撃を加へた都市は一部発表されたのみであるが、其の発表に因ると名古屋、日立も含まれてゐる。

日本空軍・海軍及沿岸要塞砲等は何等挑戦意向を見せなかった。

本戦闘に於て聯合艦隊と協力して使用された千五百機（空母機）は日本々土上空を絶へず制圧してゐた。

△引続くB廿九の猛襲！

四十七日間に亙り連日超要塞機B廿九は四十頓の爆弾を日本軍事施設に投下した。東京、大阪、名古屋、横浜、横須賀、福岡、京都等の軍事工業施設は殆んど爆破され、其の外平塚、桑名、沼津、大分、日立、銚子、福井、岡崎等諸都市の軍需工場及び運輸機関は消滅された。因に銚子、福井、岡崎、日立の四都市は重要なる運輸及び漁業の中心地である。

△日本工業家連の悩み

最近の米空軍の日本々土猛襲に因り日本の工業家連中は今後彼等の工場を維持するに不安を抱き、日本の全工業を満州に移動せしめむと計画して居る。併し「米空軍は日本々土とアジア大陸との連絡を妨害し、其の移動を極めて困難ならしめてゐる」と東京のラヂオ放送は計劃の困難性を傳へてゐる。

△世界の動き　自七月十五日　至七月廿五日

一、印度の政情騒然

印度自治制改革の為め、ワーブェル子爵に依つて提案されてゐたイギリス側の案は印度側の内紛の為めに破壊されるに至つた。該案に依れば軍事外交等は総督及び軍司令官に把握せしめ、内政的には印度人の自治を認めようとするにあつた。

併しそれに対する印度側の歩調全く乱れ会議派は軍事外交等を含む全面的独立を要求しモスラム派は宗教別、人種別独立をみ、土侯側は依然としてイギリスの保護を喜び、三派三様のテイ立状態で意見の一致をみるに至つてゐない。

二、ボルネオ戦線

濠軍はボルネオに於て日本軍を五十粁に亙つて撃退した。現在本島の重要油田は全部濠軍に奪還された。

三、千島列島

十四日アルーシャン基地より米機は更に千島を爆撃し沿岸施設を爆破した海防艦二隻を撃沈した。

四、重慶

重慶放送に依れば目下支那軍の三ヶ縦隊は広西省、貴林省に向って約二十粁の地点を進撃しつゝある。尚ほ江西省、懸市と同市飛行場は支那軍の手に再び奪還したと発表してゐる。

重慶総司令部の発表に依れば支那の一軍は印度支那国境を越えて沿岸都市モンリイを占領し、日本軍と東南アジアにある日本部隊との連絡線を切断したと傳へてゐる。

蔣介石将軍は米国新聞記者に向って、「適當な武装と補給品を受ければ支那軍は米空軍と共に大陸に存在する日本軍を撃退し得る」と語つた。

五、フランス

モスコーに於いてスターリン首相と協議中であった支那首相宗子文《ママ》は協議を終へて重慶に帰つた。

宗《ママ》首相は「日本との戦争は一年以内に終結する」と語った。

フランスは日本に対し宣戦を布告した。仏軍大将ジヤック、レ、クレルクは対遠征軍に司令官に任命された。

六、イタリヤ

元日本の同盟國たるイタリヤは日本に対して宣戦を布告した。

七、独乙　ポツダム

ツルーマン大統領はポツダムに於いてチャーチル英首相とスターリンソ聯首相と共に欧州の将来に就いて協議してゐる。

ツルーマン氏は米軍に向って左の如く演説した。

「我々は征服を本位として今次戦争を闘つてゐるのではない。領土的にも経済的にも何等其等の欲求に惹かれて戦つてゐるのではない。我々は人類の平和、幸福、隆盛の為めに戦つてゐるのである」

記事から知れるように、内容は、日本および海外での戦局（誤りもみられるが—筆者注）がすべてで、収容されている住民が最も知りたい沖縄県内の状況については、記載されてない。第二号から少しずつ沖縄の状況も載せられるようになる。見出しをみると、第二号（一九四五年八月一日）：『食糧増産協議會開る』、第四号（一九四五年八月一五日）：『本部より皆様へお知らせ』として厚生部（救済部）・廃油活用部・軍医部・農業部よりのお知らせ、第五号（一九四五年八月二二日）：『暁だ!! 沖縄再出発 舵手一五名諮詢委員確定』などである。

では、どうして米軍政府は、収容所内で「ウルマ新報」を発行させたのか。この点について島は「軍側からみれば、民心安定に顕著な事績を残し、占領政策に偉大な貢献をなしたと思ったであろう」[47]と書き、大田昌秀は「米軍政府は、行政組織面が整備されるにつれて、軍政をより円滑に実施していくため新聞の発行を思いたち、それをみずからの機関紙として使用する計画を立てました。……敗戦の混乱で事態の掌握ができなくなっていた地元住民にニュースを知らせ、人心を安定させるねらいももっていました」[48]と述べ、新崎盛暉は「多くの人びとが収容所で茫然自失の状態にあったとはいえ、なお日本の必勝を信じている人びとも少なくなかったであろう当時の状況を考えれば、米軍政府が軍政の円滑な実施のために、日本語の広報紙を必要としていたことは明らかであった」[49]とする。三者とも、民心の安定によって軍政の円滑な運営をはかるための新聞発行だという。そして「ウルマ新報」の後身である琉球新報社は、「日本の敗戦の現実を報道し、無用の犠牲者を出さぬための、いわば、宣撫のための報道機関であったのである」[50]と書く。

米軍政府の意図が最も象徴的にあらわれていると思われる「第二号」の記事をみることにより、新聞を発行させた意味を知りたい。記事は、日本の戦局の悪化による敗戦の必至と連合軍の優勢を知らせることにほぼ九〇パーセントが割かれ、残りの一〇パーセントが沖縄にかかわるものである。この一〇パーセントの中味をみる。住民にとって最も関心が高かった家族のことについては、七月二一日に米軍政府代表と各収容所からの住民代表が集まり、「家族再会の促進」「家族再会の方法は住民団体を通じて行ふ」「家族調査の促進」「家族の移動は所轄軍政府の許可を受け巡察付添へに依る」「許可証は市長又は役員と雖も□を下付することを得ず」「住居の整備促進家屋の建設を急ぎ住民の協力要請　海軍設営隊家屋建築進行は住民の移動に伴なざるを以て新家屋に移りたる後は即時テントを軍政府に返送すること」が協議された、と報告する。

住民の生活上、必要なものは、つぎのように載せる。

農業については、「□中本島民は北部に居住する必要農業問題は最も重要であるしか米本国の物量にも限度があり、人造肥料は米国内に於ても入手困難であるが、輸入を図つて増産に援助したい。種子、農具等の不足は輸入する。現在保有する種子類は白菜、冬瓜、玉ねぎ、トマト、豆、南瓜、茄子、人参、大根等である。人糞肥料の使用も蚊蠅の発生防止策を講じ、衛生的処置を施したる後之を許可す。堆肥厩肥の増産には特に意を用ひ、新鮮なる野菜の供給に努めて貰ひたい」。

「豚の飼育は一定個所に於てなさしめ、馬、山羊、鶏等は軍政府並に農業部長の許可を得て飼育せしむ。獣類の屠殺は、屠殺場以外に於ては之をなさゞること」。

漁業については、「漁業に要する網其他の用具は保持し、許可あり次第実施したい。尚漁具の不足分は製作し、猶足りざる場合は輸入す」。

家族との再会を第一に置く中で、農業、畜産、漁業の復興に意を注ぐとしている。そして次のような質疑応答の要旨をも載せる。

A　耕地に家屋を建てざるやう配慮を乞ふ
B　設営隊、軍政府協同して充分に其の方法を講ずる
A　人口移動の受入地に対して移動前に其の員数を通知して頂きたい
B　正確の数字を持ち合せて居らぬ故即答しかねる　後日回答せしむ
A　惣慶銀原は水が不足勝なる故適当なる処置を講じて頂きたい
B　専門家に調査せしめ然るべく善処せむ
A　農具の入手方法に配慮ありたし
B　各キャンプの保有数を報せ、それにより南部より集めたるものを配給し、猶足りざる場合は善処を講ず
A　キャンプ付近の耕作敵地を作業員に対し耕作せしめられたし
B　各キャンプ所轄軍政府の決定する案件なるも、併し憲兵が保護を加へるに充分なる場合は、地方事情に応じて善処せむ

戦局に関する九〇パーセントの記事、沖縄に関するこの一〇パーセントの記事から、何を読み取るか。米軍政府は、日本軍の捕虜に対しては、日本の敗戦は必至であるとの「目に見えない情報」を与え、住民に対しては、衣食住の中の食と住を保障するとの「目に見える情報」を与える。このことは、米軍こそ沖縄の統治者であるとすることの表明にほかならない。このことこそが、「ウルマ新報」を発行させた意味である。

以後、米軍政府は、新聞などの情報網をも通して、沖縄を占領下に置く。

5　三味線と踊りの「力」

住民にとって捕虜収容所での殺伐とした生活に潤いを与えたのが、三味線と踊りであった。山田有昂は、収容所と三味線についてこう語る。(51)

敗戦で社会目標を失うと、秩序も乱れてくるのは当然だ。心が傷つき虚脱状態に陥ることはとにかくヤケのヤンパチで、人はいつ集団心理で何をしでかすか分からない。収容所はたえずその危機をはらんでいた。そこで、皆に相談したら、真っ先に返ってきたのは三線をつくろう、ということであった。……面白いことに、捕虜の中には、大工さん出身とか、技工の達者な人もいて、三線の製作がはじまった。窮すれば通ず、というか、無より有を生ずで、空き缶を胴にして、落下傘の紐を弦に、そして折りたたみ式ベッドの木をサオにして細工を試みたのができあがっていた。

カンカラ・サンシン（空缶三絃）によって歌いだされたのが金城守堅作詞の「ＰＷ無情」・「屋嘉節」・「敗戦数え歌」である。とくに心を慰めてくれたのが「屋嘉節」であった。(52)

（一）なちかちや沖縄《うちなぁ》　戦場《いくさば》になやい　世間《しきんう》御万人《まんちゅ》ぬ　袖《すでぃ》ゆ濡《ぬ》らち

（悲しいよ沖縄　戦場となり　多くのウチナーンチュの袖を涙で濡らす）

（二）勝《か》ち戦願《いくさにが》てい　恩納山登《うんなやまぬぶ》てい　御万人《うまんちゅ》と共《とぅむぅ》に　戦《いくさ》しぬじ

（戦いの勝利を願い　恩納山に隠れての生活　皆で助け合い共に戦を凌いだ）

（三）恩納山下《うんなやまう》りてい　伊芸村過《いぎぃむらゆす》ぎてい　今《なま》や屋嘉村《やかむら》に　ゆるでい泣《な》ちゅさ

（終戦の知らせを聞き　恩納山を下り　伊芸村も過ぎて　連れていかれたのは屋嘉の捕虜収容所）

(四)哀《あわ》り屋嘉村《やかむら》ぬ　闇《やみ》ぬ夜《ゆ》ぬ鴉《からし》　親《うや》うらん我身《わみ》ぬ　泣《な》かんうちゅみ
（哀れな屋嘉村の闇夜の鴉　親がいない私は泣かずにはおられない）

(五)無蔵《んぞ》や石川村《いしちゃむら》　萱《かや》ぶちぬ長屋《ながや》　我《わ》んや屋嘉村《やかむら》ぬ　砂地枕《しなじまくら》
（愛しいあなたは石川収容所の茅葺の長屋で寝るが、私は屋嘉収容所で砂地を枕にして寝る）

(六)心《くくる》いさみゆる　四本入《しふんい》り煙草《たばく》　淋《さび》しさや月日《ちちひ》　流《なが》ちいちゅさ
（心を慰めてくれる　四本入りの煙草　淋しいことは月日が流してくれる）

この「屋嘉節」について、ジャーナリストの新川明は「沖縄戦で共通の体験をし、共通の思いを抱く島びとたちのあいだにまたたくまに拡がり、今日に至るまで歌いつがれている。戦禍で荒れ果てたふるさとを思い、別れ別れになった肉親の安否を気づかい、みじめなおのれの境遇をうたう敗戦哀歌であり、戦後〝島うた〟の傑作の一つである」[53]との評価を与える。沖縄諮詢会委員であった仲宗根源和は、「沖縄人と三味線は引離すことの出来ない結合物である。宿命の島の人々の心の奥は三すじの糸に托して哀々切々として天地の神への哀願となり祈禱となる」[54]と沖縄人にとって三味線の音がもつ「力」を感動的なまでに強調する。

一九四五年六月、のちに琉球芸能・書家で知られる島袋光裕は長男夫婦、次男夫婦、三女、四女を沖縄戦で失い、呆然とした日々を捕虜収容所ですごしていた。その頃米軍政府の文化部長ハンナ少佐から呼び出され、「芸能人のいどころを教えてもらいたい。芸能人が集まれば芸能団を組織して沖縄独特の芝居を各地でうってみたい」という。芸能人を集めるのは至難であったが、一応の顔ぶれが揃った。皆を前にしてハンナは、こう問いかける。「沖縄は激しい戦いのためにすべてが灰に帰してしまった。おそらく完全に残っているのは、皆さんが持っている芸能だけであろう。沖縄の人びとも今は虚脱状態にあるが、一日も早く心の糧を与えなければならない。同時に、米軍にも沖縄を認識させる必要がある。それには芸能を復興させて沖縄の人にも米軍にも見せてやるのが一番の早道だ」。舞台衣装や化粧品集め、稽古場を作るには、難渋をきわめたが、四五年八月二〇日には「沖縄芸能連盟」が発足する。一二月には石川市の城前小学校の校庭で第一回の公演会を催した。舞台は、校庭にドラム缶をいくつか置き、その上に板を敷いて柱を立て、背景は幕を張っただけのものであった。出し物は、組踊「花売の縁」や「老人踊り」「八重瀬の道行」などである。とくに「花売の縁」は、妻子を捨て故郷を離れて沖縄本島北部の塩屋にこもっている森川の子、たずねて旅から旅へと苦労を重ねていく乙樽母子の境遇に、満場の観客は感激と同情の涙を流した。みんな戦火をくぐって九死に一生を得た人たちである。私たちも身の引きしまる思いで、一生懸命に演じた。(55)

舞台を見た文学者の外間守善は、沖縄の三味線と踊りのもつ「力」を実感した一人であった。(56)

戦後最初の芸能大会が石川の城前小学校の校庭で行われたのはその年の十二月二五日のことである。……当日は多くの人々が集まり、会場で演者も観衆も一体となって郷土芸能に酔いしれた。……砲弾の降ってこない南島の夜空に吸われていく三線の音や人々の歓声に改めて平和の尊さを実感した夜であった。

石川の城前小学校で行なわれた芸能大会が人々の心にどれほどの活力と潤いを与えたか、想像に難くない。演目のひとつ「森川の子」に戦禍で散り散りになった家族の姿を重ねあわせ会場からは嗚咽《おえつ》が洩れていた。嗚咽は共感であり、郷愁であった。枯れ枯れの大地に浸みとおる水のように、飢えた心の奥深くまで浸み込んでくる豊かなものを私自身も感じていた。後年、私は私の学問で「うりずん」という語を掘り出すが、歴史的にさまざまな苦悩を体験してきた沖縄を甦らせてきた力を私も身を以て知った出来事であった。

国文学者で民俗学者でもあった折口信夫《おりくちしのぶ》は、一九四六年八月二九日・三〇日・三一日の三回にわたって『時事新報』に「沖縄を想ふ」と題した一文を載せている。この中で、折口は沖縄戦で失ってしまった沖縄の芸能について「風のたよりに聞けば、今度の壊滅で、三味線を弾く紳士たちは、あら方戦死したらしい。組踊りを演出することの出来る先輩役者も死に絶えた。辛うじて其部分々々を習ひ覚えた中年の俳優たちも、流離し尽したらしい。国頭の山の緋桜のやうに、寂しいけれど、ぽつかりとのどかに匂うて居た沖縄の音楽・舞踊・演劇を綜合した組踊りも、今は再見られぬ夢と消えてしまつたのであろう。あゝ蛇皮線の糸の途絶え―。そのやうに思ひがけなく、ぷつつりと―とぎれたやまと・沖縄の民族の縁の糸―」[57]と憂えた。だが、「壊滅」したかにみえた沖縄の芸能は、不死鳥の如く蘇る。それは収容所の中から生まれた。蘇る沖縄の芸能の状況を、沖縄芸能史研究家の矢野輝雄は、つぎのように活写する。「家を失い、親兄弟に別れて、為す術もなく毎日を送る人たちが、生きる喜びを託したのは歌三味線であり、踊りであった。……一二月には城前小学校校庭で初めて大掛かりな芸能大会を催した。組踊り『花売の縁』が上演され、母と子が父を探して流浪し、首尾よく巡り合い、手に手を取って首里へ帰るという物語りに、観衆は涙に頬を濡らし、すすり泣きは会場に波のように起こったという。『浜千鳥』『四つ竹』など、見慣れた踊りであるにもかかわらず、そのいずれにも心から感動し、手の痛くなるほど拍手を送った。まさに芸能を通じて生きる喜びを確認したのである」[58]。沖縄の三味線と踊りには、沖縄の人たちを生き返させる「力」が秘められているのである。

6　蘇る壺屋と泡盛

一九四四年一〇月一〇日、米軍機が那覇市を襲った。「一〇・一〇」空襲である。廃墟と化した那覇市の中で、壺屋の家屋や焼成窯が奇跡的に焼け残り、原材料も豊富に残っていた。かつて陶芸家の濱田庄司が、「壺屋(沖縄)へ通う度に入口でいつも見とれるのは、左手の丘に添って低く延びた南蛮焼の窯屋根である。素焼の赤瓦と、屋根棟を押さえた白い漆喰と、積み重ねた太い石の柱とが、逞ましい榕樹の間を長々と見え隠れしている。私が今まで見た窯場の中では、石見の湯泉津《ゆのつ》のものと壺屋のとが一番立派だと思う[59]」と評した壺屋が、空爆の嵐が吹きまくった中で生き延びていたのである。

四五年九月中旬、沖縄諮詢会商工部長の安谷屋正量は、米軍政府将校隊長のヘンリー・H・ローレンスと壺屋を調査する。壺屋は茫々たる雑草地になっていたが、雑草をかき分けながら入っていくと、家屋も窯も一寸手を加えれば使える状態で、薪も陶土もあった。安谷屋はローレンスに、「このように、業者さえ移住すれば直ぐ生産出来る状態にあるのだから、一日も早く陶器業者が移住できるように取計ってもらいたい[60]」と頼み込む。ローレンスは快く引き受けたものの、収容所生活が続く中で、米軍政府の許可が下りるまでには難渋した。米軍政府と諮詢会商工部のやりとりは、当時の壺屋が置かれている状況を物語っていて興味深い[61]。

米軍政府：現地に業者を移住させることは出来ないが、業者従業員を宜野湾村野嵩《のだけ》に集結し、そこから車で壺屋に通わせるなら差支えない。

商 工 部：こちらでは陶土で製型した素地は屋外で自然乾燥させるので、その間に雨でも降ると、夜中でも起きて屋内に運び込まねばならない。また乾いたものを窯に入れて焼成を始めると、焼き上げるまで数日、徹夜を続けなければならないから通勤では仕事にならない。従業員だけでも是非移住させてもらいたい。

米軍政府：男子従業員だけなら移住させてもよいが、何人いるか。

商 工 部：三十名くらいである。

米軍政府：従業員が越境しないと保証出来るなら、移住させてもよいが、どうだ。

商 工 部：従業員が薪を拾ったり野菜作りなどして生活の出来るだけの地域を開放するなら、越境しないことを保証しましょう。

米軍政府：どのくらいの地域が必要か。
商　工　部：壺屋、松尾、開南、真和志の四点を結ぶ道路で囲む地域内でよい。
米軍政府：では周囲の軍物資を撤去し、憲兵を駐屯させて保護するから、その後に移住せよ。

このような交渉を経て、壺屋に陶工が入る。この時の状況をのちに人間国宝となる金城次郎は、つぎのように語る。(62)「石川の収容所で、アメリカ軍から壺屋の人たちは焼き物を作るので一足先に壺屋に帰すと告げられた。終戦の年一九四五年（昭和二十年）十月の半ばごろ、壺屋の人たち約三十人ぐらいに、付随するものとして衛生班とか食糧班とか警察や役所関係なども一緒に、先発隊として壺屋に入った。戦争を境にして約七ヵ月ぶりの帰郷である。まだ敗戦を知らずに山の中を逃げ回っている人も多数いたころで、那覇の街はすっかり焼けて、見渡す限り草原だった。幸い壺屋には焼け残った家屋があり、そこへ分宿し、仕事に取りかかった」。また陶工の島常賀は、こう述懐する。(63)「昭和二十年の十月中旬、壺屋の人たちを主軸にして、建築班や衛生班や食糧班なども一緒に、壺屋入りの許可がおりた。……トラック一台に最初は十数人乗り、石川で壺屋出身の人たちがまた十数人加わって、四十人余りが壺屋入りした。後日、大城鎌吉一派の建築作業班が三十人余り山原《やんばる》（沖縄本島北部―筆者注）から入ってきた。私たちは焼跡の整理、道作り、焼け残った家屋の修理などにとりかかった。壺屋の一部の人たちは、こわれた窯の修理から始めた。そして間もなく、小橋川仁王さんの窯を中心に、マカイとか皿とか湯飲みなどの日用雑器の製作にとりかかり、壺屋の窯から煙がたちのぼった。それが那覇復興の合図といえるのだった」。当時、設営課長であった大城鎌吉は、壺屋入りと壺屋での仕事の内容をつぎのように回想する。(64)一九四五年一一月一〇日、石川収容地区から区長の城間康昌らと那覇をみて、その日は引き返した。地区隊長のブランナーと産業隊長のローレンスからは「早く国頭《くにがみ》（沖縄本島北部―筆者注）から人民を連れてきて建設しろ」との命令が出ていた。その日は石川に泊まり、翌日は国頭に行き、一一月一五日にトラックで四〇人余りが壺屋入りした。またその他に瓦職人、大工などの技術者一〇〇人余を連れてきた。設営隊の主な仕事は、こわれかかった家の修理であったが、毎日、トラック二〜三台分の建築用資材が入るので、家の修理、住民を受け入れる家の新築に忙しい日々であった。

焼かれた日用食器類は、作るそばから糸満地区の役所がトラックで取りに来て、住民たちに無償で配った。無償配給時代であったので、陶工たちには手間賃がなかった。そこで一〇〇〇個窯入れすると一〇〇個ほどをワタクシグヮー（へそくり）にし、地方あたりの食器類が不足しているところとタバコやジャムなどと交換した。タバコは食糧と交換し、ジャムで酒を作った。[65] やがて壺屋には、陶工の家族やほかの人たちが移り住むようになり、活気づく。まさしく壺屋は、「戦災によって日用食器類を喪失した住民の需要をみたすべく全能力をあげて生産増強につとめ類例のないほどの活況を呈していた[66]」のであった。

民芸運動家の柳宗悦は、五三年八月一五日発行の『月刊たくみ　No.八』に「壺屋の新作」を寄稿、焼け残った壺屋と蘇った壺屋に対し、驚きと感激を込めてつぎのように書き記す。「有難いことに壺屋は助つた。沖縄唯一の窯場であるだけ、之が戦禍から免れたのは、島にとつてどんなに幸せな事であるか知れぬ。首里及那覇は見る影もない有様であるが、その中間にあるこの窯場ばかりは奇跡的に助つた。戦後すぐ島の需要に応じて食器を作つたと云ふが、……その後進駐兵向きの、やくざな品物を作ることを余儀なくされて、見る者を慨嘆させたと云ふ……先日倉敷の民芸館で沢山買入れた品を見て、全く驚いた。苛烈な戦争で多くの陶工を失ひ長く仕事を休み、つまらぬ焼物を作つて漸く経済をつないでゐたにも拘らず、大した本来の面目を輝き出させた。或品では旧ものより更に優るものさへ創造してゐるではないか、誠に健在なのを見て、感嘆せざるを得なかつた。……この島はひどい戦禍を受けただけに、立ち直る為には、どうしてもその産業を再興せねばならぬ。その中で文化的に大きな意味を持つものは、その土地で生れた手仕事の他にあるまい。先ず第一に壺屋が立ち上つたのは朗報である」[67]。鉄と血の嵐が吹きまくった沖縄戦の終結後、人びとの復興への灯火となったのが、壺屋の窯から立ちのぼる煙であった。

かつて醗酵学の世界的な権威であった坂口謹一郎は、沖縄の泡盛をこう評した。「君知るや名酒泡盛[68]」と。沖縄戦は、この「名酒泡盛」を完膚なきまでに破壊しつくす。坂口は、つぎのように書く。「戦前には『康熙もの』などといって、二百年の古酒を誇る家格の高いメーカーもあったが、戦中に多く失われ、疎開によって助かったものが僅かに残っているにすぎないという。惜しいことである。泡盛が日本の酒類と一番ちがう点は、長時間の貯蔵によって生ずる熟成し調和した風味を貴ぶところにある[69]」。沖縄戦によって泡盛の主生産地であった首里の酒造所は壊滅し、泡盛は消滅したかにみえた。だが、王府時代より泡盛を造りつづけていた佐久本家の政良が蘇らせたのである。この経緯を追ってみる[70]。明治三〇年生まれの佐久本政良は、沖縄戦終結後の一九四五年一二月まで、収容所を転々とする日々を送っていた。そこへ米軍政府から「サカヤーは早く泡盛をつくって住民の渇きを癒せ」との指令が出て、立ち入り禁止であった首里に帰る許可書を交付された。首里へ戻るとその変貌ぶりは想像を絶していた。「生まれ落ちるとすぐにそこで育った首里で、四〇年も五〇年も住みなれた土地のはずなのに、どこがどこやらまるで見当がつかない様子でした。自家の泡盛酒造所がどこなのか、手がかりになるものが何一つないのです。城跡もすっかり姿をかえていました。それほどまでに戦禍を被って、道路や起伏に富んだ丘や緑の木立までが、ただ一面に白っちゃけた焼野原に変っていたのですから」。やっと掘り当てたのは、修理すれば使える蒸留器のみであった。米軍政府からは、早く泡盛をつくれとの命令が出る。原料は、米軍の廃棄処分にした米、砂糖、メリケン粉、チョコレートなどで、それで泡盛をつくれという。ドラム缶に米や砂糖をぶち込んで醪《どぶろく》をつくり、泡盛を製造することにした。だが、大事なことに気づいた。「何ということだ。いくら原料の穀類や澱粉質や糖分がそろっても、かんじんの麹《こうじ》がなければどうしようもないではないか。泡盛は黒麹菌がなければならないのに」。だが、黒麹菌は、奇跡的に発見された。この時の状況を稲垣真美は「生きていた黒麹菌——廃墟に蘇った泡盛」の中で、劇的なまでに活写している(71)。

……一晩中考えあぐねた佐久本さんは、明け方、何の名案も浮かばず、寝られぬままに天幕から起き出して、蒸留機を掘り当てた酒造場の焼跡にたたずみ、一面灰白色になった地面にぼんやりと見入った。すると、その目に、灰土のなかから筵《むしろ》のようなものの端が燃えのこってのぞいているのがみえた。

「おや、ニクブクが埋まっている」と佐久本さんはつぶやいた。そう気づいたとき、ある考えがひらめいた。「ニクブク」というのは、稲藁の茎の部分だけをとり出して編んだやや厚手の一種の蓙《ござ》のようなものだ。沖縄ではとくに泡盛の麹米をつくる場合、このニクブクを床の上に敷いて、その上に蒸米をひろげ、黒麹をまぶしてさらすようにして麹米をつくる習慣があった。ひょっとして、あのニクブクに黒麹菌が生きのこっていたら……と佐久本さんは思いついたのである。

しかし、灰燼となった土の中に埋もれていたニクブクでは、麹菌も死滅している可能性のほうが強い。いわば藁をもつかむ気持だったが、佐久本さんはドラム缶で蒸した米を箱にとると、その上に、灰土のなかから引き出した半ば朽ちたようなニクブクの灰を払ったものをかざして、できるだけていねいに、ニクブクの繊維や藁の茎にもし棲息している黒麹菌がいるなら、それを蒸米に落とすつもりでもみほぐすようにした。

それからの二四時間、佐久本さんは蒸米の箱に向かって祈るような気持であった。そして、二四時間経った翌朝、佐久本さんは蒸米の箱に近づき、くるんでおいた米袋を剝がしてみた。

どうだろう。蒸米はみごとに緑がかった黒色に一変していたではないか！

「生きていた、生きていたぞ黒麹菌が！」

あたりにだれもいなかったが、佐久本さんは思わず声をあげた。そして黒い麹米と変った蒸米に見入りながら、ポタポタと涙を流した。これで泡盛ができる、むかしと同じにつくれるという喜びの涙だった。佐久本さんはこのときほど黒麹菌というものの存在をいとおしく思ったことはなかったという。

この灰燼のなかに生き残った黒麹菌の再発見は、沖縄における泡盛の復活にもつながったのである。泡盛の主要製造地であった首里の廃墟の中から、佐久本政良の情熱と執念によって発見された黒麹菌は、戦後復興の大きな光となった。

蘇った泡盛を造る煙と壺屋の煙は、沖縄の人たちにとって明日への希望を抱かせる煙でもあった。

注

(1) 大城将保『沖縄戦の真実と歪曲』(高文研、二〇〇七年)二三一～二三二頁。
(2) 外間守善『回想80年 沖縄学への道』(沖縄タイムス社、二〇〇七年)七七頁。
(3) 拙稿「米軍の沖縄上陸、占領と統治」(琉球大学『経済研究』第75号、二〇〇八年)一〇～一五頁。
(4) 『沖縄県史 研究叢書16 琉球列島の占領に関する報告書』(沖縄県教育委員会、二〇〇六年)四五頁。
(5) 林博史『沖縄戦と民衆』(大月書店、二〇〇一年)三六六～三六七頁。
(6) 林博史、前掲書、三六七頁。
(7) 沖縄市町村長会事務局長編纂『地方自治七周年記念誌』(沖縄市町村長会、一九五五年)二四～五二頁。
(8) 沖縄朝日新聞社編『沖縄大観』(日本通信社、一九五三年)一六一頁。
(9) 神谷すみ子「収容所での生活」(那覇市民の戦時・戦後体験記録委員会編発行『忘れえぬ体験』一九七九年、所収)一二八～一二九頁。
(10) 沖縄市町村長会事務局長編纂『地方自治七周年記念誌』(沖縄市町村長会、一九五五年)二四～五二頁。
(11) 那覇市歴史博物館編「戦後をたどる―『アメリカ世』から『ヤマトの世』へ」(琉球新報社、二〇〇七年)八～一〇頁。
(12) 『琉球新報』(一九五三年一一月一三日付)。
(13) 同前。

(14) 宜野座村誌編集委員会編『宜野座村誌　第二巻　資料編Ⅰ　移民・開墾・戦争体験』（宜野座村役場、一九八七年）五五三頁。
(15) 『沖縄タイムス』（二〇〇八年三月一六日付）。
(16) 「一枚の写真　戦後孤児院物語」（『沖縄タイムス』二〇〇五年一〇月三〇日～一一月四日付、担当：社会部・謝花直美）。
(17) 稲福マサ「孤児と過ごした日々」（青春を語る会編『沖縄戦の全女子学徒隊…次世代に残すもの　それは平和』（フォレスト、二〇〇六年、所収）二五七～二五九頁。
(18) 大湾近常「カマデー小の戦争体験」（「字渡具知誌『戦争編』」読谷村字渡具知公民館、一九九六年、所収）二〇九～二一〇頁。
(19) 「戦場の童」（『沖縄タイムス』二〇〇五年一月一四日付、担当：社会部・謝花直美）。
(20) 糸満市史編集委員会編『糸満市史　資料編7　戦時資料下巻―戦災記録・体験談―』（糸満市役所、一九九八年）二九〇頁。
(21) 「一枚の写真　戦後孤児院物語」（『沖縄タイムス』二〇〇五年一〇月三一日付、担当：社会部・謝花直美）。
(22) 幸地努『沖縄の児童福祉の歩み』（一九七五年）二七～三四頁。
(23) 「戦場の童」（『沖縄タイムス』二〇〇五年二月五日付、担当：社会部・謝花直美）。
(24) この『ウルマ新報』第四号は、沖縄県コレクター友の会副会長翁長良明が所蔵している。
(25) 吉野高善・黒島直規「一九四五年戦争に於ける八重山群島のマラリアに就いて」（『石垣市史　資料編近代3　マラリア資料集成』石垣市役所、一九八九年、所収）七一七頁。
(26) 同前、七二九～七三〇頁。
(27) 『沖縄県史研究叢書16　琉球列島の占領に関する報告書』（沖縄県教育委員会、二〇〇六年）五〇頁。
(28) 『沖縄県史　資料編14　琉球列島の軍政　一九四五―一九五〇　現代2（和訳編）』（沖縄県教育委員会、二〇〇二年）八六頁。
(29) 曾根信一「石川学園の記録―まだ銃声が聞える中で始められた戦後最初の学校―」（『琉球の文化　第5号』琉球文化社、一九七四年、所収）四〇～四五頁。

(30) 沖縄県教育委員会編発行『沖縄の戦後教育史』(一九七七年)六頁。
(31) 島袋敏子「戦後の教育」(沖縄県退職教職員の会婦人部編『ぶっそうげの花ゆれて　第二集』(ドメス出版、一九九五年、所収)九二〜九三頁。
(32) 仲宗根政善「米軍占領下の教育裏面史」(『新沖縄文学　44号』(沖縄タイムス、一九八〇年、所収)一五八頁。
(33) 同前、一五八〜一五九頁。
(34) 同前、一六〇頁。
(35) 同前、一六二頁。
(36) 二五周年運動史編集委員会編『沖縄県高教組二五周年運動史』(沖縄県高等学校障害児学校教職員組合、一九九六年)九九頁。
(37) 沖縄市教育委員会編発行『沖縄市学校教育百年誌』(一九九〇年)四〇七〜四一一頁。
(38) この貴重なガリ版刷教科書を所蔵しているのは、沖縄県コレクター友の会副会長翁長良明である。
(39) 島清「ウルマ新報発刊の経緯―戦後沖縄文化史のために―」(『わが言動の書―沖縄への報告―』沖縄情報社、一九七〇年、所収)一九三〜二〇六頁。
(40) 同前、一九五頁。
(41) 同前、一九三〜一九五頁・二五六頁。
(42) 同前、一九六頁。
(43) 同前、一九七頁。
(44) 同前、一九九〜二〇〇頁。
(45) 『ウルマ新報』創刊号の現物は、これまで見つかっておらず、幻の創刊号といわれていた。二〇〇七年一一月二四日現在、沖縄県コレクター友の会副会長の翁長良明が発行されたままのかたちで所蔵しており、米軍初期統治の新聞発行に関しての貴重な資料といえる。
(46) 本稿執筆中に、あることに気づいた。それは一九九九年に不二出版から出された縮刷版の『うるま新報　第1巻』解説① 新崎盛暉「米軍占領下の『うるま新報』」の中にある、「創刊号はまだ見つかっていないとされているが、沖縄県立博物館所蔵―大嶺薫氏寄贈―の第二号の後半二枚・四頁は、一九九三年九月、琉球新報社を訪問したサトルスが創刊号として持参したものと一致している。断定はできないが、これが創刊号である可能性は高い」（二頁）、という指摘である。これにヒントを得て翁長良明所蔵の現物と照合したところ、『うるま新報　第一巻』の「三頁」全文と完全に一致したので、この「三頁」全文が創刊号であることは間違いない。

(47) 島清「ウルマ新報発刊の経緯―戦後沖縄文化史のために―」（『わが言動の書―沖縄への報告―』沖縄情報社、一九七〇年、所収）二〇二頁。

(48) 大田昌秀『沖縄の挑戦』（恒文社、一九九〇年）二七六頁。

(49) 新崎盛暉「米軍占領下の『うるま新報』」（『縮刷版　うるま新報　第1巻』不二出版、一九九九年、解説①）二頁。

(50) 琉球新報八十年史刊行委員会編『琉球新報八十年史』（琉球新報社、一九七三年）二八頁。
『ウルマ新報』発刊の辞は、活版印刷となった第六号（一九四五年八月二九日）の第一面に、こう書かれている。「新聞の発刊に努力して月余になる各地各処に散乱する、必要機具を蒐集し、整理を急ぎ漸く活字新聞を進呈出来た。本誌を以て批判を仰がう等不遜の気は毫もない。諸氏に早く国際電波を中継しようとする想が五号迄の謄写印刷、今回の発刊となつた。号を重ねるにつれ、最善を尽し、全備を急ぎたいと冀つてゐる。読者諸氏の御笑読を乞ひ発刊の辞とす」。

(51) 山田有昂『私の戦記　伊江島の戦闘―屋嘉捕虜収容所』（若夏社、一九七七）一三一～一三三頁。

(52) 「屋嘉節」の歌詞と訳は、當間健作「戦時・戦後の沖縄に生まれた島うたに表現されるウチナーンチュの精神性『時代―金城実　戦時戦後をうたう』からの一考察」（沖縄市立郷土博物館編集発行『あまみや　第14号』二〇〇六年、所収）一一二～一一三頁。

(53) 新川明「昭和期〝島うた〟の精神史」（『新沖縄文学　第52号』沖縄タイムス、一九八二年、所収）九～一〇頁。

(54) 仲宗根源和『沖縄から琉球へ』（月刊沖縄社、一九七三年）三六頁。

(55) 島袋光裕『石扇回顧録・沖縄芸能物語』（沖縄タイムス社、一九八二年）一九三～一九九頁。

(56) 外間守善『回想80年　沖縄学への道』（沖縄タイムス社、二〇〇七年）八五頁。

(57) 『時事新報』（一九四六年八月三一日付）。

(58) 矢野輝雄『沖縄舞踊の歴史』（築地書館、一九八八年）二一三頁。

(59)濱田庄司「壺屋の仕事」(『無盡蔵』講談社文芸文庫、二〇〇〇年、所収)三〇頁。
(60)安谷屋正量『激動の時代に生きて』(角川書店、一九七四年)七〇頁。
(61)同前、七一～七二頁。
(62)金城次郎「私の戦後史」(沖縄タイムス社編発行『私の戦後史　第2集』一九八〇年、所収)二〇頁。
(63)島常賀「壺屋復興の先発隊」(那覇市企画部市史編集室編発行『沖縄の慟哭　市民の戦時戦後体験記2(戦後・海外篇)』一九八一年、所収)一二九頁。
(64)「壺屋から出発した那覇市」(同前、所収)一五九頁。
(65)島常賀「私の戦後史」(沖縄タイムス社編発行『私の戦後史　第6集』一九八二年、所収)二二三～二二四頁。
(66)沖縄市町村長会事務局長編纂『地方自治七周年記念誌』(沖縄市町村長会、一九五五年)一三二頁。
(67)柳宗悦「壺屋の新作」(『柳宗悦全集著作篇第15巻』(筑摩書房、一九八一年、所収)四六八～四六九頁。
(68)坂口謹一郎「君知るや名酒泡盛」(『世界』第一二九号、一九七〇年三月)二三二～二三七頁。
(69)同前、二三一頁。
(70)以下の記述は、稲垣真美『現代焼酎考』(岩波新書、一九八五年)七～一八頁に多くを負っている。
(71)同前、一八～一九頁。
〔付記〕　本書脱稿後、川満彰「沖縄本島における米軍占領下初の学校『高江洲小学校』―米軍占領下初の学校設立の再考とその教員と子どもたち―」(『地域研究』No.7、沖縄大学地域研究所、二〇一〇年)を拝読する機会を得た。この論文の要点は「1945年4月6日、沖縄本島内において米軍占領下初の学校高江洲小学校が設立された。これまで最も早い設立として知られた石川学園(現在の城前小学校)の開校は5月7日であることから、およそ一月も早い設立である。その根拠となったのが高江洲小学校金庫に保管された『学校沿革史』である」、このことの中にある。最初に確認したいのは、石川学園の開校は『石川学園日誌』によれば、「5月7日」ではなく、五月一〇日である。川満は『学校沿革史』・『学校沿革誌』を詳細に検討する中で、どうして高江洲小学校がいち早く誕生したかについて、「高江洲小学校は、戦禍に見舞われることなく、校舎はそのまま残っていた」ことと、「戦禍をくぐり抜け生き延びた」教師の深い思いがそうさせたとする。川満論文は、新たな知見を与えてくれたが、本書の論理展開に影響を与えるものではないので、〔付記〕に留めた。

四 復興への胎動と住民の生活

はじめに

沖縄戦の最中、沖縄戦終結後も、沖縄の人たちは、生きるために必死であった。支えたのが、米軍政府の「水と食糧」であった。米本国政府にとって、米本国政府にとっても、この負担は大きく、早急に沖縄の復興を図る必要があった。最初に取り組んだのが、「慶良間《けらま》列島経済実験」であった。この「実験」は、無償配給・無償労働・無通貨の「時代」に終止符を打ち、沖縄が通貨を復活させた場合、沖縄が労働力を復活させた場合、沖縄が有償配給となった場合、どう「対処」するかの「実験」であった。

このような状況下で、八重山の石垣島では、独自な通貨システムを採用する。それが八日間の「日本紙幣認印制」であった。わずか八日間の短命な「八重山共和国」の貨幣制度であったが、八重山の人みずからの思いと考えで設定したこの制度は、貨幣史上、興味深い。

無償配給、無償労働が続く中で、住民の間から、そして沖縄諮詢会の間からも、貨幣制度、賃金制度の復活にたいする声が湧き起こってくる。米軍政府としても、沖縄を維持する負担から早く脱却したかった。沖縄住民の声と米軍政府の政策の合意の所産が貨幣経済と賃金制度の復活であった。

およそ一年間におよんだ無償配給は、四六年六月五日から有償配給となる。加えて日本国内、台湾、海外からの引き揚げ者が沖縄に殺到する。引き揚げ者の実数は、敗戦後の混乱期にあってはっきりはつかめないが、およそ一七万人ともいわれている。引き揚げ者たちにとって重要な問題は、食糧および住居の確保であった。住居は米軍のテント、米軍の廃物を利用してなんとかしのげたが、食糧の確保には難渋を極めたという。

沖縄の人たちは、生きるがために一日一日が必死であった。とくに沖縄の女たちは家族を守り、生活を支える要でもあり、柱でもあった。

1 「慶良間列島経済実験」 The Kerama Retto Experimental Economy

沖縄戦は、沖縄の人たちの生産の場、生活の場をことごとく破壊した。経済活動は完全に停止し、金融機関も機能を失う。一九四五年四月一日、沖縄本島に上陸した米軍は、「ニミッツ」布告を発令、日本帝国政府のすべての行政権および司法権を停止する。そのうえで、米国海軍軍政府布告第四号「紙幣、両替、外国貿易及金銭取引」を発令[1]、占領軍によって発行されたB型円軍票を米国軍占領下の沖縄における法定貨幣とし、日本国政府または日本陸海軍によって発行された軍票および軍事用円紙幣を不法貨幣とするとともに、米軍兵士にたいしてはA型軍票を準備した。

このB型円軍票とA型軍票を、沖縄で流通させることは可能であった。なぜなら、『アイスバーグ作戦』で、「通貨」については、つぎのように詳細な作戦を立てていたからである[2]。

(一) 将校・下士官を問わず全ての兵員は、進攻目標地域において軍票以外で金銭取引を行うことは禁じられている。

(二) 陸軍、海軍それに海兵隊の各将兵は、最初の乗船時に米国通貨を下記の金額だけ所持することを許可されている。

（a）レイテ島及びマリアナ諸島の部隊：一〇ドル

（b）その他の部隊：一五ドル

（三）遅くとも上陸日三日前に、部隊指揮官はその時点で下士官が所持する米国の紙幣と硬貨を全て指揮官に提出するよう要求する。このようにして提出された紙幣と硬貨については各兵員に領収書を発行する。

（四）部隊指揮官は上記のように下士官から提出された貨幣を、部隊の移動に伴って配属され、艦艇に乗船中の海軍支払担当機関に預ける。

（五）海軍支払担当機関は、受領した米国通貨と交換に部隊指揮官へ軍票を渡す。

（六）軍票は、上陸前に上記の領収書と交換で兵員に手渡される。

（七）艦艇に乗船している部隊の上級司令官は、海軍支払担当機関と将校が所持している米国通貨について調整する。

この『アイスバーグ作戦』の通貨計画にみられるように、米軍は、沖縄に上陸する前、兵士たちがもっていたドルをA型軍票と交換させた。もし、戦争に負けて日本軍にドルを没収されてしまうとアメリカ経済に少なからぬ影響を与えることを懸念したからである(3)。B型円軍票は、米軍によって発行したのではなく、通貨供給担当将校が、四五年四月一五日に米国本国から持ち込んだものであったが(4)、翌四六年四月の第一次通貨交換まで貨幣としての機能を果たさなかった。沖縄の住民の間にも流通した形跡はあまりみられない。住民にとって貨幣はそれほど必要ではなかった。戦禍によって沖縄社会は壊滅しており、物資の生産・分配の経済活動も絶え、金融機関も消滅しており、最低限必要な生活必需品は無償配給されていたからである。このことに関して、『軍政活動報告』は、「一九四六年五月一日までは法的に沖縄の人たちは軍票B円を持つことができなかった。これは住民と米軍人間のブラック・マーケットを防ぐのに役立った。旧日本円も住民間では通用していたが量は限られていた。

図6　慶良間列島経済実験の「場」・座間味島

貨幣の必要性はそれほどなかった。というのは最低限必要な生活必需品はその必要度に応じて配給されていたからである[5]」と記す。だが、奄美大島、久米島、伊平屋《いへや》島、宮古島、石垣島などの離島は、経済の完全な破壊は免れたので、沖縄本島とは違って貨幣経済は中断されることはなかった。

収容所における生活物資の無償配給、一九四五年一〇月三一日から開始された旧居住区への帰村後も続く無償配給と物々交換に対し、住民の間から貨幣経済の復活を望む声が聞かれるようになる。米軍政府も、沖縄諮詢会から要請を受け貨幣経済の復活に動き出す。だが、すでに、米軍政府は、四五年六月から一〇月までの四か月間にわたって、沖縄の経済をどのように運営するかについての「慶良間列島経済実験（The Kerama Retto Experimental Economy）」を座間味島でおこなっており、B型円軍票の使用可能性、賃金制、価格システム、労働力の分類、配給、救済その他の経済問題に関する重要なデータを収集している[6]。

慶良間列島経済実験にあたって米軍政府がとった基本方針は、つぎの点にあった。(7)

われわれは、経済的なユートピアを創り出すためとか、いかなる意味でも住民に飽食させるために長期経済計画を樹立する余地はない。通貨経済への移行計画は、米本国からの物資輸入を削減する要求を満たすための冷酷なものでなければならない。

経済計画は、輸入を抑え、生産を増大することを約束しうるものでなければならず、もし、ある特定の計画が、輸入を抑え生産を増大せしめうるものであっても、そこから得られる利益は、その計画を実行するために軍政要員の増大をもたらす不利益と比較較量して検討さるべきである。

たとえいくらかの増産が見込まれたとしても、もし軍政要員の増大を結果するのであれば、軍政要員自体も食っていかなければならない以上、正当化できるものではない。

われわれは、住民の必要を最低限に押さえなければならず、彼らの欲求を人間として生きるうえで最小限の範囲をこえさせるほど補給すべきではない。

この基本方針は、「可能なかぎり被占領地域の経済的自立をはかって、アメリカ本国の財政的負担を最小限におさえる」(8)とする上陸直後の軍政の基本目的に沿うものであった。

では、慶良間列島経済実験は、どのような「実験」であったのか、このことをみることにしたい。(9)

一九四五年五月頃、米軍政府内部のいろいろな部門で、沖縄の経済をどのようにして復活させるかについての議論が、激しく展開されていた。このような中、統合参謀本部から慶良間列島の座間味島で精巧に練られた経済実験をおこなうようにとの指示がきた。どうして座間味島でなければならないかとの疑問も出たが、結局は、統合参謀本部の指令どおり座間味島でおこなわれることになり、「実験」は、つぎの情報が得られるよう計画された。

a　現地住民はB型軍票を容易に受け入れるかどうか、その循環の速さ、（日本）帝国円とは相互に交換されやすいか。

b　アメリカ占領の前に存在した賃金・価格の水準。

c　労働をいくつかの賃金のグループに分類すること、そして達成されるべき賃金・給料を決定すること。

d　食糧品と貿易品の価格を固定すること。

e　帽子製造業、洗濯業、などを創設すること。

f　農業・漁業活動を活性化させること。

g　配給制度の体制。

この計画に沿うかたちで、貨幣経済の復活に向け、困難を最小にするための実験が二段階を経て実行される。

第一段階：四五年六月一日にはじまった最初の段階では、砂糖や塩のような重要な品目以外のすべての食糧は無償配給を続ける。これは少なくとも食糧の配給は公平であるという意味からである。沖縄本島で手に入る種類の品は販売に供される。販売店は、住民がこれまで培ってきた度量衡によって運営された。移入された商品の値段は、指導者との協議によって決定された。賃金は無償配給で支払われたが、有業者には、年齢、性、職業に関係なく、一日当たり一円の追加があった。

第二段階：賃金の尺度は、占領前に存在していた水準に一致させた。賃金は低めに抑えられたが、階層間の格差は維持された。一般労働、熟練労働、専門労働という大まかに三つの階層に応じて、賃金は一日に八〇銭から一円三〇銭まで、給料は月に一九円六〇銭から三七円までの幅があった。米の半分は無償で配給されたが、残りすべての品目は販売された。物資はとても限られていたので、配給は継続しなければならなかった。九月の終わりまでには、売店の受取額は賃金の支払総額を上回った。また、たくさんの稼ぎ手を抱えている家族の貯蓄を減らすために、生活必需品を買うには収入が足りない人々を世話するために、生計費を超過している家族収入のうちの七〇パーセント（一〇月には五〇パーセントに引き下げられる）を税金とする計画が実行に移された。充分な食糧と生活必需品を買うことができない家族すべてに対し、福祉委員会に申請することが認められた。調査の後、救済額が提示され、税金から支払われる。救済を超過した手取り額に関しては、村議会によって地域のプロジェクトに充当される。ここにおいて、賃金と価格に関するデータ、日本人の記録のつけ方、配給システム、そして沖縄経済の運用と関係のある多くの慣習に関して、貴重な経験が得られた。

この「慶良間列島経済実験」を踏まえて、米軍政府は貨幣経済と賃金制度の復活へ向けて動き出すことになる。それを吟味する前に、石垣島でとられた、ユニークな通貨施策についてみることにする。

2 「八重山共和国」の成立と独自の通貨施策

沖縄本島における貨幣経済復活の前にとられたのが慶良間列島経済実験であったが、八重山でも、日本貨幣史上、独自な通貨施策が試みられる。

八重山は、沖縄戦による政治的機能の消失はもちろんのこと、特に石垣島では〝地獄の状況〟が生まれていた。住民の避難地からの帰村、引き揚げ者による人口の増加、移入途絶のため、極度の食糧不足に襲われる。石垣島の中心地で非農家が多かった登野城《とのしろ》・大川・石垣・新川《あらかわ》の四か字および日本軍によって五か月間も西表《いりおもて》島に強制的に避難させられていたため耕地が荒れ果て主食であった芋が収穫できなかった波照間《はてるま》島は、困窮を極めた。当時、わずかながらも一期米を保有していたのは、石垣島の大浜村各集落と川平《かびら》集落、それに小浜《こはま》島であった。芋はお金で買うことはできたが、米は魚、衣類、農民の希望する品物との物々交換でなければ手に入れることができなかった。お金のある者、物をもっている者は、食糧を求めることはできたが、もっていない者は、ムイアッコン（芋を掘り出したあとの芽出し芋）やソテツに頼るしかなかった。夜の明けないうちに起き、芋を収穫した跡を探し回ってムイアッコンをあさる者、ソテツの実を食べつくしてその幹を倒す者が、各島々でみられた。波照間島では、一九四五年の九月から一二月にかけて倒したソテツが一戸当たり平均で七〇〇本にのぼったという。極度の食糧不足は、極度の栄養失調者を生んだ。ほおはそげ、ほお骨が突き出て額はしわだらけ、首も手足も細長くなって老若のつかない者、髪の毛が抜け落ちて男女の区別がつきかねる者が続出した(10)。

生きるためには、みずからの手で食糧を作る以外に道はなかった。収穫の早い芋の植え付けに懸命になって努力した。マラリアで倒れた家族は、病人を残して畑に出かけた。病身でありながら、働き、病気を悪化させる者も少なくなかった。田畑はおよそ半年間も手を入れることができずに荒れ放題で、復旧させることは容易ではなかった。しかも牛馬のほとんどが軍用に供出されていたので、頼れるのは鍬のみの「手と裸の労働」であった。財力のある者で、人夫を雇いたくても、お金で雇い入れることは難しく、賃金の支払いは食糧であった(11)。

食糧事情の悪化は、盗人の横行となってあらわれた。月夜または夜明けを利用して芋畑を荒らす者、白昼に芋を盗む者、畑主に捕えられても盗むことは当然であると平気で言う者、鎌をふりあげて畑主を脅す者、生きるがために必死であった。食糧ばかりでなく、衣類、牛馬、農具などの盗難もあり、社会の混乱は日に日に増すばかりであった(12)。

マラリア発病の避難地から各集落に帰った後も、死者は増え続けた。当時、夕刻の街を二、三人で引いている荷車、リヤカーの大半が、毛布や蓆でくるんだだけの死体を運んでいた。石垣町の火葬場は、多くの死人のため、四五年六月二五日には使用不能となった。その後は構内の露天で焼いたのであるが、一日に六、七体から一五体しか処理できず、多い時には翌日にまわして処理することもあった。九月と一〇月の二か月間が最も多く、六〇

図7　石垣島の位置

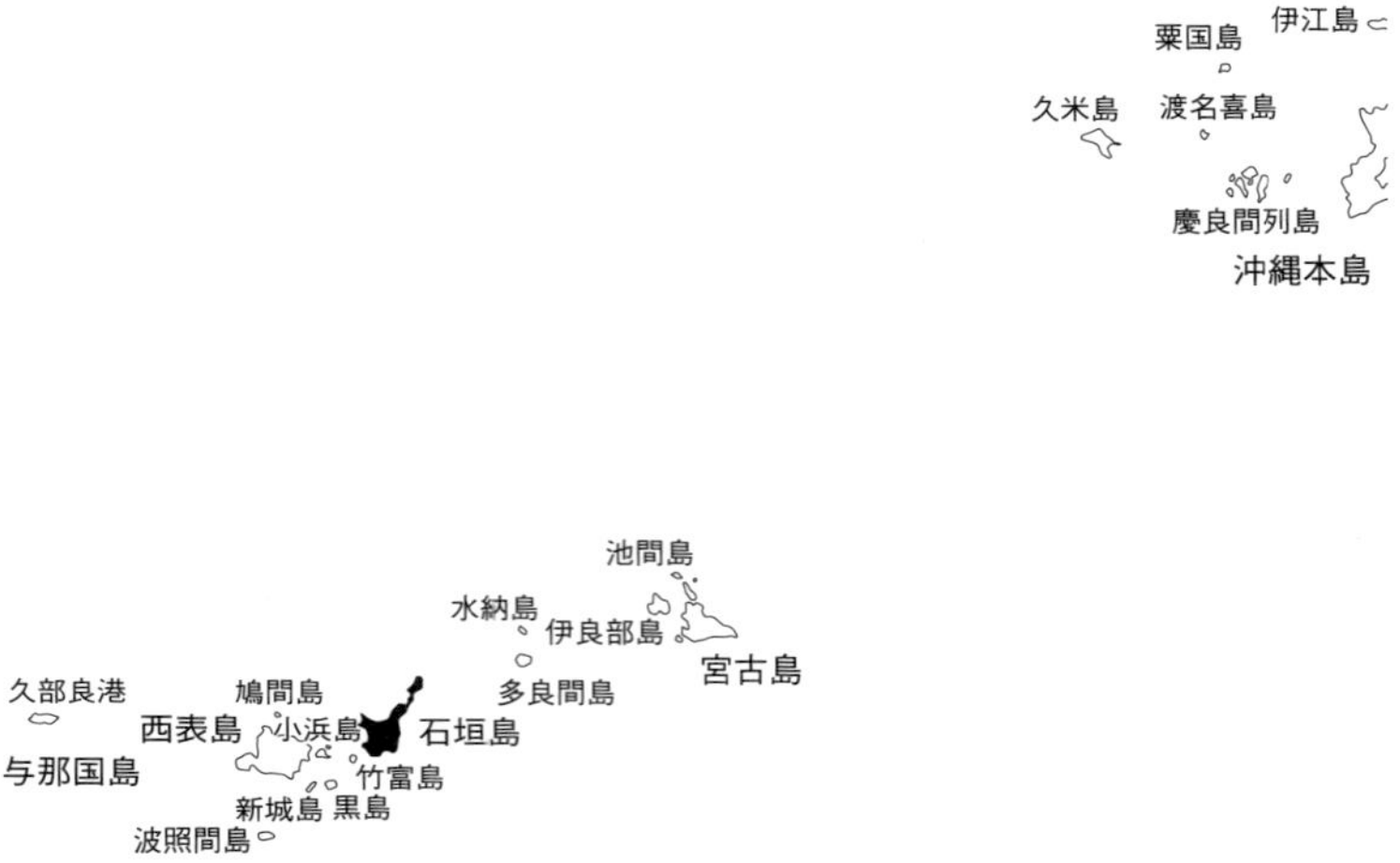

○の死体を取り扱ったという。大浜村、竹富村の各集落、与那国島も同様で、人間らしい葬式をした者は、ほんの一握りであった。[13]

この窮地を脱し、住民の自治を確立する必要から、八重山の明日を憂う青年たちの間に自治会組織構想がもちあがった。[14]このいきさつについて、自治組織づくりにかかわった元立法院議員・元県議会議員であった宮良長義は、こう語る。「その頃は、学校、郵便局、測候所、警察など行政機能が一切停止していて、それに日本兵は引き揚げるまで、自活することになっていて、この現地満期兵（現満兵）が婦女子にいたずらをするし、婦女子は一人で道も歩けないような状態でした。そういうものに対する不満も住民の中につよくあって、どうしても政府をつくって、治安を守る必要があるというのが第一。それから何とかして住民が日に三度メシが食えるようにしよう」[15]との話し合いの中から郡民大会が開催され、四五年一二月一五日に「八重山共和国」が誕生したのであった。

「八重山共和国」の誕生が可能だったのは、米軍政府による統治範囲が沖縄本島および久米島を含む周辺離島に限られており、奄美大島と宮古および八重山の先島は統治圏外に置かれていたからである。なお、後者が統治下に置かれるのは、四六年一月一九日であった。[16]「八重山共和国」は、四五年一二月二三日、「米国海軍軍政府布告第一のA号」（四五年一一月二六日発令）を持参して石垣島に来島した南部琉球米海軍軍政府軍政官によって米軍政府の管轄下に置かれ、一二月二八日には「八重山支庁」として歩み出すことになる。

わずか八日間の短命に終わった「八重山共和国」であったが、住民の自治が創り出した組織という点からみれば、日本歴史上、ユニークな「共和国」であったといえる。ここでは、「八重山共和国」から「八重山支庁」へと引き継がれる中で展開された「日本紙幣認印制」という独自な通貨施策をみることにする。四五年一二月二九日、八重山支庁は、布告第三号「米軍々政府ノ指示ニ依リ日本通貨（一円以上）ハ来ル一月三一日迄ニ郵便貯金並ニ銀行預金ニ預入レノ上紙幣ニ認印ヲ受クベシ、認印ナキ紙幣ハ二月一日以降無効トス」を発令し、[17]通貨の膨張（台湾や日本などからの帰還者によって持ち込まれた通貨でさらに膨らむ）に歯止めをかけ、物価の安定を図ろうとする。そして「日本紙幣認印制」のもうひとつの重要な点は、現金通貨にたいして課税することにあったことである。「紙幣認印押捺は郵便局や銀行で取扱われたが、その成果は思わしくなく予測されていた金額三百万のうち『百四二万八千七百五円』が確認を受けただけだった」[18]という。翌四六年一月二九日、布告第一三号によって竹富《たけとみ》村および与那国《よなぐに》村は、二月一六日までの延長を認めた。そして一月三一日には布告第一五号で「郵便局銀行ノ取扱事務極度ニ繁忙」しているため、二月一五日まで延期し「認印セル紙幣ハ郡外ト雖モ其ノ効力ヲ失フコトナシ」とした。さらに二月一三日、つぎの布告第一八号『無認印日本紙幣取締規則』（全七条から成る）を発し、「日本紙幣認印制」の徹底化を図る。その主な条項を掲げる。

第一条　日本紙幣裏面ニ「八重山郵便局印紙切手類及出納会計官吏之印」ノ認印（以下単ニ認印ト称ス）ナキモノヲ授受又ハ所持スルコトヲ禁ス

第二条　行使ノ目的ヲ以テ前条ノ印章ヲ偽造シタル者及該印章ヲ紙幣ニ押捺シタル者ハ其ノ印章及紙幣を没収ス（後略）

第三条　二月一六日以降郡外ヨリノ帰還者ハ入港ノ際収税官吏ニ其ノ所持セル紙幣ヲ提示シ証明ヲ受ケ五日以内ニ八重山銀行若シクハ八重山郵便局ニ預入認印ノ上適用スヘシ

第四条　支庁長又ハ其ノ代理官ハ認印ナキ紙幣ヲ発見シタル時ハ八重山銀行若シクハ八重山郵便局ニ預入セシムルコトヲ得（後略）

この「日本紙幣認印制」の採用に対し、初代八重山支庁長であった宮良長詳は、つぎのように評価する。「予算の編成には最も苦心した。問題は如何にして課税収入を求めるかにあつた。終戦の年は避難と疎開、マラリアと飢えが全住民の一年の実績であり、前年の実績を基本とする所得税法は空文に等しいまでに変り果てた経済事情であつたからである。ここに新構想に基く財政計画を建てなければ収入の方途は見出せなかつた。これが即ち資産税である全住民のポケットマネー、即ち全資産を課税の対象としたのである。由来人の懐は計算しにくいものであるが、紙幣認印制度、更に五月一日の軍票切替えにより、各人の通貨の所有高を明確に知ることができたのは全く千歳一遇のチャンスであつた」[19]と。

「日本紙幣認印制」は、「実施当初から住民の批難と抵抗にあっていた」[20]という。だが、ここで注目したいのは、米軍政府統治下で発せられた布告・布令に半ば反するかたちで実行していることである。このことを評価したい。世界地図からみて「針の点」にすぎない石垣島において、米軍政府の管轄下における〝上意下達〟の世界にあっても、みずからの自治組織を運営するためにとった「日本紙幣認印制」は、おそらく、日本の貨幣史上、類を見ない通貨施策であったといえる[21]。なお、この「日本紙幣認印制」は、四六年四月一五日の第一次通貨交換によるB型円軍票との交換によって姿を消した。

3　貨幣経済の復活と賃金制度の再開

一九四五年三月から翌四六年五月一日までの間、いくつかの離島をのぞいて沖縄には貨幣経済が存在しなかった。この異常な無通貨の期間、米軍政府の活動は住民の救済に多くを割いていたが、つぎのような要因も重なっていた。[22]

一　米軍によって建物、通信などのほとんどの施設が一〇〇パーセント破壊されたこと。
二　住民が、収容所に押し込められていたこと。
三　政府、社会、経済的機関の組織的形態が崩壊したこと。
四　日本または中国への発進基地へと沖縄を変えていくための陸軍と海軍の計画が不安定であったこと。この不安定さは日本の降伏後も続いた。さらには陸軍と海軍が貪欲に土地を欲し、執着することによって住民の再定住が遅れたこと。
五　沖縄の将来の政治的・経済的地位が不安定であったこと。沖縄はアメリカの所有になるのか、日本に戻されるのか、それとも国連の信託統治領になるのか。
六　政府を再び組織化して経済の再生に取りかかる際、米軍政府に遅さがあったこと。

このような状況の中で、依然として続く無償配給と物々交換に対し、住民の間から貨幣経済の復活を望む声が湧き上がってくる。住民の貨幣にたいする欲求を無視できなかった米軍政府は、一九四六年三月二五日、米国海軍軍政府特別布告第七号「紙幣両替・外国貿易及金銭取引」を発令し、貨幣経済の復活に動き出す。それによって①B型円軍票、②日本銀行発行の新円、③日本銀行の検印を捺して効力を認めた五円およびそれ以上の日本銀行発行旧紙幣、④五円未満の日本銀行発行旧紙幣および硬貨、の四種を法定貨幣とした。それと同時に、「五円及其れ以上各種の凡ての日本銀行紙幣」（おそらく③・④であるとおもわれる―筆者注）、そして朝鮮銀行紙幣、台湾銀行紙幣もその額面に関係なく、上記四種の法定貨幣と「対等の両替率」で交換することを命じた。

布告発令翌日の三月二六日、沖縄諮詢会において経済小委員会が開催され、米軍政府と委員の間で「通貨」をめぐるつぎのような興味深い質疑応答が取り交わされる。(23)

米軍政府：通貨は此前打合せた通り軍政府でも許可になった。四月六日布告を発し、四月十五日から仝二十八日迄で交換す。五円以上の券は日本銀行、台湾銀行、朝鮮銀行から出たものも交換す。交換は日本の新紙幣と米軍の軍票とを以て交換す。四月二十九日以降は日本新紙幣と米軍々票とのみ通用す。軍票と日本新紙幣と法的に通用す。日本銀行兌換券は之と同一価値を有す。日本銀行券を交換した後兌換券は交換す。兌換券にしても日本銀行のスタンプのないものは無効とす。五円以下の通貨は其のままに使用出来る。日本と同一に融通される。……交換した金は預金の形に置いておく、インフレーを誘発しないために。交換の場合戸主は一〇〇円家族は五〇円として次月も同様にす。

護得久委員：一家族の中経済主が異なる時があるが之は一家族と見るか又は別個の家族と見るか。

米軍政府：経済の元に一人で見る時は一家族と見る。経済主が異なる時は別家族と見る。

糸数委員：宮古、八重山の通貨は本島と同様なるや否や。

米軍政府：琉球列島全部本島と同一に行はる。

この経済小委員会での米軍政府と諮詢会委員の問答は、極めて具体的なかたちで展開されており、貨幣経済の復活にたいする不安と期待が見られる。

交換は、実際には、住民が戦時中から所持していた旧日本銀行券および補助貨幣とB型円軍票が一対一の比率で交換された。[24] 沖縄の貨幣制度の出発は、B型円軍票と新日本円の二本建、という特異な制度をもつ。また米軍政府は、インフレーション対策として、沖縄諮詢会で検討されたように、世帯主一〇〇円、家族一名に付き五〇円の交換とし、残りは封鎖預金として凍結された。貨幣経済の復活にともなって、沖縄中央銀行が設立され、主な業務は、公共、民間を問わず各種事業に必要な運転資金を融資することにあった。

貨幣経済の復活は、賃金制度の復活を生んだ。賃金制度には、大別して、軍作業の時給制、民間の日給制、沖縄群島政府関係の月給制があった。表5は「軍作業の時給」、表6は「日給の等級」、表7は「月給の等級」を示したものである。やや煩雑のきらいがあるが、当時の沖縄でどのような職業があったのかを知るのに格好の素材を提供しているので提示することにした。

軍作業には技術系と事務系があって、年齢差や男女差を考慮に入れない職種別の賃金を定めたもので、年功加給が加味されている点が特徴的である。この作業の適用範囲は、①軍関係の雇用機関、②軍の代行機関、③米国の軍人軍属及びその同伴者、④軍の請負業者及び下請負業者などであった。軍作業関係で働く者は、全雇用労務者七万人の八〇パーセントを占めており、この動きは沖縄経済に大きな影響力をもつものであった。[25]

日給制で特筆すべき点は、熟練労働者と不熟練労働者を明確に区分し、しかも熟練労働者を四区分、熟練の度合いによって日給に大きな開きがあることである。

月給制は、下は一等級の二〇〇円から、上は一五等級の知事の一〇〇〇円までであり、職種が細分化されている。「戦後」はじめての五月分の給料は、六月一日に支払われることになっていた。だが、問題が起こる。それは資金の問題であった。沖縄民政府も含めて各市町村には資金がなく、調達するには沖縄中央銀行が米軍政府から資金を借りて融通するしか方法はなかった。このへんの事情を、米軍政府は、一九四六年五月一七日の軍民連絡会

表5　軍作業の時給（1946年5月1日より施行）

第1種：特別の熟練訓練責任を要せざる非熟練労務者			
第1	普通労務者	普通人夫，農耕人，造林夫，家事使用人，女中洗濯婦，料理人等（男女），小使，下水人夫，従弟（実務訓練期間内の者），訓練を要せざる業務に従事する軍労務者	0.60円
第2	頭（班長）		0.65円
第2種：熟練労務者監督の地位に立つ者既得の熟練と経験に依る技能並みに熟練を要する労務者			
第1	半熟練	瓦葺工，表具師，藁葺工，印刷工，ブリキ工，理髪師，塗装工，道路修理夫，建具工，造園工，植木工	0.70円
	熟練		0.80円
	頭（班長）		0.85円
第2	半熟練	大工，左官，鉄工（下），石工，製材工，自動車修理工（下），起重機と機関運転士，鍛冶工，裁縫工，鋸目立工	0.85円
	熟練		0.95円
	頭（班長）		1.00円
第3	半熟練	鳶職，鋳物工，煉瓦積工，製缶工，タイル張工，配管工，仲仕，トラック運転手	1.00円
	熟練		1.10円
	頭（班長）		1.15円
第4	半熟練	溶接工，ガス溶接と火造工，船大工，鉄工（上），機械工，自動車修理工（上），電工	1.15円
	熟練		1.25円
	頭（班長）		1.30円
第3種：書記及びその他の職業			
第1		給仕，監視人	0.60円
第2		書記，監視人	0.70円
第3		消防手，看護婦，衛生巡視，書記，店主，簿記係	0.80円
第4		消防手，看護婦，衛生巡視，書記，店主，簿記係	0.90円
第5		消防手，看護婦，衛生巡視，書記，店主，簿記係	1.00円
第6		看護婦長，通訳，翻訳，主任書記，商店支配人	1.10円
第7		養成所教師看護婦長，通訳，翻訳，主任書記，商店支配人	1.25円
第8		養成所教師，看護婦長，通訳，翻訳	1.40円
第9		養成所教師，通訳，翻訳	1.55円
第10		養成所職員，通訳，翻訳	1.70円
第11		養成所教師，通訳，翻訳	2.00円
第12		養成所所長，通訳，翻訳	2.30円

出所：『琉球史料　第1集』政治編1，183～184頁，より作成.

表6　賃金制度発足時における日給の等級（1946年5月13日付）

二等級熟練労働者
管理職にある者、事務員並びに従前の訓練及び経験によって得た技術を生かして働く労働者

区分4

技術の程度によって日給は9.20円及び10.00円の2段階ある.

自動車修理工(上級)，船大工，電気工，蹄鉄工(上級)，漁船航海士，ガス取扱い職人，製鉄職人(上級)，施盤工及び仕上工(上級)，機械工，時計・小型電動機等精密機械修繕工，潜水夫，溶接工

区分3

技術の程度によって日給は8.00円及び8.80円の2段階ある.

煉瓦職人，炭焼人，漁夫(上級)，鋳物工，温度監視人及び測定技術者，板金工，船管工，ローラー，木挽，煙突修理職人，仲仕，室内タイル職人，トラック運転手，文選工及び植字工，クレーン運転手，機関手

区分2

半熟練労働者6.80円，熟練労働者7.60円，監督8.00円

自動車修理工(下級)，自動車修理工，鍛冶職人，大工，魚網作業人，魚加工者，製鉄職人(下級)，台所道具(鍋)製造人，漆器製造人(上級)，施盤工及び仕上工，石灰加工者，写真師，左官，工作人，陶器製造人，鋸歯修繕人，裁縫師(上級)，布地捺染職人，粘土瓦製造人

区分1

半熟練労働者5.60円，熟練労働者6.40円，監督6.80円

竹細工製作者，理髪師，飾棚製作者，馬車引き，クロスメーカー，火葬係，染物師，蹄鉄工(下級)，漁夫(下級)，庭師，下駄製造人，帽子製造人，氷製造人，漆器製造人(下級)，木材切出人，筵製造人，味噌醤油製造人，塗装工，紙製造人，桶製造人，表具師，郵便集配人，印刷工，ライスメーカー(麦芽)，裁縫師(下級)，瓦葺屋根職人，茅葺屋根職人，鞍製造人，酒製造人，塩製造人，灌木材作業人，絹糸製造人，セメント瓦製造人，移動修繕人，夜番，木細工人

一等級
特定の技術、訓練又は責任を必要とする不熟練労働者

区分2

監督(班長)5.20円

区分1

普通労働者日給4.80円

見習い…業務実習中の者，バスガイド，建設工事作業人，溝堀作業人，農場労働者，山林作業人，小使，トウシン草むしろ編職人，軍部隊労働者…不熟練，新聞配達人，ライスクリーナー，家事手伝い・女中・洗濯婦，料理人等・男女，茶の葉加工者

出所：米軍海軍軍政府経済内令第二号「沖縄に於ける商業及財政取引」，より作成.

表7　賃金制度発足時における月給の等級（1946年5月13日付）

十五等級　月1,000円

沖縄群島知事

十四等級　月700円

諮詢会員，判事長，検事長，医師，沖縄中央政府各部長，協会・組合長

十三等級　月600円

諮詢会上級特別委員，養成所長，校長，判事，検事，弁護士，郵便本局長，銀行頭取，医師，技師，農業専門家，翻訳官，通訳官，各種専門家，協会・組合長，協会・組合副会長，警部，警察署長，銀行理事

十二等級　月500円

諮詢会上級委員，地区指導者(地方長)，養成所長，養成所講師，校長，地方郵便局長，検事，警視，地区警察署長(地方警察署長)，裁判所書記長，弁護士，郵便本局長，銀行理事，銀行頭取，医師，技師，農業専門家，各種専門家，通訳官，翻訳官，諮詢会上級委員，諮詢会通訳官，判事，検事，協会・組合長，歯科医，協会・組合書記長，協会・組合副会長

十一等級　月400円

地区役所(地方庁)長，村長，警視，地区警察署長(地方警察署)，養成所講師，中・高校教員，校長，判事，検事，裁判所書記長，地方郵便局長，地区衛生係官，医師，技士，農業専門家，通訳官，翻訳官，各種専門家，歯科医，薬剤師，実験室長，諮詢会各補佐，諮詢会各委員，協会・組合長，協会・組合書記長，銀行支店長，沖縄中央政府各部次長

十等級　月350円

警部補，郵便本局長，警部，校長，判事，検事，裁判所書記長，郵便分局長，銀行支店長，歯科医，技手，農業専門家，薬剤師，通訳官，翻訳官，各種専門家，獣医，地区衛生係官，諮詢会各補佐，諮詢会各委員，地方庁課長(地区役所課長)，村長，助役，収入役，養成所講師，中・高校教員，小学校教員，地方郵便局長，協会・組合長，協会・組合書記長，裁判所書記長

九等級　月310円

警部，警察隊長，裁判所書記，地方郵便局長，銀行支店長，銀行事務主任，区長，歯科医，諮詢会各補佐，諮詢会各委員，地方庁課長(地区役所課長)，村助役，村収入役，村課長，養成所講師，中・高校教員，小学校教員，獣医，技手，農業専門家，薬剤師，通訳官，翻訳官，各種専門家*，村衛生係官，協会・組合長，協会・組合事務主任，郵便分局長

八等級　月280円

諮詢会各補佐，諮詢会各委員，地方庁課長(地区役所課長)，村課長(村役所課長)，巡査部長，警察隊長，養成所講師，中・高校教員，幼稚園保母，裁判所書記，郵便分局長，銀行事務主任，獣医，区長，看護婦長，技師助手，農業専門家，助産婦，薬剤師，通訳官，翻訳官，村衛生係官，協会・組合長，慈善施設(養老院，孤児院等)長，協会・組合事務主任

七等級　月250円

諮詢会各補佐，諮詢会各委員，地方庁事務主任，郵便局事務主任，銀行事務主任，協会・組合事務主任，慈善施設(養老院，孤児院等)事務主任，村課長(役所課長)，巡査部長，巡査，裁判所書記，養成所講師，中・高校教員，小学校教員，幼稚園保母，区長，獣医，看護婦長，技手，農業専門家，助産婦，薬剤師，通訳官，翻訳官，村衛生係官，協会・組合長，協会・組合書記，慈善施設(養老院，孤児院等)長

六等級　月220円

諮詢会各補佐，諮詢会各委員，協会・組合事務主任，地方庁事務主任，村事務主任，郵便局事務主任，銀行事務主任，慈善施設(養老院，孤児院等)事務主任，裁判所書記，巡査部長，巡査，中・高校教員，小学校教員，幼稚園保母，区長，看護婦長，助産婦，通訳官，翻訳官，技手

五等級　月200円

諮詢会書記，銀行書記，慈善施設(養老院，孤児院等)書記，慈善施設(養老院，孤児院等)書記，裁判所書記補，村事務主任，巡査，看護婦，助産婦，消防士，衛生巡視人，小学校教員，幼稚園保母，慈善施設(養老院，孤児院等)付添人，技手，区長

四等級　月180円

諮詢会書記，地方庁書記，郵便局書記，銀行書記，協会・組合書記，慈善施設(養老院，孤児院等)書記，裁判所書記補，村事務主任，巡査，看護婦，助産婦，消防士，衛生巡視人，小学校教員，幼稚園保母，慈善施設(養老院，孤児院等)付添人，技手，区長

三等級　月160円

諮詢会書記，地方庁書記，村書記，郵便局書記，字書記，慈善施設(養老院，孤児院等)書記，協会・組合書記，銀行書記，裁判所書記補，巡査，衛生巡視人，看護婦，消防士，小学校教員，幼稚園保母，慈善施設(養老院，孤児院等)付添人，技手，区長

二等級　月140円

諮詢会書記，地方庁書記，村書記，郵便局書記，字書記，協会・組合書記，慈善施設(養老院，孤児院等)書記，裁判所書記補，消防士，女子事務員，慈善施設(養老院，孤児院等)事務員，技手，区長

一等級　月120円

（註）各種専門家とは博物館管理者　造園技師等

出所：米軍海軍軍政府経済内令第二号「沖縄に於ける商業及財政取引」，より作成．

議において、こう忠告する。「六月一日に俸給を支払はなければならいが、町村には金がない。銀行からは借り得ないし、故に中央政府で借りてやらなければならないだろう」[26]と。事実、給料の支払いは、六月三日になるが、月給制実施以前の米軍政府と沖縄民政府経済小委員会でのやりとりが、「戦後」沖縄の月給制のはじまりを示していて興味深い[27]。

米軍政府：俸給は如何なるか。

志喜屋知事：五月分は六月一日に支払ひ六月分からは翌月の一日に支払ひたい。

（中略）

米軍政府：六月一日から販売制になるが、金銭がなくて困る人も居るから其為に六月五日までは無償配給にする。五月三一迄（ママ）でに六月五日までの分を配給し終ること。現在の配給は何日分宛やって居るか。

護得久部長：五日、七日分宛やって居る。

米軍政府：六月五日迄（ママ）での分を五月末までに配給しおくこと。又吉部長から可然通知し置くこと。物品は変るかも知れないが注意して置く。

第一次通貨交換による貨幣経済の復活は、賃金制度の復活を呼んだ。本来、労働とは喜びであるが、賃金制度の復活によって住民の間に労働する喜びを生んだことは、「戦後」沖縄の経済復興につながるものであった。

4　無償配給から有償配給へ

米軍は、沖縄本島上陸後、住民の保護を主目的とした収容所を各地に設置する。住民には、米軍から食糧・衣服・テントなど必要最小限の量が配給された。食糧として配給されたのが、米軍の野戦用非常携帯食糧である防水加工された箱入りのKレーション、缶製のCレーションであった。入っていたのは、小缶入りの肉、卵、チーズ、バター、ジャム、クラッカー、ビスケット、粉末のコーヒーやジュースなどであった。住民にとっては、はじめて口にする食べ物であったが、飢餓線上を彷徨していただけにむさぼるように食べた。レーションのほかに、米・小麦粉・大豆、乾燥卵、牛肉・豚肉・魚肉の缶詰、野菜の缶詰、アイスクリームの素など少量ではあったが、配給された。(28)

配給量の基準は、米軍政府によってつぎのように決められていた。「沖縄の食糧問題は戦禍を受けて食糧に困っている他の世界各国を含む全体の食糧分配問題の一部であることである。現在の食糧は上層部に於てこれを規定し他の太平洋各地域の標準と同様である。現在に於ては一日一人当り一五三〇カロリー、労働者には二〇〇〇乃至二五〇〇カロリー、児童及妊婦には特別の食糧が規定されているのである」(29)。ところが、配給の割り当て量は、一定ではなかった。那覇港に近い糸満収容所は有利で、那覇港から遠く離れている辺土名《へんとな》収容所は不利であった。沖縄食糧株式会社初代社長竹内和三郎は、命がけの食糧確保の状況をつぎのように回想する。「当時は食糧の割り当てがなく、米軍が配給するという物資を先取りしたものが、余計配給を受けるという仕組みでした。たとえば、那覇港にメリケン粉や米などが入荷すると、早く自分たちのトラックに積み込んで持ち出す分がその地区の配給量でしたから、那覇港に近い南部地区の倉庫は有利です」(30)と。

四五年九月中旬から減配が実施されるようになった矢先、猛烈な台風「マクネ」が沖縄を襲う。作りかけの農作物、兵舎、倉庫が吹き飛ばされ、港や船、飛行場も大きな被害を受けた。米軍政府は、食糧の配給を停止するよう企画する。一〇月一七日、諮詢委員会は、「食糧問題について」の緊急会議を開き、委員と米軍政府とのあいだで激しいやりとりが交わされる。委員も必死であったが、米軍政府も必死であった。(31)

仲宗根委員：人民に早く元通り配給して貰いたい。何時から元通りの配給が出来るか、返事を承り度い。

米軍政府：当分の中、六ヶ敷しい。何故なれば之は台風の被害のためである。米が少ないから元通りの配給は当分の中困難である。米は配給す。港には米が来てゐる。揚陸の問題である。米を注文した。人民を安心させて下さい。

仲宗根委員：木ノ葉や芋皮等を食べて米一粒もない者が居る。

米軍政府：護得久委員から知念方面の話を聞き少佐も辺土名方面まで調査に行った。軍政府は米や其外の食糧を調査してゐる。島民の配給を一様にしたい。

仲宗根委員：食糧なく学童も欠席者多く、病人も衰弱して死亡者が多い。食糧探しのため犯罪も多くなって来た。労働者も七割の欠勤との情態《ママ》である。

志喜屋委員長：木ノ葉を食べて死んだ者も居る（大浦崎—沖縄本島北部名護辺野古集落北東部に位置する—筆者注）。

仲宗根委員：何時頃から配給できるか。

米軍政府：何時とは約束は出来ないが、出来るだけ早く配給す。楚辺港に食糧は来て居るが暴風のため渡船等が被害を受け揚陸に困難である。十日程の後になるだろう。木ノ葉を食して中毒死亡した者に対し詳細調査して置いて下さい。

仲宗根委員：沖縄は冬になると天候も悪く海も荒れ勝で揚陸に困難であるから二、三ヶ月分の食糧は保有して貰いたい。

このような状況の中で、一〇月中旬、無償配給時代を象徴する「ショウランド事件」が起こる。「ショウランド事件」とは、こうである。(32) 収容地区の田井等《たいら》市では食糧事情が極端に悪化していた。配給が非常に少なく、住民はチパパ（つはぶき）の茎、溝に落ちている芋の皮まで食べていた。食糧対策協議会は食糧係のショウランド中尉にきてもらい、区長、班長、市会議員など六十余人が参加して会議を開いた。ショウランド中尉に対し、他の収容地区より田井等の食糧配給が悪いので何とかしてくれと陳情したところ、彼は急に立ち上がってピストルを机に叩きつけ、「お前たちはさっきからいろいろ言っているが、一体戦争はどこが負けたか知っているか、お前たちは生きているのだから、それでよいではないか。ぐずぐず言う必要があるか」と。この時、むっくと立ち上がった久場署長は、大きな声をはりあげて訴える。「私は今の中尉の言葉を聞くことを甚だ遺憾に思う。私共は戦争に負けたことは身を以て知りつくしていればこそ米軍に協力して、あらゆる危険や困難をおかしても山の中から住民や兵隊をおろして来たり、軍労務にも出勤したりしているのである。此の田井等地区の食糧事情が他地区よりはるかに悪く、これでは住民は生命をつないで行くことさえ難かしいので止むを得ず、言を尽してお願いし陳情しているのだ。なお聞くところによると国際法においては戦後三年間は勝った方が負けた方を食わしていく義務があるとかいう話であるがそれはとにかくとして誠意を披瀝してお願いしても考えてやろうとの情ある一言もなく、生きているからよいではないかとおどかすとは、まことに残念な話である。そんなことなら私は、今日の会合はもはや陳情などする必要はないと思うから、これは直ちに皆で協議してこの田井等市から山ごえで他地区に逃げ出すことにしたい。折角生きのこっていながら食糧攻めにあうよりは、もっと食糧配給の多い他地区に皆で逃げて行く方がよっぽどよいではないか」。久場署長の勇気ある発言により、ショウランド中尉の態度もやわらぎ、「田井等地区の配給が他地区より悪いというが、どれだけ悪いのかわからんではやりようがないから、具体的に比較して示してくれ」と提案する。その後、食糧事情の最も良い石川市の配給と田井等の配給の実物を一週間分ずつ並べ、田井等住民の毎日食べているチパパの茎の煮たものをショウランド中尉に食べてみてくれといったところ、流石に食べることができず自分達の態度を反省し、充分努力するということになり、事件は解決した。

一〇月二三日、米軍政府は、米軍が使用している地域を除く、旧居住区への住民の移動を命じる。そして一一月六日には、帰村した住民に対し、当分の間、これまでどおりの無償配給を続けると公表する。「皆様は近日従来嘗てみた事のない各種食糧品の配給を享け、当分其の基準配給量は保証されます。軍政府は皆様の百日分と推定される壱万四千噸以上の食糧の配給準備を十日以内に完了します。此の食糧品は米軍用糧秣の余りが幸ひ軍政府に振り向けられたので皆様は斯様な食糧を最初に、しかも多量に得られる訳です。野菜や肉の缶詰調味料等其の他の物であり従前皆様の食膳に上らなかつたものばかりです。沖縄全島に実施する新配給一日の必要量は百五十噸と推定されますが該配給実施の暁は米、大豆の配給量は減少します」(33)。一一月二三日、米軍政府は一万四〇〇〇トンの食糧が陸揚げされたと発表する(34)。

ところが、四五年一一月一日、収容地区の辺土名市は辺土名軍政本部に対し、「食糧配給に関する陳情」をおこなっている。「陳情」にいたる背景には何があったのか。

米軍政府は、日本本土への侵攻準備のため、基地の建設を展開するが、その中心地となったのが、沖縄本島南部であった。米軍政府は、強制的に、石川市以北へと住民を移動させる。当時、沖縄本島には三〇万人の住民がいたというが、そのうち二五万人が北部への移動を命じられたのである。北部は、四万人を支える「力」しかなかった地域であった(35)。米軍政府による石川市以北の統轄区域には、宜野座・久志・田井等・辺土名があり、この辺土名からの「食糧配給に関する陳情」であったのである。こう訴える(36)。

我等二万八千の辺土名市民は下山以来、アメリカ軍政当局の絶大なる御同情御庇護とによりまして、戦に疲れた胸の痛みを癒し、新沖縄建設に向って着々と歩を進めることの出来ましたことを衷心より感謝致します。

(中略)

然るに、青天の霹靂、寝耳に水の食糧減配並に停止が早きは九月中旬より、おそきも十月の始めより実施され、しかも長期に亘りたるため栄養不良者並に餓死者は日々に増加、乳幼児の死亡は激増し、食糧欠乏を訴えてなきさけぶ子供は日々に数を増し、芋皮を乞い求むる者が多くなり、野草のみにて生をつなぐ者アダンの実、福木の実、桑の実、海草等をむさぼりあさる者あり、食糧事情の不安より不眠症を起す婦人が著しく増え、あげくは発狂せる者さえあるという惨状を呈しているのであります。（中略）

以上の窮状打開の道は、一に軍政当局の特別なる御努力により、定量配給の継続にあると信ずるのであります。

何卒窮状御くみとりの上、飢えに泣く市民の面貌に光明をもたらしていたゞくよう懇願致します。

辺土名市民の必死の懇願もむなしく、食糧事情はますます悪化するばかりであった。「配給を頼りにしていた油断から蓄えとてなく、穫れる作物もまたなく、蘇鉄をとろうにも戦時中に殆んど食い尽くして中々見当らず、物々交換は盛んになり、命を賭して持ち続けて来た訪問着を手放して米二升を得る等、未曾有の飢餓線を彷徨するようになってしまった[37]」のである。一か月も続いた飢餓状況であったが、四六年一月頃、食糧が再び放出されるようになり、住民は蘇生の思いに胸をなでおろすのであった[38]。

四五年一二月末になって米軍政府は、配給機構の見直しに取りかかり、配給食糧を点数制とする方針を打ち出し、「点数制配給カード」の実施に踏み切る。この「点数制配給カード」というのは、赤一点は一四〇〇カロリーで米・麦粉類、緑一点は五六カロリーで糖分類、黒一点は豆腐・肉缶・卵粉・魚缶で三九六カロリーである[39]。そして一日当たりのカロリーは、一歳から四歳までは一一〇〇カロリー、労務者は二二〇〇カロリー、普通の人は一五三〇カロリーと定められた[40]。カロリーの算出方法は、四五年五月に米国陸軍省が発行した『技術教本・病院規定食』によったという[41]。

無償配給に終止符を打つべく、四六年四月二四日、米軍政府は、『沖縄に関する軍政府経済政策について』を発令し、有償配給へと動き出す。この中で「各村販売店は最初の一ヶ月間の賃金支払の日即ち六月最初の数日内にその商品の現金販売を開始する計画なり」「軍政府は五月中に卸商より村販売店に交付せる全生産品に対し値段を支払うものとす(42)」と規定し村販売店を有償配給の拠点とする。各村に平均五箇所の売店（全沖縄では二二六か所）が設置され、住民の配給カードをととのえ、米軍政府の定めたカロリー表にしたがって有償配給を開始した(43)。最初の計画では、食糧の八割を米軍政府が補給し、残りの二割を島内生産品で充当することになっていた。だが、過度の物資欠乏による供出制度の不徹底によって島内生産品の充当は完全な失敗に終わり、いたずらに物々交換と闇取引を助長するのであった。とくに四六年八月からはじまった日本および海外からの引き揚げ者が持ち込む日本円の流入によって通貨は膨張し、物価は上昇の一途をたどるのであった(44)。この沖縄本島の状況とは違い、宮古諸島と八重山諸島は異なった様相をみせる。宮古では、四六年四月五日市場価格の五分の一を基準として指定価格を決定した。しかし、闇価格の圧倒的支配には勝てず、さらに台湾との密貿易によって指定価格は同年九月二五日に撤廃を余儀なくされたが、反面、統制廃止の結果は生産意欲を刺激し、農村の開拓、新開墾による食糧農産物増産、漁場開拓によって水産業に潤いをもたらしたので

図8　沖縄本島における米軍政府統括区分
（1945年11月30日時点）

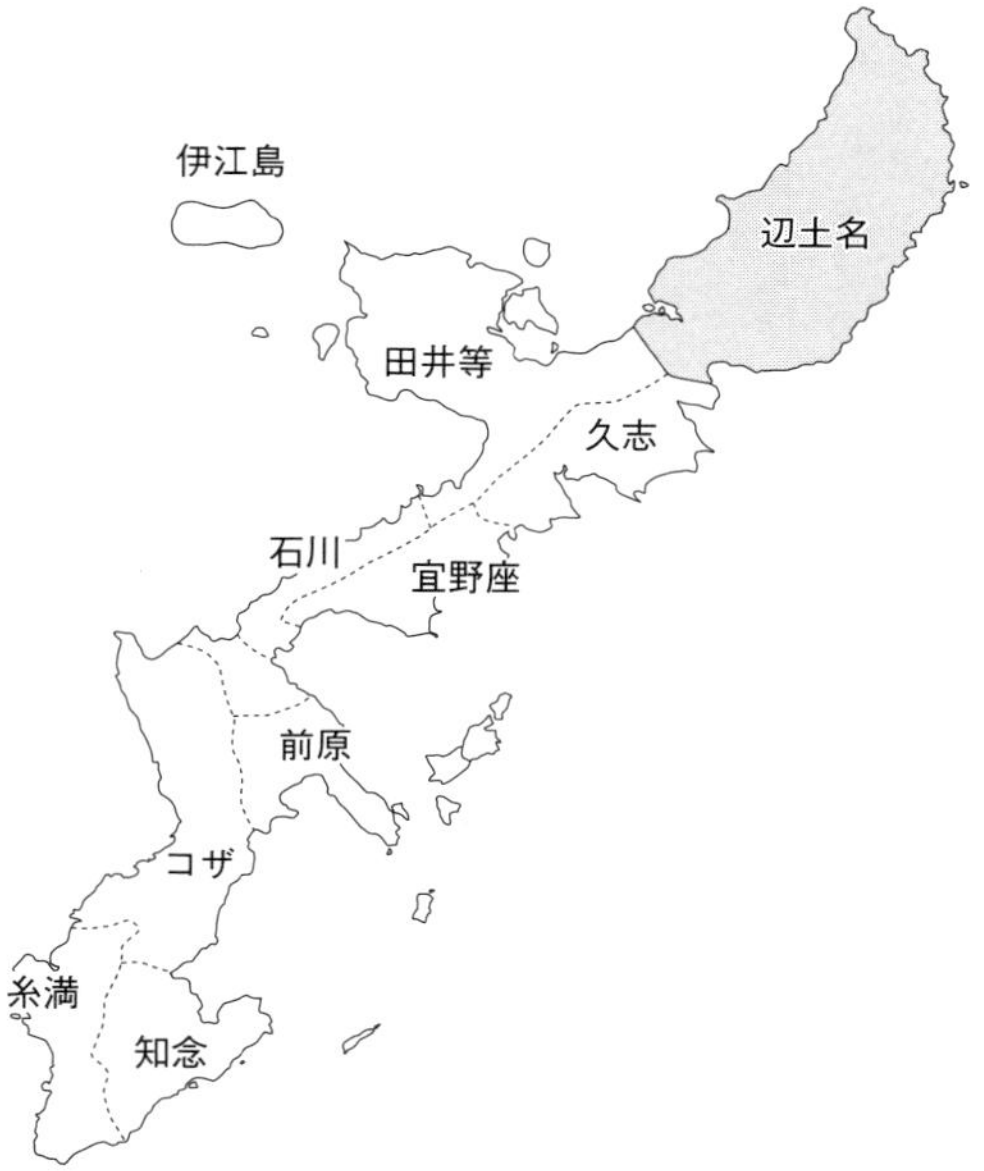

出所：『沖縄県史　資料編14　琉球列島の軍政　1945—1950　現代編2（和訳編）』52頁，より作成．

あった。八重山における自由価格制の導入は産業復興への熱意となって現れ、とくに造船、手工芸品などに力強い足どりをみせるようになる。[45]

5　引き揚げ者一七万人

一九四六年一月末から四月一六日にかけて、マリアナ諸島や旧日本委任統治領から二万九八〇九人の民間人が海軍の艦船で沖縄に引き揚げてきた。沖縄に着くと一時的にインヌミ（キャンプ・キャステロ　現沖縄市字高原）に収容され、そこから出身集落へ送られた。台湾からは数千人が引き揚げたものの、日本本土ではおよそ一四万二〇〇〇人の沖縄の人たちが引き揚げを待っていた。[46]

一九四六年七月一日、日本本土から沖縄への引き揚げがはじまる。[47]どうして敗戦後の長い間、沖縄への引き揚げがなされなかったのか。この背後には、海軍と陸軍との間の確執があった。当時の米軍政府は海軍の統轄下にあり、最高責任者はニミッツであった。マッカーサーは、ニミッツに対し、日本本土からの沖縄住民の引き揚げを要請する。そこで四六年一月二九日、米軍政府は、沖縄米国海軍軍政本部指令第一〇九号「二万四千沖縄人復帰計画案」を発令し、[48]受け入れ準備に着手している。それによると、「約二万四千の沖縄人が今、沖縄への輸送を待つている。至急報によればこれらの人達は大部分は、週に大凡四千五百人の割合でLST型の船に依つて沖縄へ輸送されるだろう。これらの人々は僅かの衣類しか持つていず女、子供が多く衛生状態はよくないと思われる」とし、「食糧その他の物資を配置し、職員を待機させ、かつ沖縄人受入班を編成する」[49]とした。だが、この「沖縄人復帰計画案」は、食糧および住居の不足という経済的理由でニミッツによって拒否される。四六年七月一日、米軍政府が海軍から陸軍に移管されると（マッカーサーは陸軍）、引き揚げは急速に展開する。この経緯に

ついて、アーノルド・G・フィッシュ二世は、『琉球列島の軍政　一九四五―一九五〇』の中で、つぎのように書く。(50)

マッカーサーは、他の琉球列島出身者よりも数の多い沖縄出身者（沖縄本島出身者―筆者注）が重要な社会的、経済的負担になっていることから、可能な限り速やかな引き揚げを望み、ニミッツ提督に対して在日沖縄人を受け入れるよう繰り返し要請した。ニミッツは、当然ながら、食料と住居の不足を理由に受け入れを拒否し続けた。海軍が沖縄を統治している限り、マッカーサーは沖縄出身者の引き揚げによって日本本土の占領の負担を軽減することはできなかった。しかし一九四六年七月一日に陸軍が沖縄の軍政を担当すると、マッカーサーは急いで太平洋陸軍司令部に会議を招集した。

日本本土から沖縄への引き揚げが決定すると、連合軍司令部は日本政府に対し、つぎのことを指示する。(51)

a　六日間の検疫期間に、受け入れのための全ての施設において、琉球に帰る全ての引揚者に必要な検査、予防接種そして種痘を施す。

b　病人や障害者を含むグループを引揚げ期間の後のほうにもってくるように予定し、また全ての引揚

図9　引き揚げ地・久場崎港（ブラウンビーチ）とインヌミ（キャステロ）

者を家族グループに分離する。

c　各自の引揚者は出発する前に徹底的な審査をし、各自、下記の情報（名前・年齢・性別・家族グループの人数・村・島・職業・英語を話せるか—筆者注）を含む札を付ける。

d　到着人員の荷物は、個人の荷物が二五〇パウンドまで（この限度は、後に輸送状況が改善されたのでさらに増えた）。

沖縄当地においては、引き揚げ者受け入れのための久場崎収容所（現中城村字久場）とインヌミ収容所（現沖縄市字高原）を設置し、つぎのような詳細な取り扱い規定を作成する。(52)

a　それぞれの船は、アメリカの水上輸送機関と医療職員によって、検査を受けること。彼らは、積荷をおろす許可を出す前に、船の書類と引揚者の健康状態をチェックすること。

b　引揚者は、用意された名簿より家族単位に名前が呼ばれ、上陸すること。

c　全ての引揚者に対する身体検査とDDTの塗布、また必要があれば医療治療を上陸の際に行うこと。

d　引揚者はムラ（村）ごとに分けられ、指定されたムラグループに移動させる。それは指示によって示される。

e　ムラ（村）グループは、一時的に宿泊施設を割りあてられ、またその中においておよそ一〇〇人の小群（サブグループ）に分ける。グループごとに班長を使命（ママ）し、収容所スタッフとグループ、家族グループの関係が円滑に保てるよう、まとめ役になってもらう。

f　統合キャンプにおける食糧の供給および調理は、決められたスタッフが責任をもって行なう。食事は大きな鍋で収容所スタッフによって作られる。台所は沖縄式によって用意する。食事はグループの班長の責任によって、引揚者に配給すること。

g　登録と記録（班）は全ての引揚者の情報を集める。これからの情報は、過去、色々な技能、職種、職業などによって将来の住居などへの割り当てを決定する。それら全ての調査書類は軍政府に保管される。連合軍司令部による日本政府への指示、沖縄における徹底した受け入れ体制の下、四六年八月一七日、引き揚げ者第一陣五五五六人が久場崎に到着する。以後、引き揚げ者は増加、翌四七年末までに当時の沖縄県人口の過半数にあたる一七万三四八三人に達し、四九年二月にようやくゼロとなる。[53]問題となったのは、引き揚げ者のための衣料、医療、住居、とくに食糧の供給にあった。このことについてアーノルド・G・フイッシュ二世は、『琉球列島の軍政　一九四五—一九五〇』で、こう展開する。「軍政府は、日本の極東軍司令部から送られてきた食料や木材によって支えられた大規模な救済計画によってこのニーズを満たすことができた。軍政府が琉球の社会的復興に全力を投入できたのは、多くの引き揚げ者の受け入れからくるインパクトを処理し終わった後であった[54]」と。

ここで、先島《さきしま》の宮古島と石垣島の状況をみることにする。宮古島と石垣島への引き揚げ者は主に台湾からであった。戦時中、台湾への疎開は縁故者を頼った「有縁故疎開」と日本政府によって強制的に疎開させられた「無縁故疎開」があった。一九四五年九月末現在の『沖縄県疎開者調』によると、[55]「無縁故疎開」者は八五七〇人で、市郡別では宮古郡の四八九二人がトップ、第二位は八重山郡の二一七一人である。この数値を裏付けるかのように、四五年一一月、当時の平良町長・石原雅太郎は、つぎの嘆願書を占領軍最高司令官あてに送っている。[56]

……空襲から身を防ぐため、台湾へ行った住民が八〇〇〇人います。彼らは中国疎開の後、暗い生活を送っており、帰りを待ちわびています。五〇人から八〇人は小型船で運ばれますが、十二月から三月まで海はしけるので、そんな小型船では人々を運ぶことは不可能です。

さて、私は台湾の基隆《キールン》で、焼けた家の側であたかも乞食のように、船を待ちながら暗い生活を送っている何百人の人々を知っています。台湾に残された多くの孤独な人々は、役人たちがこれまで面倒を見てきたのと同様なことを受けないために乞食になっていくことでありましょう。それは、憐れなことです。

さらに、日本本土九州に六〇〇人ほどの人びとがいます。日本兵を運ぶために宮古にやってくる空の船舶を使って、彼らを帰らせるようお願い致します。日本兵がすぐに帰るならばうれしく思います。日本兵の帰還は、ここの食糧問題と密接な関わりをもっているのです。

どうか、問題解決へ十分なるご配慮のほどを。

この石原町長の嘆願書に対し、沖縄本島米軍政府からの返答であるが、すでに奄美群島と先島群島には調査団を送っており、その目的は「軍政府の設置に加えて、一般住民が人間的に最小限度必要とする食糧、医療用品及び診療、住宅、それに治安が米国の統治国に対して施す政策とある程度矛盾しないように整備することである」(57)とし、「宮古郡では、数回にわたって公式の調査が軍政府司令官によってすでに実施されており、食糧が六万人の島の住人にとって主要な問題である。一方、残留者は日に二度の食事でどうにかやっている。さらに宮古の運営上で大きな問題は、二五〇〇〇人もの日本の兵隊の存在である。これらの軍隊は正式に降服し武装解除されているが、彼らは貴重な食糧を消費し、さらに普段作付される土地に居座っている」(58)というもので、引き揚げ者については何ら触れていない(59)。

台湾から石垣島への引き揚げは、どうだったのか。二〇〇八年八月現在、石垣市字石垣在住の石垣英和の興味深い事例をみることでその一端を垣間見る。石垣英和は、『台湾沖縄同郷連合会』(60)が発行した証明書を保管しており、そこには本籍・台湾の住所・氏名が書かれ「右之者沖縄籍民タルコトヲ証ス」とあり、引き揚げを待つ本土出身者と沖縄出身者を区別するために発行されたものとみられる。本土出身者の引き揚げは、一九四六年二月にはじまったが、沖縄出身者の引き揚げは在沖縄米軍の許可を得なければならず、本格化するのは一〇月になっ

図10　密貿易の中心地・与那国島久部良港

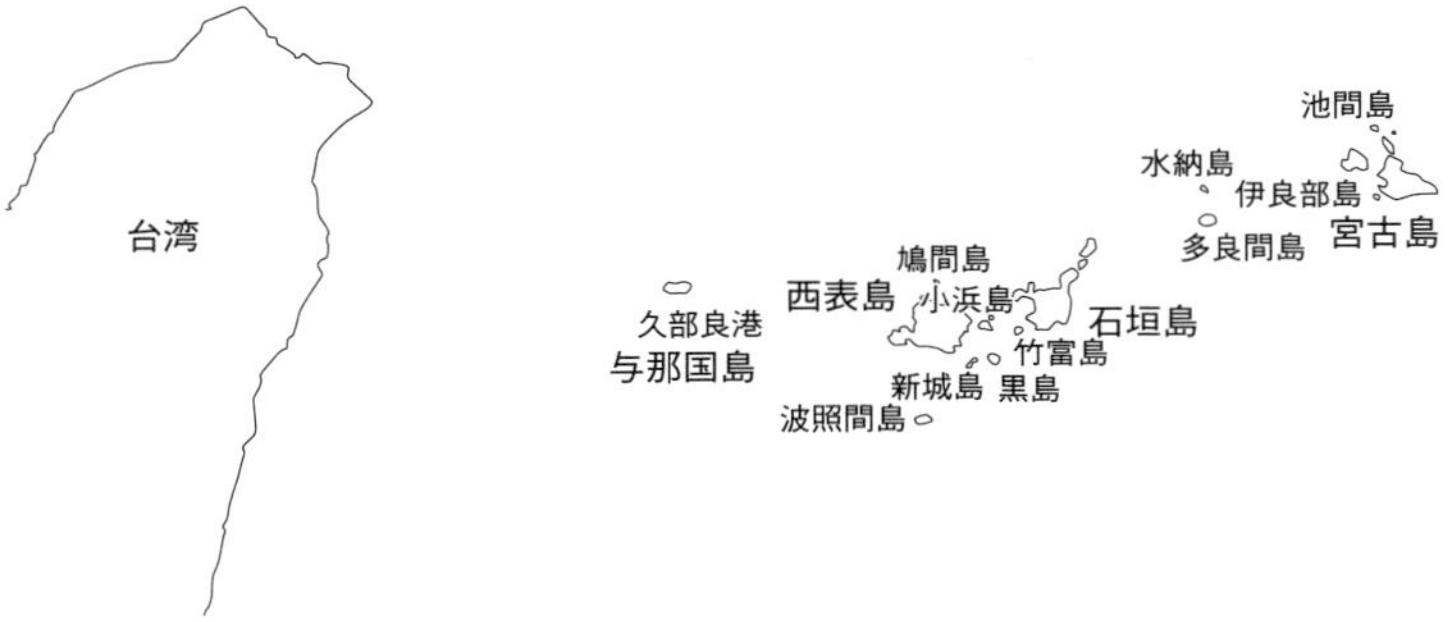

てからであった。石垣家は四六年四月に宮古経由で石垣へ引き揚げ(61)、郷里でのあらたな生活をはじめるのであった。

6　密貿易と闇市場の活況

沖縄戦による生産施設の破壊、流通網の寸断、米軍政府による貿易の統制、飢餓と混乱の中で、生きていくためにはじまったのが、密貿易であり。重要な中継地となったのが、与那国島の久部良港であった。

沖縄本島から与那国島へ持ち込まれた物資は、マラリアの特効薬であるキニーネなどの薬品、タイヤ、生ゴム、HBT（Herringbone Blouse and Trousers　米軍服）、化粧品など多種多様にのぼった。これらの物資が台湾から奔流のように流れ込んできた米、砂糖、サッカリン、北海道の海産物と物々交換された(62)。日本人、沖縄人、台湾人が物資の取引のために久部良港に集まった。物資の運搬には突船と呼ばれた五〜七トン級の漁船が動員された。荷役の労働者は地元ではカバーできず、石垣島、宮古島、多良間島から入ってきた。賃金は、日本円、B型円軍票、台湾円で支払われ、島では充分に流通したという(63)。

密貿易がはじまった一九四六年頃の与那国島は、人口一〇〇〇〇人ほどの小さな島であった。密貿易時代に一万五〇〇〇人にふくれあがり、四七年には

図11　密貿易の主なルートおよび品目

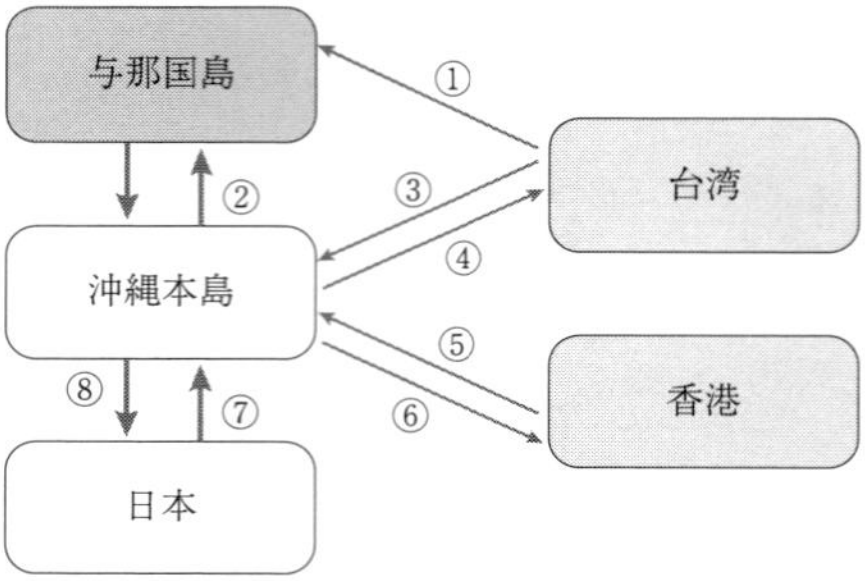

①台湾→与那国島：米，砂糖，サッカリン，北海道の海産物

②沖縄本島→与那国島：キニーネなどの薬品，タイヤ，生ゴム，ジープ，モーター，毛布，HBT，キャラコ生地，オーバー，石油，ケロシン，マシン油，薬キョウ，麻薬，化粧品

③台湾→沖縄本島：米，砂糖，茶，ビーフン（米粉），アメ玉，くん製品，ポンカン酒，ビール，バナナ，スモモ，自転車（タイヤ，チューブ），懐中電灯，電池，ライター，ライター石，ナベ，マージャンパイ，ズック，マッチ，各種化粧品，タバコ（台湾製），アルコール，ペニシリン，モルヒネ

④沖縄本島→台湾：薬キョウ，真鍮，銅，鉛，銃器類，火薬，ガソリン，生ゴム，古タイヤ，自動車部品，クローム，HBT（アメリカ軍服），カーキー服，ラシャ被服，オーバー，毛布，野戦用おりたたみ式ベッド，タバコ（米国製），サッカリン，モルヒネ，薬品類（サントニン，ダイヤジン，チアドール，アテブリン）

⑤香港→沖縄本島：米，メリケン粉，砂糖，ミルク，アメ玉，タケノコ，カンピョウ，モヤシ大豆，赤豆，アズキ，ビール，茶，種油，洋服生地，背広，反物，子供シャツ，Tシャツ，ジャンパー，靴下，靴（英国製，香港製），ビニールバンド，懐中電灯，電球，電池，万年筆，時計，石鹸，金の指輪，化粧品類（ポマード，口紅等），「ドル紙幣」，ライター，ライター石，ガラス，ペニシリン，マイシン，麻薬，覚せい剤（ヒロポン，スロスタン，ホスピタン，ネオパミン）

⑥沖縄本島→香港：薬キョウ，真鍮，銅，アルミくず，鉛，軍用タイヤ，石油，ガソリン，銃器類，弾薬

⑦日本→沖縄本島：セトモノ類，各種材木，自転車，ミシン，ノコギリ，カンナ，ノミ，フライパン，パラソル，玩具類，エンピツ，ソロバン，紙類，書籍類，蓄音機，レコード，マッチ，蚊取線香，ミソ，ショーユ，ソーメン，カンピョウ，千切大根，コンブ，タクアン，アラレ，アズキ，モチ米，ミカン，リンゴ，酢酸，生地類

⑧沖縄本島→日本：薬キョウ，真鍮，銅，砂糖，アルコール，海人草，「ドル紙幣」，カーキー服，ラシャズボン，HBT，タバコ（英国製），時計，牛皮

出所：琉球新報社編『ことばにみる沖縄戦後史①』（ニライ社，1992年）37頁，石原昌家『空白の沖縄社会史』（晩聲社，2000年）316～317頁，より作成．

「村」から「町」に昇格した。一島一町の島が与那国島である。沖縄本島や周辺離島が米軍物資の配給で露命をつないでいたころ、久部良港には、日本本土・沖縄本島・宮古島・石垣島・香港・台湾から二〇〜二〇〇トン級の船が一〇〇隻近くも終結し、活況を呈した。荷揚げ、積み込み作業でせわしく動き回り、港は夜でも米軍流出の発動機で昼のように明るく、一七〇軒もあった料亭は夜を徹してのドンチャン騒ぎで不夜城と化したのであった。(64)

沖縄本島では、糸満港と知念村の久高《くだか》島が密貿易港で、密貿易のルートには、図11でみるように、台湾ルート、香港ルート、日本ルートの三大ルートがあった。(65)

台湾ルートからは米・砂糖・ビーフンなどの食糧品、ポンカン酒・ビールなどのアルコール類、バナナ・スモモなどの果物類、自転車、懐中電灯、電池など。

香港ルートからは米・メリケン粉・砂糖・ミルク・アメ玉・タケノコ・カンピョウ・モヤシ・大豆・赤豆・小豆などの食糧品、万年筆、時計、ペニシリン・マイシンなどの薬品類。

日本ルートからはセトモノ類、各種材木・ノコギリ・カンナ・ノミなどの建築道具、学用品、蓄音機、レコード、食糧品、生地類など。

とにかく、生活にかかわるあらゆる物資が台湾・香港・日本のルートを通して沖縄へと流れ込み、住民の生活を支えたのである。

沖縄からは薬キョウ・真鍮・銅・鉛・銃器類・火薬・ガソリン・石油・古タイヤ・自動車部品など米軍人による横流し物資、住民による戦果（米軍兵士の目をかすめて米軍物資を盗み取る行為—筆者注）品が、逆のルートで流れた。(66)

ここで、戦後最初の久部良青年団長をつとめた当時二六歳の伊盛時雄、サイパンから九死に一生をえて沖縄本島糸満に引き揚げてきた当時三四歳の金城カネ、の証言を聞くことにより、密貿易を追体験することにしたい。

伊盛時雄の証言

昭和二一年に、一度だけ与那国にも米軍の救援物資が届いたことがある。米軍が立ち合って、米も何十袋か運び込まれた。しかしそれは一時しのぎで、その後も与那国は食糧難でどうにもならなかった。その後、台湾から密貿易のために何度か船が八重山にきたんだが、八重山では議員の意見が対立したまま、台湾の船は寄せつけないということになった。そこでわしは、与那国に闇船を入れることにきめた。これは政治問題じゃない、久部良の部落民が生きるために必要なことだ、青年団が結束すれば警察を抑えることができる、とわしは考えた。そして台湾の闇船を久部良港に入れた。

最初は全く目立たなかったんだが、漁師の口から糸満の漁師の耳に入り、やがて沖縄本島から米軍物資が運ばれてくるようになった。また台湾船はつぎつぎと情報を入れて、どんどんやって来るようになった。一ヵ月もしないうちに、与那国は闇貿易の基地になって行った。

闇取引は夜中のうちに行なわれた。久部良港からはみ出して、闇船は日によっては百隻余りも集まった。内地からも密航船がやってきた。内地からは主に建築材が運ばれた。沖縄本島からは、洋服生地、オーバーや将校服、米軍の日用雑貨品、ドラム缶に入った石油などだった。台湾からは、米、お茶、食用油、ざらめ砂糖、薬品などだった。

それらの物資はほとんど物々交換だったんだが、B円で現金取引も行なわれた。与那国や八重山の船は、七トンか八トンの船だが、沖縄からは三十トン四十トン、内地や台湾からは百トン前後の船がやってきた。船主と乗組員の他に、ブローカーや労務者がどんどんやってきた。ブローカーは糸満出身の女たちが多かった。労務者は各地からやってきたが、主に宮古の出身者が多かった。(67)

金城カネの証言

……夫は、米軍から船艇を払い下げてもらい、カツオ漁に出た。私の方は、まき売りを始めた。新規まき直しがスタートしたのである。

まきは伊平屋から運ばれてきた。ついでに米や芋を持って来て、衣類と交換してきてくれと頼む。一方本島各地からは、本土引き揚げ者が衣類を持って食糧を捜しに来る。お互いにないものを交換し合ったら助かると思い、物々交換の仕事を始めた。そして次第に、密貿易の品物も扱うようになった。

当時の糸満は、台湾や香港との密貿易の物資集散地となっていた。金のある四、五人が組んでヤミ船をチャーターし、沖縄から薬きょうなどの基地物資を運ぶ。その帰りに小麦粉や砂糖などの食糧を、山と積んで来る。そして私の所に「売りさばいてくれ」と持ってくるのだった。このヤミ物資を買いに来るのは、那覇の商売人。船が入ると、どっと押しかけてきた。

あのころの商売人は、多かれ少なかれ密貿易に関係していた。極端な物資不足の時代で、住民の生活も経済も密貿易で成り立っているのだから、警察も見て見ぬふり。戦後、沖縄の住民が生きのびてこれたのも、また経済復興の基礎が作られたのも、密貿易があったからだと今でも思う。(68)

沖縄民政府の民警察部長であった仲村兼信は、こう回想する。「現実の社会は、米軍物資以外の生活物資が市場に流通しており、それで住民が飢えをしのいでいる客観的事実が厳然と横たわっている。だから、米軍の命令通りに取締っていたら、沖縄住民の命綱を断ち切ってしまうことになるのである。民警察としては、米軍から証拠をつきつけられたものは取締っていたが、それ以外は自発的に厳重取締りということはやらなかった。ある日、スキューズ部長（米軍政府保安部長ポール・H・スキューズ―筆者注）に呼び出されて、ホワイトビーチから駆逐艦に乗せられて与那国の密貿易状況を視察につれて行かれることになった。『困ったな』と思ったが、命令に従うほかはない。与那国に着くと、密貿易船らしい船がたくさんあり、料亭、映画館が林立し、札束も乱れとび、手のつけられる状態ではなかった。帰りの船中で、スキューズ部長は、『ああいう状況だから密貿易を取締らなければならない。与那国の警察にもしっかり命令して取締りさせなさい』と言ったが、私はあえて命令は出さなかった」(69)と。

隆盛を極めた密貿易であったが、「ヤミ船で薬きょうや鉛などがマカオ、香港経由で毛沢東の中国に渡るようになってから」(70)、米軍政府による取り締まりが強化され姿を消していくのであった。だが、忘れてはならないのは、密貿易がゼロから出発せざるをえなかった沖縄の人たちの生きる術であり、たくましさであったということである。

つぎに、密貿易と密接に結びついて住民の生活を支えた闇市場の登場と活況をみる。一九四六年四月一五日の貨幣経済の復活、同年五月一日の賃金制度の発足後も、依然として沖縄の生産機構・流通機構は復興できないままの状態であった。食糧のおよそ八割は米軍政府が低廉で補給し、残りの二割は島内生産品で充当することになっていた。(71)だが、商業は認められていなかったため、米軍政府は島内生産品にたいしても公定価格の設定策に打って出る。それが四六年五月一六日に公布された米国海軍軍政府指令第九号「最高価格」であった。(72)それによると「何人もこの表記載の最高価格より以上に、いかなる金額もこれを請求し、領収し、又は支払ってはならない」(第二項)、「この命令の規定に違反した者は、特別軍事裁判所又は簡易裁判所の有罪判決により、罰金又は禁固、若しくはその両刑、若しくは同裁判所の決定する他の刑に処せられる」(第三項)、として価格を厳しく取り締まるのである。しかしながら島内生産品にたいする価格統制は、極度の物資欠乏の中で完全な失敗に終わるが、それは価格を守らず必死で生活する住民からすれば、至極当然の帰結であった。

「最高価格」が設定された五か月後の四六年一〇月二五日、米軍政府は琉球列島米国軍政府本部指令第一四号をもって「琉球列島貿易庁」を開設する。[73] その目的であるが、「琉球列島貿易庁は琉球列島全域の全住民の為、同域に於ける合法的貿易を復興し以て食糧貿易品及び其の他の生産物のより一層の公正なる配分及び経済安定の確立を図るを以てその目的とす、各貿易品に対する琉球列島内の需要充足の上は漸次外国貿易を考究し之が促進をなすものとす」るもので、罰則として「離島間の貿易及び（若くは）商業に従事する個人又は企業団体にして違法商行為、闇取引又は其の他の脱法行為により故意に本指令の精神を無視する者は之を裁判に訴うるものとし、有罪を宣せらるるに於ては刑罰及び財産の没収を受くべし」と規定する。だが、厳しい罰則の規定にもかかわらず、住民は生きるがために必死で、一九四六年度における米軍政府の布告違反による検挙者数は、経済内令違反（価格違反）が三八八人、軍需品不当所持が三〇七人、銃器爆発物其他不当所持が一三五人にのぼったが、おそらくその数は氷山の一角であったに違いない。[74]

図12　闇市場の中心地・那覇市開南の位置

　一九四六年頃から沖縄本島那覇市開南付近にテント小屋が立ち並ぶようになり、自然発生的に闇市場が登場するようになる。[75] 闇市場の主役は、沖縄戦ですべてを失い、戦争で夫や男の子を失い、生き延びた子供たちを抱え、必死で生きていか

なければならない女たちであった。当時ここで商いをしていた金城きよは、こう語る。「ここに戦争で夫を失ったり、男の子を死なしたりした女や、また夫の収入では生活できない生活に困った女の人たちがなんということなく集まって商売をはじめたんです」[76]。

闇市場に並ぶ品々は、台湾ルート、香港ルート、日本ルートを通して入ってくる米・砂糖・メリケン粉・大豆などの食糧品、酒類、日用雑貨などの密貿易品、米軍基地からの横流し物資、米軍兵士の目をかすめて盗み取った石鹸、タバコ、チューインガム、衣類、建築資材などの戦果品であった。運び屋が持ち込んできた品を奪い合うように手に入れると、みずからの才覚によってしたたかな商売をするのである。闇市場では、アメリカ製タバコが最も威力を発揮した。米軍兵士も水筒一杯の泡盛をタバコ一ボールと交換するほどであったという。英語の読めない女性たちは、包装のデザインによって愛称をつけた。赤い丸のあるラッキー・ストライクを「アカダマ」、ラクダの絵のあるキャメルを「鹿グァ」、これといった特徴のないフィリップ・モリスを「黒ん坊」とよび、全琉的にひろまったというが、黒人の前では「黒ん坊」とよぶのは避けていた[77]。

「戦後」のどさくさで仕事があるわけでもなく、灰燼に帰した土地で作物が作れるわけでもない。このような状況の中で、米軍の豊富な物資は、法を犯してまでも売買したいほど魅力的であった。米軍政府によって任命された民警察官や憲兵は、闇市場を抜き打ち的に手入れし、米軍物資とおもわれるものは片っ端から押収、出所を追及した。この時の様子を平良マウシは、つぎのように生々しく語る。「密造酒を造ったり、闇物資（衣類が主）を売っていたさ〜。背中に赤ん坊をおぶって、荷をチブルにカミテ（頭に乗せて—筆者注）商売して歩いたよ〜」。「闇物資をカミテ明治橋を渡っていると、突然〝こらっ〟てMPに声掛けられて、ドキドキしたさ〜。奥武山から海に飛び込んで一生懸命逃げたよ〜」[78]。

沖縄の女たちはめげなかった。ここでの「商い」は、生活を守るための必死の「商い」であったからである。

注

（1）『アメリカの沖縄統治関係法規総覧（Ⅰ）』（月刊沖縄社、一九八三年）三五四〜三五五頁。
（2）『沖縄県史　資料編12　アイスバーグ作戦　沖縄戦5（和訳編）』（沖縄県教育委員会、二〇〇一年）二七五頁。
（3）『沖縄タイムス』（二〇〇五年一月五日付）。
（4）『沖縄県史　資料編20　軍政活動報告（和文編）　現代4』（沖縄県教育委員会、二〇〇五年）二四頁。
（5）同前、二五頁。
（6）同前、二四頁、二七頁。
（7）大田昌秀『沖縄の挑戦』（恒文社、一九九〇年）二五三〜二五四頁。
（8）同前、二五一頁。
（9）Fiscal Affairs and Resumption of A Monetary Economy.
この資料は、「PAPERS OF JAMES T. WATKINNS Ⅳ」の中にあり、現在、『沖縄戦後初期占領資料』として、琉球大学附属図書館「戦後資料室」に所蔵されており、九一巻一〇四ページ以下で確認できる。
（10）吉野高善『ふる里と共に』（一九六七年）二一二〜二一六頁。
（11）前掲書、二一四〜二一六頁。
（12）前掲書、二一六〜二一八頁。
（13）前掲書、二一八〜二一九頁。
（14）前掲書、二二二〜二二三頁。
（15）「宮良長義氏と八重山の農村民主化闘争」（『新沖縄文学』二六号、一九七四年、所収）一一五頁。
（16）『沖縄県史　資料編20　軍政活動報告（和訳編）　現代4』（沖縄県教育委員会、二〇〇五年）三九頁。
（17）八重山支庁『布告番号簿』（一九四六年）。この資料は、石垣市教育委員会文化課課長・大田静男の好意によって拝見することができた。感謝したい。
（18）大田静男『八重山戦後史』（ひるぎ社、一九八五年）七二頁。
（19）記念誌編集局編『新　八重山　博覧会記念誌』（八重山復興博覧会、一九五〇年）五三頁。

(20) 大田、前掲書、七四頁。

(21) 八重山の「日本紙幣認印制」のほかに、沖縄本島那覇市の西方海上に浮かぶ久米島では、四五年八月から一〇月末まで、軍政施行のため労務者を雇用して日給を支給、食糧品、日用品、その他米軍物資購入のための「久米島代用紙幣金券」が発行された。これは、時のウイルソン長官が「(米軍物資)を無償で呉れた場合、将来久米島の人に乞食根性を植えつける悪い結果を招く虞があるから働かして其の金で物資と換えさせる」方針をとったがためという。米軍の謄写印刷機で十銭、五十銭、一円、三円、五円の五種が米軍政府産業経済部部長W・C・ラシイター海軍大尉のサイン入りで八月一日(三円は三日)に印刷された。その後、九月二三日に大尉が沖縄本島に帰任したため、九月二九日までに回収・焼却処分された。新しい「紙幣金券」は、後任のB・A・ケラー海軍大尉のサイン入りで一〇月一日に十銭、五十銭、一円、三円の四種が発行された。当時、久米島には七〇七三名の労働者がおり、日給は人夫五円(のちに三円)、班長一〇円(のちに六円)であった。なお、物資、の販売価格の例をいくつかあげると、米一升=一円二〇銭、乾燥豆一升=一円、サラダ油一缶=四円、塩一升=一円、砂糖一ポンド=五〇銭、灯油一ガロン=一円、石鹸(並)一ポンド棒=一円、であった(川出博章『久米島紙幣と切手』(緑の笛豆本の会、一九九四年)三一～三七頁。

(22) Fiscal Affairs and Resumption of A Monetary Economy.
この資料は、「PAPERS OF JAMES T. WATKINNS Ⅳ」の中にあり、現在、『沖縄戦後初期占領資料』として、琉球大学附属図書館「戦後資料室」に所蔵されている。九一巻一三六～一三七頁。

(23) 『沖縄県史料　戦後1　沖縄諮詢会記録』(沖縄県教育委員会、一九八六年)四一四～四一五頁。

(24) 富原守保『金融の裏窓15年』(経済評論社、一九六四年)二頁。

(25) 沖縄朝日新聞社編『沖縄大観』(日本通信社、一九五三年)一八二頁。

(26) 『沖縄県史料　戦後2　沖縄民政府記録1』(沖縄県教育委員会、一九八八年)五四頁。

(27) 同前、四七～四八頁。

(28) 『沖縄食糧五十年史』(沖縄食糧株式会社、二〇〇〇年)四～五頁。

(29) 『沖縄県史料　戦後Ⅰ　沖縄諮詢会記録』(沖縄県教育委員会、一九八六年)二三頁。

(30) 竹内和三郎「食糧品の配給時代」(那覇市企画部市史編集室編発行『沖縄の慟哭　市民の戦時戦後体験記2(戦後・

海外篇）』（一九八一年、所収）一六八頁。
(31)『沖縄県史料　戦後Ⅰ　沖縄諮詢会記録』（沖縄県教育委員会、一九八六年）一一三〜一一五頁。
(32) 仲宗根源和『沖縄から琉球へ』（月刊沖縄社、一九七三年）一二六〜一二九頁。
(33)『ウルマ新報』（一九四五年一一月七日付）。
(34)『ウルマ新報』（一九四五年一一月二一日付）。
(35)『沖縄県史　資料編20　軍政活動報告（和訳編）　現代4』（沖縄県教育委員会、二〇〇五年）六頁。
(36)『沖縄県史料　戦後Ⅰ　沖縄諮詢会記録』（沖縄県教育委員会、一九八六年）五九〇〜五九一頁。
(37) 沖縄市町村長会事務局長編纂『地方自治七周年記念誌』（沖縄市町村長会、一九五五年）二五頁。
(38) 同上。
(39) 金城功「戦後配給食糧の赤点・黒点・青点について」（『史料編集室紀要』第一五号、沖縄県立図書館史料編集室、一九九〇年、所収）一一九頁。
(40) 同上。
(41)『沖縄大観』（日本通信社、一九五三年）六二頁。
(42)『琉球史料　第一集』（琉球政府文教局、一九五六年）一五二頁。
(43) 沖縄タイムス社編発行『沖縄の証言　上巻』（一九七一年）一九〇頁。
(44)『沖縄大観』（日本通信社、一九五三年）六〇頁。
(45) 同前、六三〜六四頁。
(46)『沖縄県史　資料編20　軍政活動報告（和訳編）　現代4』（沖縄県教育委員会、二〇〇五年）七〜八頁。
(47) 恩河尚は、「戦後沖縄における引き揚げの歴史的背景とその意義」（『東アジア近代史』第一〇号、ゆまに書房、二〇〇七年、所収）の中で、沖縄外地引揚者協議会調「引揚者給付金請求書処理表」、鹿児島引揚援護局『局史』、『沖縄県史　資料編20　軍政活動報告（和訳編）　現代4』を吟味し、「沖縄において敗戦に伴う戦後引き揚げは、もちろん陸軍の軍政が始まった四六年七月一日からではなく、南西諸島の降伏調印（一九四五年九月七日）が行われ、治安が一定程度落ち着きつつあった四五年九月頃には開始されていたと思われる」（一三頁）と推断する。

(48)『アメリカ沖縄統治関係法規総覧（Ⅳ）』（月刊沖縄社、一九八三年）八三頁。
(49) 同上。
(50)『沖縄県史　資料編14　琉球列島の軍政一九四五―一九五〇　現代2（和訳編）』（沖縄県教育委員会、二〇〇二年）八四頁。
(51)「琉球人引揚げ計画の最終報告」（沖縄市企画部平和文化振興課編『インヌミから　50年目の証言』沖縄市役所、一九九五年、所収）二〇〇頁。
(52) 同上、一九八～一九九頁。
(53)『沖縄県史　資料編14　琉球列島の軍政　一九四五―一九五〇　現代2（和訳編）』（沖縄県教育委員会、二〇〇二年）八五頁。
(54) 同上、八五～八六頁。
(55)『八重山毎日新聞』（二〇〇七年六月一八日付）。
(56)『平良市史　第六巻　資料編4　戦後資料集成』（平良市教育委員会、一九八五年）三頁。
(57) 同上、三～四頁。
(58) 同上、四頁。
(59) 聞き書き調査によると、引き揚げ者についての資料はあったであろうが、一九五九年九月の「宮古島台風」によってほとんどの資料が吹き飛ばされ、詳細は不明という。
(60)『台湾沖縄同郷連合会』は、敗戦後、台湾在住の沖縄県出身者が結成し、救援および引き揚げについて中華民国政府との交渉など、中心的な役割を果たした。
(61)『八重山毎日新聞』（二〇〇八年八月一四日付）。
(62) 琉球新報社編『ことばに見る沖縄戦後史　①』（ニライ社、一九九二年）三七頁。
(63) 大浦太郎『密貿易島』（沖縄タイムス社、二〇〇二年）一四頁。
(64) 琉球新報社編『ことばに見る沖縄戦後史　①』（ニライ社、一九九二年）三四頁。
大浦太郎『密貿易島』（沖縄タイムス社、二〇〇二年）一五頁。

(65) 石原昌家『空白の沖縄社会史』(晩聲社、二〇〇〇年)三一六〜三一七頁。
(66) 同前。
(67) 伊盛時雄「密貿易の基地『与那国』」(那覇市企画部市史編集室編発行『沖縄の慟哭　市民の戦時戦後体験記2(戦後・海外篇)』(一九八一年、所収)二一三頁。
(68) 金城カネ「私の戦後史」(沖縄タイムス社編発行『私の戦後史　第5集』一九八一年、所収)二三二頁。
(69) 仲村兼信編発行『沖縄警察とともに』(一九八三年)八六〜八七頁。
(70) 譜久嶺昇「米軍に消された密貿易」(那覇市企画部市史編集室編発行『沖縄の慟哭　市民の戦時戦後体験記2(戦後・海外篇)』一九八一年、所収)二一四頁。
(71) 沖縄朝日新聞社編『沖縄大観』(日本通信社、一九五三年)六〇頁。
(72) 『アメリカの沖縄統治関係法規総覧(Ⅳ)』(月刊沖縄社、一九八三年)一三八頁。
(73) 同前、二二二頁。
(74) 沖縄朝日新聞社編『沖縄大観』(日本通信社、一九五三年)三四頁。
(75) 『アメリカ世―の10年　沖縄戦後写真史』(月刊沖縄社、一九七九年)三四頁。
(76) 金城きよ「ガーブ川市場の抵抗」(日本教職員組合・沖縄教職員会共編『沖縄の母親たち　その生活の記録』合同出版、一九六八年、所収)一九一頁。
(77) 『アメリカ世―の10年　沖縄戦後写真史』(月刊沖縄社、一九七九年)三四頁。
(78) 仲本しのぶ「戦後沖縄の女たち」(那覇出版社編集部編『写真集　沖縄戦後史』那覇出版社、一九八六年、所収)三一一頁。

五　人の動きと経済復興の始まり

はじめに

第二次大戦・沖縄戦は、多くの若者の命を奪い敗戦後の経済復興にとって大きな障害となった。沖縄は、貴重な労働力を欠きながら、無に等しい中から復興への道を歩みはじめる。

経済復興のためには労働力の確保はもちろんのこと、住宅の確保も重要な課題であった。労働力の場合は、南洋諸島および戦地などからの引き揚げ者によって何とかしのげたが、問題は住宅にあった。そこで、沖縄諮詢会と米軍政府は、「慣れた職人だと一時間もあれば建てられるという」大量生産方式の規格屋（キカクヤー）を生み出し、一九四五年一〇月から住宅の建設に取りかかる。規格屋（キカクヤー）といわれる所以《ゆえん》は、住宅が同じ形・同じ大きさをしているからである。また「トゥ・バイ・フォー」とも呼ばれた。それは規格屋の軸となった木材が、「二インチ×四インチ」であったので、アメリカ読みに「トゥ・バイ・フォー」となったのである。現在でも、沖縄の大工仲間では「トゥ・バイ・フォー」の呼び名が生き続けている。

収容所から、生まれ・育った島へ・村へ帰るのは、何にも変え難い願いであった。だが、ここには制約があった。宅地や耕作に適している「平らな土地」は、日本軍によって強制的に収用されていた土地であり、それを米軍は、軍事的な目的から囲い込んでいたのである。このような場所に雨露をしのぐ家を造り、土地を耕し、生活をしろというのか。特に、伊江島の住民は、難渋を極めた。一九四五年五月には遠く離れた沖縄本島南方の洋上に浮かぶ慶良間《けらま》列島の慶留間《げるま》島と渡嘉敷《とかしき》島へ二一〇〇人が強制的に移動させられ、さらに彼らは翌四六年四月には沖縄本島北部の本部《もとぶ》町と今帰仁《なきじん》村へ分離されて強制移動させられた。彼らがようやく島に帰ることができたのは、四七年三月になってからのことであった。

沖縄戦によって、ほとんどすべての生産基盤・生活基盤を失った住民にとって、立ち上がる「基底」にあったのは、「死んだ者のために何ができるのか」であった。だからこそ沖縄「戦後」の苦難に耐え、明日への希望へとつながる日々を死に物狂いで生きるのであった。

無に等しい状況の中からの経済復興は、ほぼ全面的に米軍政府に依存しなければならなかった。だが、米軍政府の基本方針は、可能な限り、沖縄の資材ならびに沖縄の労働力を利用することにあった。なぜなら、アメリカ本国政府の財政構造は、軍事費の驚くべき増加によって、すでに破綻に近い状況に追い込まれていたからである。

1　年齢別人口構成が意味するもの

経済復興の鍵を握るのは、人である。

米軍政府は、復興のための労働力を、つぎのようにとらえていた(1)。

米軍政府の第一の目的は、軍隊が目標を達成するのを助けるために、現地の資源を集約 marshal することにあった。天然資源の不足、徹底した物理的破壊、住民の隔離ということを考慮すれば、現地の資源はひとつしかなかった。それは労働力である。……破壊や農地の減少、他の地域から復員した人たちの何人かに仕事を提供することで、復興の役割を果たすことも期待される。有能な肉体をもった男性にたいする需要は、いつも利用できる供給を上回っていた。女性はたいていの肉体労働 common labor を提供したので、軍隊は最

図13　年齢別人口構成

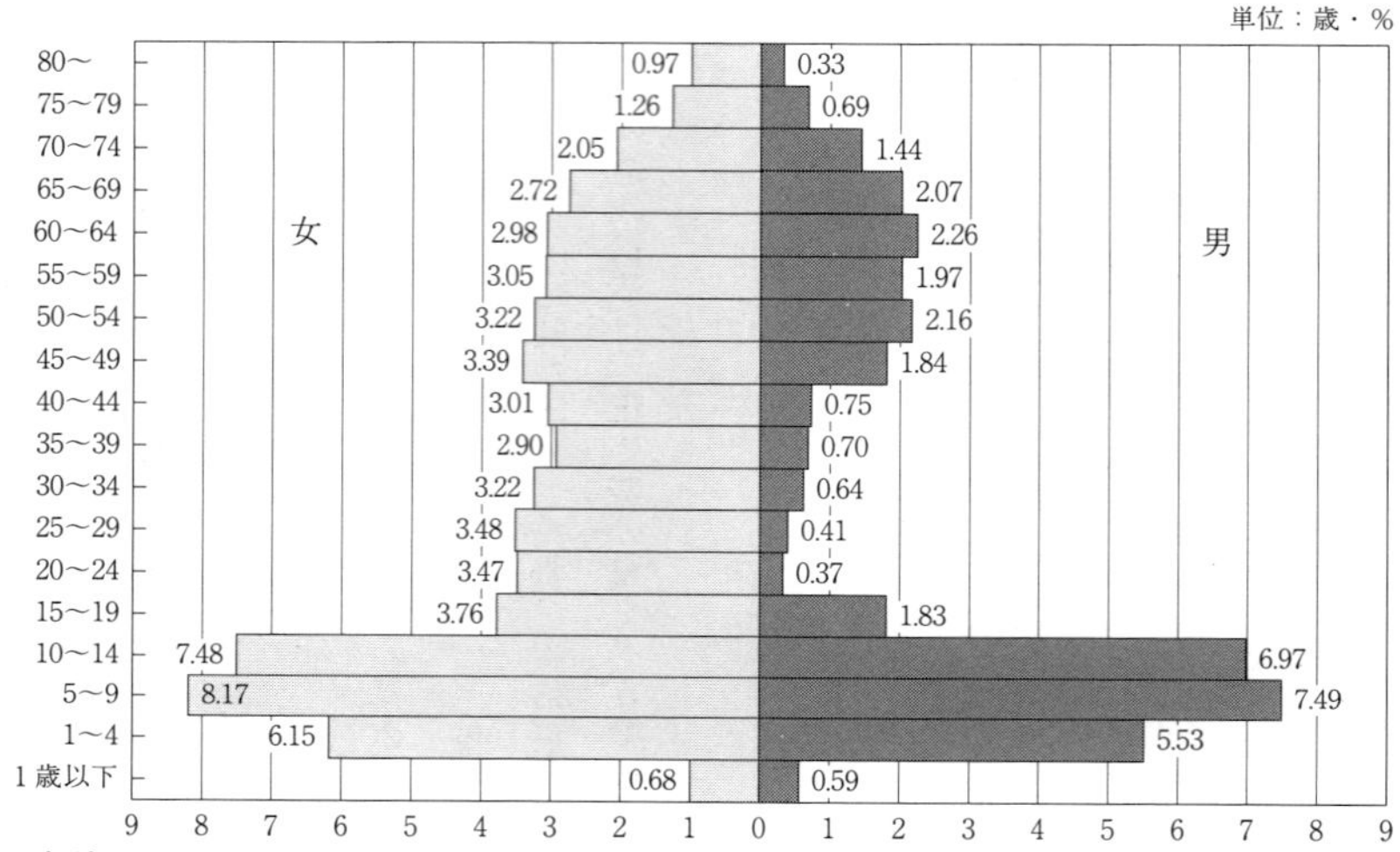

出所：Rehabilitation Economic, p56（『沖縄戦後初期占領資料　PAPERS OF JAMES T. WATKINS Ⅳ』第40巻，緑林堂書店，1994年）73頁，より作成．

初から、反対の規則はあるのだが、彼女たちを洗濯婦や家政婦として使っていた。それは一九四六年六月まで続く。

このことを踏まえ、図13をみる。図13は、米軍の沖縄本島上陸四か月後の一九四五年八月、米軍政府が沖縄における労働力の潜在能力を知るため、分遣隊に登録された一万八六八二人を年齢別に作成したものである。[2] 米軍政府は、この年齢別構成から、つぎの結論を導き出す。[3]（一）性別割合は男六三人に対し女一〇〇人で、一五～五四歳の割合は男三三人に対し女一〇〇人である。日本軍への徴兵や労働力の挑発により一五～五四歳人口は九パーセントしか残っていない。（二）生産年齢人口 labor supply potential 一五～六五歳は、およそ男一三パーセントに対し女三二パーセントである。なお、米軍政府によると「労働統計は長い間、それほど信頼できるものではなかった。なぜなら労働力の大部分は無登録でなされていたから[4]」とするが、つぎの人口統計は掌握していた。[5] 四五年九月調査では男性＝一二万八九三人、うち雇用可能な総数三万一〇九三人（二五・七%）、女性＝一七万七八〇二人、うち雇用可能な総数二万五九一一人（一四・五%）。翌四六年五月調査では男性＝一五万二〇一八人、うち雇用可能な総数六万二三五四人（四一・〇%）、女性＝二一万五九六八人、うち雇用可能な総数九万九九六八人（四三・〇%）、で男子労働力は一・六倍の伸びに対し、女子労働力はなんと三倍の伸びをみている。

　つぎに、図表5をみると、驚くべき事実を読み取ることができる。沖縄戦「前の」一九四四年と沖縄戦「後の」四五年の労働力人口、なかでも男子労働力人口を比較すれば、一六〜二〇歳＝一万四〇九二人の減少を筆頭に、なんと六万四〇四七人の減少である。この数値は、戦争が何をもたらしたのかを端的に語る。翌四六年になると、国内および海外からの引き揚げによって六万一一〇人の増加をみる。女子労働力の動きをみれば、四五年には六万九〇三四人の減少、四六年には四万七六八一人の増加である。この女子労働力の増加こそが、住民の生活を底から支えることになる。復興の底には、沖縄の「女の力」があった。

　鉄血勤皇隊の一員で元沖縄県知事の大田昌秀は、実体験を踏まえる中で沖縄女性の生き様について、こう語る。(6)

敗戦直後、様々な統計を見ていたところ、沖縄戦から生き残った男性と女性の比率に極端な差があることを知った。生存人口のうち、前者は三〇%で後者は七〇%であった。つまり、生き延びたのは、女性が圧倒的に多かったのです。

　しかし、私は、沖縄戦の過程で、戦場を右往左往する女性たちの艱難辛苦の実情を毎日のように目の当たりにしていた。高齢の女性たちが猛烈な砲爆撃下で飢餓に苦しみながら、幼い子供や足腰の不自由なお年寄りを抱え、生死の境目でなすすべもなく立ち尽くし、絶望に打ちひしがれて路上に座り込んでいる姿は、文字通り言語に絶するものでした。

　そして、敗戦後、辛うじて命は生き永らえたものの、戦後は戦後で、女性たちは日夜、敵兵の暴行に脅え

図表5　沖縄住民の年齢別動き

単位：人

女			年齢層	男		
1944年	1945年	1946年		1944年	1945年	1946年
35,073	18,481	29,086	1〜5	36,160	18,398	29,898
40,678	25,391	35,706	6〜10	41,610	25,089	35,951
38,860	24,515	34,221	11〜15	39,741	23,988	34,435
30,125	18,505	28,852	16〜20	28,937	14,845	25,118
23,305	13,589	23,145	21〜25	9,985	2,835	14,940
19,717	12,312	20,047	26〜30	10,468	3,545	13,455
17,641	10,712	17,213	31〜35	11,394	4,149	12,751
17,618	9,991	15,272	36〜40	12,272	3,983	10,916
17,212	9,763	13,716	41〜45	12,950	3,904	9,787
15,479	9,685	12,317	46〜50	12,471	6,576	9,858
15,026	9,417	11,093	51〜55	12,236	6,829	9,947
12,848	8,261	9,554	56〜60	9,957	6,170	7,312
12,697	7,294	8,017	61〜65	9,985	5,519	5,791
10,294	5,811	6,191	66〜70	7,599	4,370	4,552
8,394	4,217	4,525	71〜75	5,263	3,027	2,833
5,995	2,244	2,329	76〜80	3,082	1,333	1,239
2,738	1,042	979	81〜85	1,032	472	438
1,040	269	230	86〜90	247	94	53
189	0	27	91〜95	38	0	10
21	0	1	96〜100	5	0	2
324,950	191,499	272,521	計	265,432	135,126	229,286

出所：沖縄群島政府統計課編『沖縄群島要覧』（1950年版），42〜46頁，より作成.

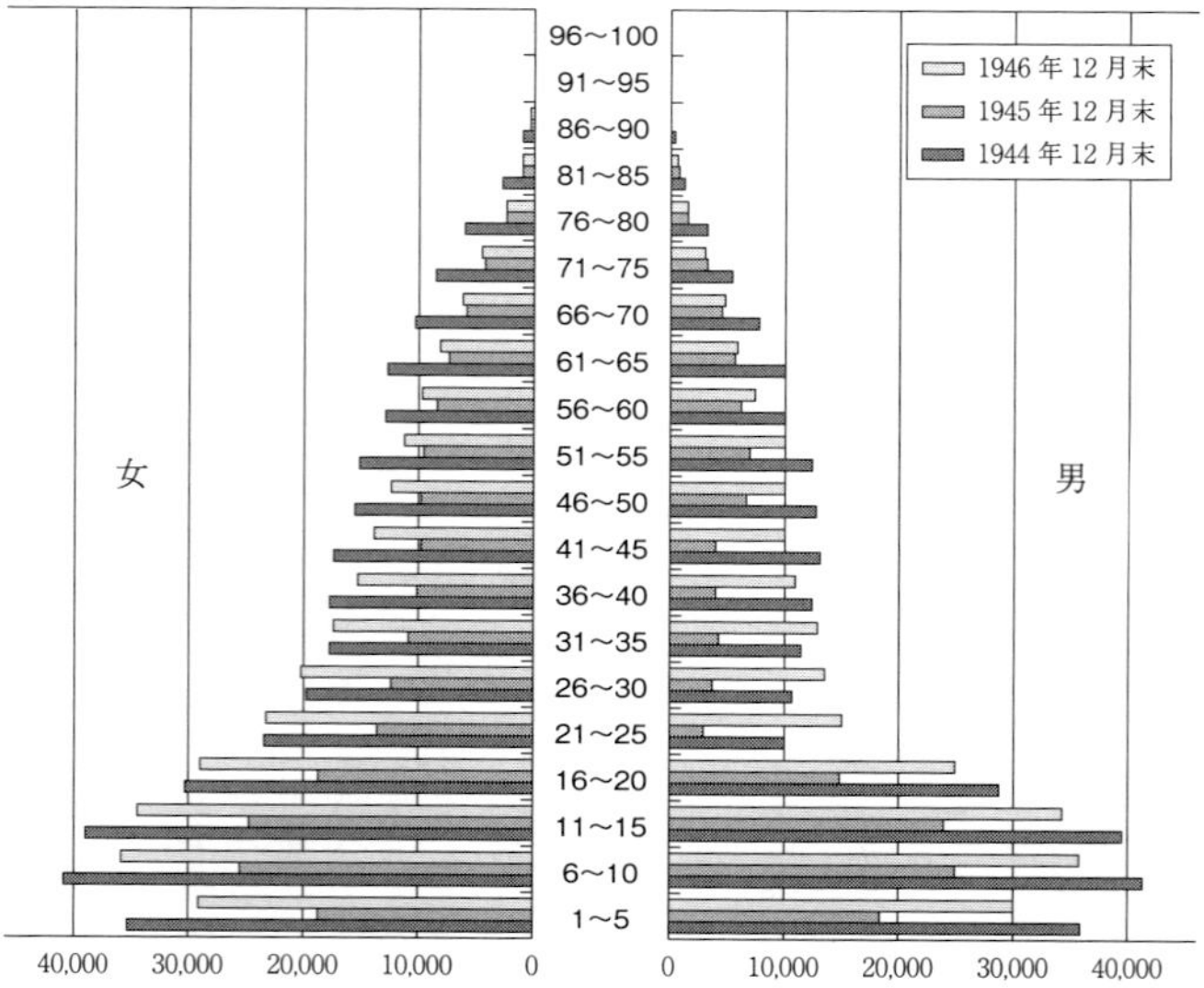

ながら、杖とも柱とも頼む夫や父親を亡くした結果、またもや子供たちから舅や姑の世話に至るまで、すべて女手一つで、その世話を見なければならなかった。しかも、米軍占領下の極端に厳しい状況のさなかで、女性たちは、家族の世話のみか、教育や社会の復興など、ありとあらゆる負担を背負わねばならなかったのです。

残された沖縄の「女たち」は、子供たちや親たちを守る必死の闘いを始めたのである。「鉄の暴風」「血の暴風」が荒れ狂った戦場から生き延びた「女たち」にとって、怖いものなど何もなかった。

2 規格屋（キカクヤー）の建設はじまる

沖縄戦によって、ほとんどすべての住宅が焼失してしまった。残存した住宅は、一九四六年二月四日に開かれた沖縄諮詢会協議会においては、沖縄本島における収容地区の平安座《へんざ》市を除く一一市の中で、わずか五六四五戸、戦前の四パーセントにしかすぎないことを確認している。(7) 米軍政府も、住宅の現状について、沖縄諮詢会の調査とは異なるものの、つぎのようにアメリカ本国へ報告する。(8)

沖縄における仮設住宅問題がいかに深刻であるかは一〇万二八五二戸の住居が必要とされているにもかかわらず、現在一万一一六二戸しか建っていないことでもわかる。少なくとも仮設住宅と呼べる住居の復旧がなされるまでには五〇%はできていなくてはならない。復旧作業が急がれるゆえんでもある。建設された仮設住宅のうち六八七五戸はもともと遠隔の地の北部地区にあり、中部地区には三六〇〇戸、そして首里・那覇から南の、最も激しい戦闘が行われた地域には六八七戸が建っている。言葉を変えていえば最大多数の人々が永住を求めて帰ってくる地域が一番住宅建設の遅いところとなっているのである。

住民は、米軍払い下げの野戦用のテント、茅葺《かやぶき》、板葺きの仮小屋、家畜小屋までも住居にした。平均して畳一枚の広さに、二人がエビのように身体を折り曲げて雨露をしのぐという状態であった。(9) テント小屋の状況について、当時二七歳で建築士であった又吉眞三は、実体験を踏まえて生々しく語る。(10)

……沖縄人を収容したテントの中は老若男女の別もなく、床は板切れかダンボールの厚紙を敷き、壁はテントが垂れ下がり、窓はなく、小さな換気口があるだけで出入り口もテントが垂れ下がっている息苦しいものだった。このテント小屋は、ただ露をしのぐだけであり、僅か二十平方メートル（五、六坪）の中に十人近い人たちが六、七月の雨期やむし暑い日中に押し込められていたので、テントの中はまさに焦熱地獄といってよかった。しかし、戦争の恐ろしさから思えば沖縄の人たちにはまだまだ命を支える住居だったかも知れない。

この又吉の証言を裏付けるのが、つぎの米軍政府による実態把握である。(11)

軍政府のキャンプに収容された沖縄の人たちは、初期には出来合いのタープ（タールなどをぬった防水シート）やテントの施設に入れられた。また時によっては短い期間ではあったが空き地でキャンプしたこともあった。その後、わりと戦争の被害の少なかった集落に移され、ありあわせの材料で作った小屋に移り住んだ。収容人員が最も多い時期には一収容所に一〇〇～二〇〇人で、これは間に合わせの建物にさらに増築した分、あるいは豚小屋の壁にくっつけた小屋に一二人が住むという状況を呈した。テントやタープ類はこの超過密状況を緩和するために、焼け跡や空き地という空き地の至るところに建てられた。この期間、仮説住宅の供給は、しの突く沖縄の雨から身を守るためには重要な問題だった。大きな建物を建てることは不可能だった。第一に軍自体がテント生活をしている時、軍から（島内でも島外でも）材料を仕入れることはできない相談だし、第二に民間人自身、いま収容されている地域に二週間はいるかどうか不確実だったからである。

住民にとっても、米軍にとっても、住宅の建設は、急を要する課題であった。四五年九月一日、沖縄諮詢会に工務部が設置され、住宅の早期建設が計画される。試行錯誤を重ねた結果、生まれたのが、規格屋（キカクヤー）であった。規格屋といわれるのは、軸部の材料はすべてアメリカの平割り材を使い、大釘打ちで規格化した構造と大きさにしたためである。また使っている木材が二インチ×四インチであったため、アメリカ読みに「トゥ・バイ・フォー」とも呼ばれた。(12) 一〇月末に決まった規格は、間口六・四メートル、奥行五・五メートル、それに台所二・四メートルに二・一メートルで、五人家族を標準としていた。(13)

規格が決まったものの、木材の確保には難渋を極めた。このことについて米軍政府の活動報告でも、「木材はいつも最重要問題だった」として、つぎのように指摘する。(14) 規格屋の建設にとって重要なことであるので、全文を掲げる。

一一月に約九〇〇万ボードフィート（board feet）の木材が、もともとは沖縄にいる米陸軍用に二隻の貨物船で送られてきたものではあったが、軍政府が入手できたので、住宅復興計画に青信号を出し、全地区に大量の建築材料として支給することができた。さらに一二月に入って他に二つも陸軍の二資材集積所が計二〇〇万ボードフィートにものぼる資材や海軍からの数百万ボードフィートが入手できたことで軍政府は何ヵ月分かの十分なストックをもつことができた。しかしそれでもなお五七〇〇万ボードフィートの板が最小限計画完遂には必要と推定されており、さらに追加してもらうよう意見を具申したが上級当局で否認された。住宅復興計画がちょうど軌道に乗りつつあるときに上級司令部のほうでアメリカの木材を沖縄側の住宅用に使ってはならないとの伝達があって同計画は挫折せざるを得ない状況になった。沖縄の住宅復興にアメリカの資材をというわれわれの意向に真っ向から反対するミード委員会からの報告が上級司令部の同問題否認の裏にあるといわれた。軍政府の強い抗議と問題の緊急性の説明で上級司令部も六〇〇万ボードフィート（手持ち材料のほとんど全部）の使用許可を与え、計画は再開された。だが計画完遂のためのそれ以上の木材の使用については許可は下りなかった。地元沖縄で入手できる新たな資材やサルベージ品を使っても次の年に必要な三五〇万ボードフィートという控え目な目標でさえ到底達成できそうになかった。北部琉球（奄美大島諸島—筆者注）や南部琉球（先島諸島—筆者注）からだともっと木材が入手できるだろう。ただしこれは輸送手段があればのことであった。

住宅資材の確保に苦労しながらも、規格屋の建設は着々と進められていくが、絶対数でかなりの不足であった。そこで、一九四六年四月二四日、米軍政府は『沖縄に関する軍政府経済政策について』を発表し、この中で「住宅設営」のため、つぎの「政策」を打ち出す(15)。

当初に於ける住宅再建設は軍政府による現物補助の形を以て為さるべし、荒無地に於ける基礎的家屋、建築用救済資材及其の他の建築資材は軍政府の手を経て給与さるべく且右の事業は軍政府の監督下に於て当該地方行政機関其の他取扱いをなすべし。瓦、煉瓦等の如き建築目的に使用さるゝ地方産業生産物は地方商業機関を通じて入手すべきものとす。

沖縄に所在する製材工場は当初の間は沖縄工務部及び農務部若しくは工業部その経営に当るべし。

右期間後該製材工場を個人企業に譲渡する事の可否及び譲渡するとせばその条件如何を決定するものとす。

当初の間は沖縄行政諸部により伐採又は加工されたる木材にして家屋又は其他の建築物の建築に使用せらるゝ木材は民政府により無料にて該木材使用団体に供給せらるゝものとす。

但し家具製作及木工等の如き他の工業に使用する木材は通常の商業機関を通じ現金にて販売さるべきものとす。

規格屋は、四六年から四八年にかけて沖縄本島内で約七万五〇〇〇戸が建てられ、無償配給された。一戸に二、三世帯が同居することもあったが、沖縄の人たちにとっては戦災から立ち直る復興住宅として大きな役割を果たした(16)。しかし、この恩恵に浴することができなかった多くの住民がいたことも忘れてはならない。

ここに、規格屋についての対照的な二つの事例をみることにする。

規格屋に住むことのかなわなかった事例

規格住宅に住めない人たちは五〇年ごろまでテント小屋に住んでいた人も多い。数本の柱につられたテント小屋は床もなく雨ふりにはテント内までぬかるみ、住む人は木切れを集めて少しずつ床をしつらえた。一張りのテントに四世帯の割り当て。工務部は米軍LST四隻分のテントを支給してもらい配分したが、各村でテントの奪い合いがあった。当時は「テント小屋」というより「カバヤー」(テントを地べたに立てて作った家―筆者注)と呼び、本格的な家ができるようになってからも、このテントを屋根や壁に張って利用した。後にルーフィングなども登場したが、台風の多い沖縄では、どれも完璧とはいえず夏から秋の台風シーズンは人々に恐れられた(17)。

規格屋に住む幸運を得た事例

久場崎の引き揚げ者収容所に二日間宿泊の後、西原村に帰って来た。私たちを待っていたのは、三、四家族が共同で生活する大きなテントヤーであった。集団生活は疎開引き揚げ者の私たちには、さほど抵抗はなかったが、家族団欒の生活は当分おあずけであった。

それからしばらくして村の係がみえて、私たちを我謝の小橋川さんという人の家に案内した。その家は木材の枠を骨組みとし、屋根はカヤぶきで壁は天幕張りであった。小橋川さんはすこぶる良い人で、村の指示とはいえ、突然来た私たちを快く迎えてくれた。私たちもまた何の遠慮もなく、同居生活が始まったのである。沖縄のことわざに「イチャリバチョデー」(人間は一度出会ったらみな兄弟だ―筆者注)とうたっているように、人間の深さを思う毎日であった。

こんな生活が何カ月か続いたころ、私たちにも一軒の規格ヤーが割り当てられた。やっと一城のあるじとなったそのうれしさは、マイホームを得たサラリーマンのそれに匹敵しよう。(18)

3 収容所からの帰村

一九四五年一〇月二三日、米軍政府は、米国海軍軍政府本部指令第二九号を発令、つぎの「住民再定住計画及び方針」を打ち出す。(19)

1 この指令は、元の家屋敷に帰ることを予想される者全部を含めて、沖縄島民を各自の前住地に移動させ、仮住居を提供し、できる限り恒久的構造に近い個人建築の家屋又は団体建築の家屋に住まわせ、軍政府の使用し得る耕地全部を耕作させることを目的とする。なお、移動は一九四六年一月一日までに完了することになっている。

2 家族及び各個人の元住居への帰還は、この指令の他の目的が達成された後とする。住民委員会を設けて、家族の住居及び耕作地の割当てをさせればよい。割当てに際しては、同一区域に住居を有する者のうち、未帰還者がいることに留意させる必要がある。割当てはしても、最終的な法的所有権には影響はない。また、個人が元占有地を割当てられた場合においても、これに他の者を共に居住させ、又はその耕作を助けさせることができる（下略）。

ここで、問題となるのが、移動目的の中で「軍政府の使用し得る耕地全部を耕作させる」とするが、耕作に適している土地は、すでに米軍によって接収されており、また「割当てはしても、最終的な法的所有権には影響はない」と強調するも、のちに両者は住民生活にとって大きな支障をきたすようになる。

収容所からの帰村許可が下りた二日後の一〇月二五日、平安座市長は沖縄諮詢会宛に「冷凍死防止に関する」具申書を提出する。[20] これは当時の沖縄の人たちが等しく置かれていた状況を端的に述べており、興味深い内容となっている。

……辛うじて生き残れる沖縄人は米軍政府保護の下に衣食住の復建を急ぎつゝある時、衣料寝具並に住宅難は極度の生活不安を招来せり。激戦中に破壊されたる建物並に衣料寝具は勿論米軍の沖縄上陸作戦終了後雖も軍自体の作戦上住宅及衣類寝具及家財道具の破壊焼却と共に防空壕に隠匿し置きたる衣類寝具及家財道具は米軍の作戦実行のため焼却または破棄せられ、加之に長期降雨のため腐散消失し着のみ着のままの住民多し、従って夏去りて秋来ると共に、西風冷寒身に迫り極度の生活不安に襲われつゝあり、尚冬季迫るにつれ冷寒人命を奪ふ。殺人寒風襲ひ来らば、病人または冷寒に死するもの多きを憂ふ。速にその対策を要望す。

1　米軍の焼却しつゝある住家又は資材を民需の住宅建設に利用せしめられ度し。

2　米軍の不要品として焼却する衣料品、毛布等の民需支給力を取計られ度し。

3　立退先たる国頭地区の民家に預置せる衣類の各自取戻方針取計らはれ度し。

みるように、収容所から解放され、生まれ・育った故郷に帰るにしても、そこには苦難が待ち受けているのは目に見えており、現実のものとしてあった。だからこそ、生きるがために、米軍が焼却するもの・米軍が不要とするものさえ、必要な衣食住として具申するのであった。

加えて、数奇な運命を辿った伊江島の人たちの帰村の経路をみる。沖縄本島および周辺離島、宮古諸島、八重山諸島では、米軍による平坦地の囲い込み、居住禁止区域設置などの強力な規制があったとはいえ、四五年中に帰村をほぼ完了している。だが、伊江島の場合は異なっていた。米軍の伊江島上陸前、六八〇〇人の住民のうち、

図14　伊江島村民の収容と移動地区

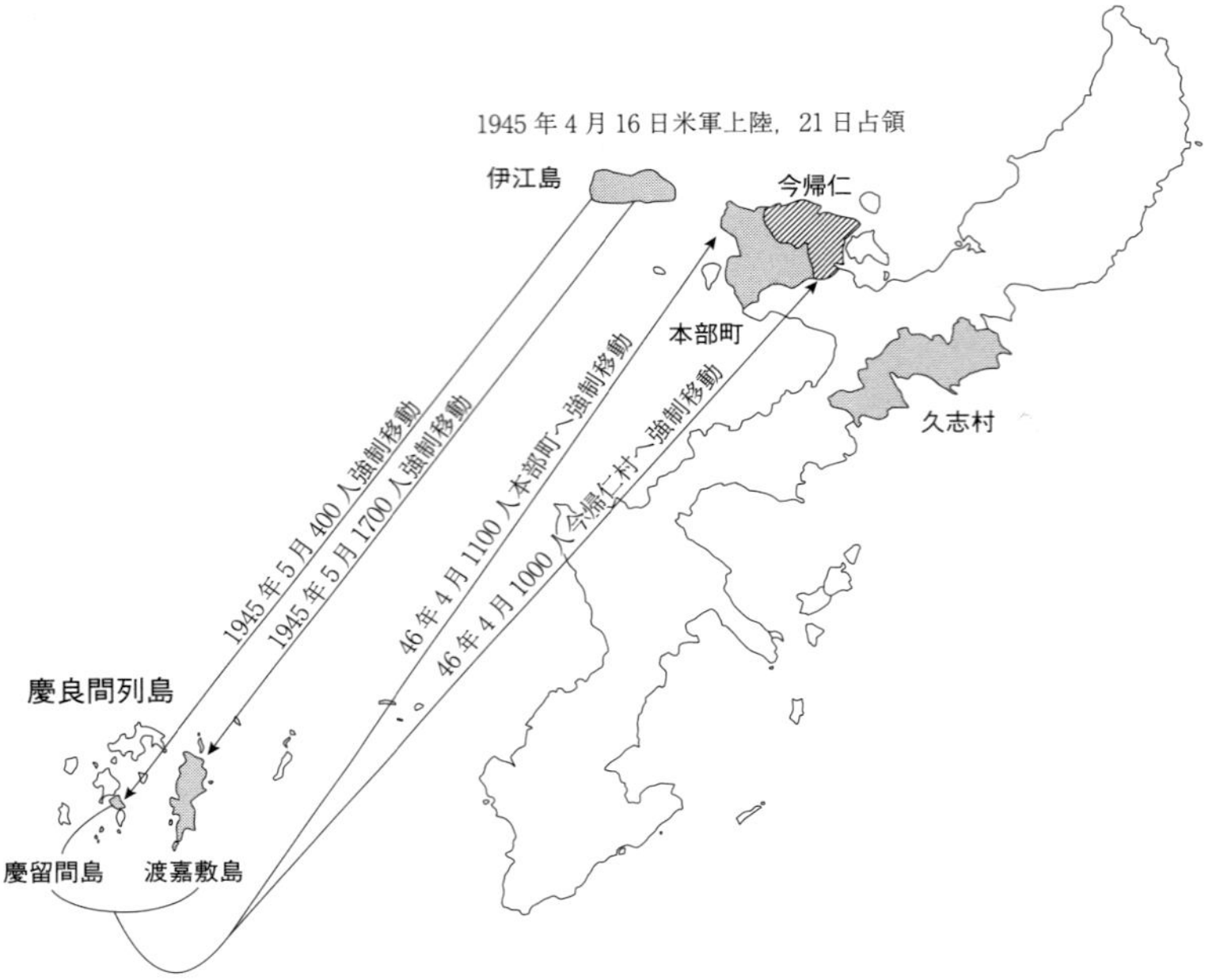

沖縄本島の本部町と今帰仁村に三二〇〇人が避難していた。沖縄戦最中の四五年五月、米軍に収容された村民は二一〇〇人で、うち慶良間列島の慶留間島に四〇〇人、渡嘉敷島に一七〇〇人が難民として強制的に移動させられた。しかも一年後の翌四六年四月、米軍から慶良間列島にいた伊江島の住民に対し、沖縄本島への移動命令が下される。本部町に一一〇〇人、今帰仁村に一〇〇〇人が割り当てられ、七月中旬頃に移動を完了する。米軍上陸前に避難していた三二〇〇人は、久志村大浦崎と久志区（現名護市—筆者注）に移動させられていた。四六年八月から九月にかけて海外および日本本土からの引揚者一〇〇〇人が久志村で合流する。帰村が許されたのは、四七年三月であった。(21)

このような状況の中で、四六年二月一一日、伊江島住民が収容されていた久志村（現名護市—筆者注）の村長は、久志村全住民を代表して沖縄諮詢会委員長に対し、伊江村住民の帰村を強く訴える。理由は、つぎのことにあった。[22]

当村内に居住する伊江村民はその数三千六十五名、現在当村久志区に主として生活し居るも、伊江島を出でてより既に一ヶ年に垂々とし故里伊江島へ帰還を希望し、その情け、実に同情に堪えざる次第なり。沖縄本島民が夫々の故里へ帰還出来ることとなり、帰還完了後は夫々の故里において幸福に生活する時、現状のまゝに之を放任するときは、地味肥沃ならざる久志村人口四千二百五十一人においては戦前に倍加する多数の人口を容し、食糧事情等その他生活に困窮することは陽を見るよりも瞭なり。而して伊江島の状況を見るに軍事施設に之等の村民を入らしめずして村民は生活し、尚食糧生産を為し得るものなり。

伊江島の村民にとって、米軍によるほかの地域への強制移動、日本本土空爆基地建設のための土地収用は、苦難そのものでしかなかった。だからこそ、翌一二日には、控えめなかたちではあるが、久志村にある伊江区長から、沖縄諮詢会委員長に対し、つぎの要請がなされる。[23]

伊江村民は、現在久志村に三千人、慶良間列島に二千百余人居住し、日々の生計を営み居るも、比較的積極性に乏しく、安定せざる状態に付、速かに故里伊江島に移動し安住の郷土再建に邁進し以て新沖縄建設に最善の協力致度候条特別の御詮議をもって移動促進方御取計相成度、別紙理由書及び村民の声を相添え此段請願候也。

理由書は、間借り同然に居住している久志村民にたいする〝すまなさ〟の気持ちで溢れたもので、胸が痛む。[24]「久志村久志区は、戦前漸く自給自足の耕地より一万五千坪（村民一人当り約五坪）を吾等村民に譲られ今や増産に努め居るも、此の耕地だけでは到底食生活を営むこと能わざるのみならず、久志区民としても吾等村民の存在は生活の自給をおびやかすこと甚大にして尚薪炭材においても一層の影響を及ぼすことと信ず」として、「精神的方面から」「自治体制の立場から」「水産業発展の立場から」「衛生的方面から」「教育上の面から」、一刻も早

い帰村を訴えるのである。(25)

どうして、このような状況が伊江島に起こったのかについては、前述したように、米軍の伊江島における基地建設にあったが、もう少し詳しくみることにする。伊江島は、日本軍にとっても米軍にとっても重要な島であった。「高台のほうに日本軍はXIの字型に三本の滑走路をつくっていた。このおよそ一キロ半の滑走路をさえぎる物はなにもなく、飛行機は滑走すればあとは果てしない海のうえをしだいに高度をとればよかったのだ。伊江島は、その円形の高台や〝尖塔〟などもあって、あたかも巨大な不沈空母そのものであった」。(26)米軍は、日本軍が構築した飛行場を手に入れ、日本本土爆撃用に使用する必要があった。なぜならB29戦略爆撃機が発着できる飛行場は、当時、伊江島飛行場以外になかったからである。そこで四五年四月一六日、米軍は上陸を開始して激戦を展開、ついに四月二一日伊江島を占領したのである。米軍は、占領後、直ちに飛行場の修復作業に取りかかり、五月一〇日までに「予想にたがわず伊江島は沖縄戦や日本本土攻撃に理想的な基地となった」(27)のである。そして防諜上の必要から、生き残った村民は島外に強制的に移動させられ、四七年三月に帰村許可が下りるまでのおよそ二年間、伊江島は米兵のみの島となったのである。

ところで、米軍政府は、住民の帰村を、四六年一月一日までに完了すると計画しており、このことを住民にも報せていた。帰村の仕方は、女性は頭に、男性はモッコに食糧やわずかばかりの家財用具を載せて徒歩によるものが少なからずいたが、米軍政府の報告によれば、主として、つぎのような方法によってなされた。(28)

沖縄の民間人の移動はトラックによって行われた。約二〇人と彼らの所有物が二トン半トラックで運ばれたが、一日に五〇台を使用することも多かった。

移動に当たっては、家族よりも一週間程先に男性が、先発隊として移動すべき地域に赴き、地均しをしたり、壊れてはいるが、まだ建っている建物があればそれを修繕したり、移り住む場所を選んだり、家屋を新築したりの労働に従事した。テントも張られた。この移動・定住計画は沖縄人自身の手になるもので新しい居住地の場所や、いつ移り住むかということの他に農耕用の土地の割り当てや学校の建築場所、労務者用の集合場所、役場の所在地など公共用の場所の選定にも当たった。全体としてはおおむね前の集落のあったと

表8　1946年3月26日時点における未だ前住地に帰村していない住民

前住居住地		現住居住地 知念	コザ	前原	石川	宜野座	田井等	合計
	読谷	18		293	7,181	3,824	827	12,153
	北谷	93		1,391	1,800	6,244	1,016	10,544
	越来	6		1,068		2,020		3,094
	中城			3,901		3,087	14	7,002
	宜野湾	407		2,799		2,222		3,206
	浦添	386		1,031	428	2,310	496	4,563
	西原	1,447		362	246	19,717	60	4,325
	小計	2,357		10,745	9,655	139	2,413	44,887
	真和志	195		73		6,577	31	438
	那覇	729	759	2,180	3,678	2,624	4,961	18,984
	首里	168	514	427		3,049	1,566	4,166
	小禄	44	165	412		32	3	3,673
	その他	123		12		12,421	42	209
	小計	1,259	1,438	3,104	3,678	169	6,603	28,503
	恩納			892		93		169
	新美里					262		985
	小計			892		6		1,155
田井等地区		30		33		23	25	99
知念地区				62			3	110
前原地区								36
宜野座地区		2		2				4
離島	伊江島					86		131
	その他	45		1		3,114	453	3,568
非居住者の総数		3,726	1,438	14,839	13,333	35,543	9,497	78,376

出所：『アメリカの沖縄統治関係法規総覧（Ⅳ）』（月刊沖縄社，1983年）120頁.
注：集計には誤りが認められるものの，「原表」どおりとした.

ころが選ばれたが、それは給水施設や幹線道路、台風の際の避難等も考えてのことだった。元の出身地へ、とまではいかなくとも、ややそれに近い感じの地域に帰りたいと思っている住民のために特別の配慮がなされ、新しい定住地に家屋と土地が供与された。

だが、表8にみるように、四六年三月末現在で、帰村できなかった住民が、コザ地区＝四万四八八七人、糸満地区＝二万八五〇三人、石川地区＝一一五五人、などがおり、七万八三七六人もの人たちが、行く術もなく収容所生活を強いられていたのである。

これには、理由があった。アメリカ本国政府の指示による沖縄の基地建設は、四九年一〇月一日に成立した中華人民共和国、翌五〇年六月二五日に勃発した朝鮮戦争までは未だ本格化していなかった。にもかかわらず、米軍政府は、四五年九月時点で基地建設計画を作成している。それは日本軍が建設したか、あるいは建設途中で米軍に使用されないために爆破した飛行場の整備であった。加えて米軍政府は基地建設に適する平坦な土地の囲い込みを「緩やかな形」ではあるが進めていくのである。

4　産業復興への一歩

当時、米軍政府の商工隊長で、のちにコロンビア大学教授となるウィリアム・H・ローレンスは「戦後の沖縄状況と沖縄政治経済政策およびその進行状況」において、沖縄の状況をつぎのように分析する。「軍政府に残されたものは、丘や洞穴を隠れ家としてすべてを失っても何とか生き延びた人々と土地だけだった。人々の持ち物といえば、わずかな着物、それさえもわずかに背に担いでいるものだけ、そして哀れなほどの量の家財道具ですべてだった。彼らの年齢、性別の構成は歪められており、女性、子供、老人が多数だった。彼らは長い試練でボロボロにやせ細っていた。多くの人は傷ついていた。小屋はほとんど残っていなかった。彼らがいつもの労働をおこなうのに必要な農具、船、網、織機などの道具は、失われたか破壊されていた」[29]。そしてアーノルド・G・フイッシュ二世は、『琉球列島の軍政　一九四五―一九五〇』の中で、沖縄戦によって破壊された経済をどのように復興させるかについて、こう書く。「復興は簡単な作業ではなかった。沖縄は天然資源に乏しく、農業を含むほとんどの生産手段は戦闘とその後の基地開発によって破壊し尽くされていた。人間の外に残されたものはなかった」[30]と。沖縄経済の復興は、当初から、難渋を極めたのである。ここでは、無に等しい状態から出発せざるをえなかった沖縄の復興の姿を追うことにする。

沖縄戦は、農家の住家をはじめ、農業関係諸施設および資材である納屋・畜舎・堆肥厩舎・農機具・種苗・製糖場・精米所・作業場・共同蚕室・製茶工場など、あらゆる施設資材を破壊してしまった。加えて米軍による収容所生活を強制されたために、半年あるいは一年余も農業は中断したままであった。耕地には雑草がうっそうと生い茂り、荒蕪地化していた[31]。このような荒廃した状況について、『宮古畜産史』は、つぎのように生々しく語る[32]。

悪夢のような戦争は終わった。宮古では、心身ともに弱り果てた日本の軍隊が手持ちぶさたに本土への帰還船を待っていた。日々の食糧を自給して食いつないで行かねばならない彼らは、日本軍というかつての強力な組織の枠からはずされ、食糧品を徴発することもできず、かつて荒蕪地、原野を開こんして作った軍用地に植えつけたさつまいもで、その日の空腹をいやしていた。

宮古の住民も、連日の空襲で畑作業をすることができずまた、主な働き手を軍の飛行場建設や陣地構築に徴用されたり防衛隊としてかり出されていて、自家の食糧生産も十分にできなかったため、宮古全体が食糧不足の状態であった。日本軍が食糧自給のために植えたさつまいも等は、終戦の年、昭和二〇年に入ってから八か月以上の大旱ばつの被害で予想どおりの収穫ができなかったのである。

一方、戦争の足手まといになるということで台湾や他県に疎開していた人々が次々と帰って来た。しかし、故郷の土を踏み、親子対面して安心したのもつかの間、翌日から食糧の心配をしなければならなかった。

表9　破壊された主要な水産施設

単位：箇所・隻

日本製氷工場（日産30屯）	1
日本製氷附属冷凍室	1
水産試験場	1
水産試験場附属冷凍室	1
水産試験場分場	1
水産試験船（図南丸120屯）	1
造船所	4
鰹節製造場	24
魚類共同販売所	1
漁網工場	1
水産学校	1
水産学校附属実習船（海邦丸47屯）	1
水産製品検査所	1
漁業組合	51
漁業組合連合会	1
那覇市水産会	1
沖縄県水産会	1
貝釦工場	3
かまぼこ工場	20
漁船機関修理工場	6

出所：沖縄朝日新聞社編『沖縄大観』（日本通信社，1953年）102頁，より作成.

水産施設とて戦禍を免れ得るはずもなく、ことごとく灰燼に帰した。沖縄戦が始まる以前には、一〇トンから二〇トンクラスのサンパン（中国・東南アジアで使用されていた平底の木造船）が一〇〇〇隻近くあり、沖釣りに用いられていた。これは総トン数の七五パーセントを占めており、残りは近海で操業するサバニ（板を張り合わせた丸木船のような沖縄独特の小型船）が約一五〇〇隻あったが、そのほとんどが破壊され、四五年一二月時点で操業に耐え得るものはたったの約四〇〇隻に過ぎなかった。[33] 破壊された水産施設は、表9のとおりであり、沖縄戦の凄まじさを端的に語っている。

畜産業も根底から破壊されてしまった。戦禍の洗礼を受け、豚および山羊の飼育頭数で、常に、日本一を誇っていた畜産業は壊滅した。「沖縄のかなり大規模な数の家畜が、爆撃や砲撃で、日本軍や沖縄人の食糧の欲求を満たすために屠殺されたことで、アメリカ人の将官が飛行場や兵舎から山羊をいなくさせたいという望みに応じて射殺したことで、それからアメリカ兵がKレーション（チーズ、クラッカー、コーヒー、粉末ジュース、チョコレート、チューインガム、タバコなどが防水された紙箱に入っている前線用の非常食—筆者注）よりもおいしい食べ物を食べたいという望みをこっそり満たすために、殺害された」[34]。「戦争は、人間ばかり殺傷するのではなく家畜をも殺傷する。家畜は砲弾に倒れるばかりでなく人間からも殺されて喰われる」[35]。米軍側の資料では、表10のとおりで、四六年時点での残存家畜の見込頭数は、牛＝一一二、馬＝八九九、豚＝一一六五、山羊＝一六四七、とゼロに近い惨めなものであった[36]。

一九四五年時点および四六年時点での沖縄側の畜産に関する唯一で貴重な資料は、『宮古畜産史』に掲載されているものであるとおもわれるので、表11として提示することにする。

表11のもつ意味を編集子は、こう述べる。「この表から、戦争中の家畜の消耗がいかにはげしかったかが理解できるであろう。その消耗は、軍の徴発もさることながら、飼育者の自暴自棄的処分（肉用にするためのと殺）も多かった。このように消耗はしたが、その生産補給は全くなされていなかったのである」[37]と。家畜の壊滅的な状況に対し、これ以上の表現の仕方はないであろう。

このような状況の中で、一九四五年八月一五日、住民収容地区の中心地であった石川市に召集された仮沖縄人諮詢会に対し、米国海軍軍政府副長官ムーレー大佐から『仮沖縄人諮詢会設立と軍政府方針に関する声明』が出され、「経済」に関して、つぎのことを通告する[38]。

（1）沖縄人の必要を充たし、且つ将来沖縄人の収入を補足する物品、生産業の組織を奨励促進すること。

表10　沖縄戦による畜産物の減少

畜別＼年	1940	1946	減少率
牛	22,000 頭	112 頭	99.5%
馬	22,500	899	96.0
豚	108,426	1,165	98.9
山羊	106,257	1,647	98.4

出所：Rehabilitation:Economic, p.25（『沖縄戦後初期資料 PAPERS OF JAMES T.WATKINS Ⅳ』第40巻，緑林堂書店，1994年）120頁，より作成.

表11　宮古島における沖縄戦前後の畜産頭数の推移

畜別＼年	1941	1945	1946
牛	4,121	54	111
馬	8,909	3,512	5,278
豚	12,748	1,960	5,044
山羊	8,950	2,262	4,283

出所：宮古畜産史編集委員会編『宮古畜産史』（宮古市町村会，1984年）147頁.

（2）軍事上の制限の許す範囲内に於て近海に於ける民間の漁業を復興すること。而して地方に現存せる機具ならびにその補足として輸入する機具の使用を以て出来得る範囲内に事業の最大限度の拡張を行うこと。

（3）地方材料及び機具を以て必要なる場合は軍政府に於て補足したるものを以て造船及び網製造業を興すこと。

（4）住民の食糧生産、特に新鮮なる野菜の如く本島に輸入不可能なる産物及び甘蔗、大豆の如く米国に生産せざる産物を可及的に援助すること。地方肥料の使用の継続を奨励すること。飼料の得られる範囲内に於て家畜の生産を維持し、中央屠殺場に於て監督下に家畜を屠殺する施設を設けること。

（5）各個人の社会福祉に対する貢献と生活上最低限度の必要に準拠して最も公平なる配分制度の組織を援助すること。物品は充分ならざる斯かる配分制度に配給が伴う。

（6）大体に於て地方の生産及び配分制度の創設及び経営につき沖縄人に最大限度の責任を負荷すること。

このムーレーの「通告」の中で、次節「復興の根底にあるもの」を展開するうえで重要な糸口となるのが、（6）の「生産及び配分制度の創設及び経営につき沖縄人に最大限度の責任を負荷すること」にある、とした点に留意することにしたい。

住民は、米軍政府の支援を受けながらも、産業の復興へ向けて動き出す。次いで、米軍政府は、四六年四月二四日、『沖縄に関する軍政府経済政策について』を発表する。沖縄において貨幣経済を復活させた米軍政府が、つぎに目指した政策が経済復興であった。目的は、三点に絞られる。(39)

第一は、沖縄において現在ならびに将来に予想される軍事的・経済的・政治的状勢下で、食糧・衣服・住居・医療の必要を満たすに足るだけの生産活動の規範を設定すること。

第二は、現在、沖縄の全人口を養いかつその復興を援助するために、アメリカ本国より輸入している食糧品、商業物資、設備については例外であるが、速やかに東洋の市場より諸物資を購入すること。そして将来的には、沖縄において消費する物品ならびに器具の大部分は、沖縄内部で賄い、少数の重要品のみに限って輸入すること。第三に、政策の基本方針は戦争前の状態を基準とし、かつ沖縄本島が他の南西諸島および他の極東諸国と経済的に再連結の方向を目指すよう貨幣経済の復興を期すこと。そして沖縄の経済状態を一九四四年当時の状況にまで復活させること。

米軍政府は、このような目的を掲げる中で、沖縄をどのようにして復興しようと企図したのであろうか。[40]

農業については、個人の所有権は実情に応じて早急に決定するとしながらも、実際には、四六年二月二八日に公布した琉球諸島米国海軍軍政本部指令第一二一号『土地所有権関係資料蒐集に関する件』に準ずる中で、こう展開する。耕地は、その所有者とみなされる者、もしくは村長によって規定の耕地を割り当てられた者が耕作する。当該耕地に栽培された作物は耕作者の私有物とするが、直接に村販売店もしくは農業組合に販売すること。すでに住民に配付した農具および復興計画に必要な種子・資材は、貨幣経済の実施とともに農業組合または農夫個人への販売によって彼らの所有とする。農業組合は農産品の生産、集荷、販売統制のため沖縄人の発起によって組織すること。

漁業については、「速急の復興に最も適し且沖縄住民に対し多量の食糧を供し得る経済分野は漁業なり」。だが、沖縄戦によって大型漁船がほとんど全滅したので、漁業の最小限度の部分的復興を実現するための基本施設にたいする要求が起こっている。目下、アメリカ製船舶の貸付によって沖縄漁船の不足を補っているが、復興し軌道に乗るまでは水産組合連合会への貸付を継続する。建造した船舶は、漁業の発達に応じて売却あるいは貸付の方法を採用する。船舶の修繕資材は水産組合連合会に対し、通常の売買制によって販売する。

工業については、協同組合、合資会社、株式会社の形態で組織されるが、地方の復興に必要な物資の供給に実質的貢献を成した場合に限り、奨励補助する。基本施設は、個々の産業の立て直しを目的として貸付を継続するもので、その後は自身で必要施設物を購入もしくは有料での借受をしなければならない。生産したあらゆる物資食糧は厳正に割当制を継続し、商品の供給が最低必要量より以上にあると保証し得る時においてのみ解除される。沖縄製品は農業組合あるいは個人事業を問わず、その生産者自身によって売却する。将来、米国軍人に販売するであろう手工製品は、米軍政府が卸売人の資格で販売するため、米軍政府が決定した価格で軍売店をとおして販売する。製品の原料は、緊急必需品に厳密に限定される。

以上、復興についての米軍政府の姿勢をみてきたが、沖縄側からも米軍政府に対し、復興の要請をおこなっている。それは四五年九月一五日、当時、沖縄民政府の知事であった志喜屋孝信から提出された「農村復興に関する請願書(41)」である。

……農民は可耕地一万七千町歩の中五千三百町歩の耕地が耕作を終えたのみで、これでは自給どころではなく、更に一万千七百町歩の弾痕の大穴、雑草はびこる荒廃地を前にしながら一方住宅の建設に追われつつ、前途が不安でなす術を知らぬ有様となったのであります。

沖縄群島の耕地には幸いにして、戦禍を免れた地域があり、既に復旧した地域もありますが、中には空しく荒廃に委して未だ耕作せざる地域が大部分を占めている現状であります。

食糧問題を中心とする経済復興の上より見るも農民の生活を安定せしめ失業者をして生業に従事せしめる上より見るも、速かに彼らをして、勇んで鍬を取って荒ぶ地を掘り起し、収穫の増加を期せしめ、彼らに拱手して、救済の食糧を口にするの陋風を避けしむることは、目下の急務なりと信じるものであります。

よって我等民政府に職を奉ずる者は恩をここに致し、農民と共に苦しみ、農民と共に働く覚悟で農村振興を主眼とする計画案を作成し、去る七月これを軍政府に提出し、軍政府の諒解を得てその補助金を仰ぎたく、七月以降軍との毎週の連絡会議の度にこれを訴えて来たのであります。

更に私共はこの政策の実現に対し、私共の熱烈にして真剣なる微意を表すため、少額なりと雖も知事以下民政府の諸職員の俸給中より本事業に対する寄附金を以て支弁せんと申請したのであります。

米軍政府の経済復興に関する勧告および政策、沖縄民政府による請願が、どのような形で住民の生活の中に入り込み、そしてどのようにして復興への道へとつながっていくのか。

沖縄の経済は、基本的には、農業経済である。この農業を復興させることこそ、経済復興の鍵となる。だが、「沖縄の住民にとっては不幸なことだが、平で水はけのよい土地は、農場に適しているのと同じように、軍事施設にも適しているのである Unfortunately for the Okinawans, level, well drained land is as good for military installations as for farms」[42]。このような状況の中での、農業の復興であった。個人の土地所有は未だ確定していなかったが、耕作に適した土地は、米軍政府の指令によって生じた「みなし所有者」によって、あるいは村長により特別の一区画の土地を割り当てられた個人によって、耕作がはじまった。沖縄の主要な作物は、甘藷である。葉っぱと根茎は人間が食べ、食物全体と根茎は動物が食べる。旱魃にも強く強風にも持ちこたえるので、段丘状の斜面を含めてどんなところでも、いつでも植えることができた。ゆでるだけで、熱くしても冷めても食べることができた。乾燥させれば腐敗を防ぐことができた。土地の三五パーセントに甘藷を植える。米も重要な穀類作物であったが、戦闘と爆撃によって多くの水田と灌漑設備が破壊されてしまった。かろうじて米軍の保留地として管理されたことで、水がはけた米作地もあった。マラリア病原菌を媒介する蚊の対策のためにＤＤＴを使用したことで、米作は差し止めになるところを救われた。その結果、米作が可能なすべての土地でＤＤＴの使用がなされるようになる。ＤＤＴは若い芽には被害をもたらすが、成長すると影響力はほとんどない、ということもわかった。蚊の対策に支障をきたさずに米作を適切な時期に開始できるような方法も考案されるようになる。大豆の植え付けが奨励された。なぜなら炭水化物の優れた供給源であると同時に、タンパク質や脂肪の供給源でもあり、毎日甘藷という沖縄の食事には両方ともひどく不足していたからである。また大豆は土壌の窒素を回復させる性質をもっていたので、その種の肥料を減らすことに効果を挙げることができた。サトウキビは戦前期をとおして重要な商品作物であったが、戦時中に、航空用アルコール原料に転換される。米軍政府は、土地を葉菜類の栽培に切り替えるよう指令し、基本的な食事として認可された少量の砂糖を供給する量だけに限られ、栽培が続けられた。農業にとっての最大の障害となったのは、肥料の不足であった。最低限必要な量の肥料はアメリカ本国に注文したが、ごくわずかな量しか届かず、最終的には本国でも不足しているという理由ですべての注文がキャンセルされた。その結果、作物の損失は三〇パーセントかそれ以上になった。地元で必要なカリウムは、草を燃やして、あるいは薪の灰から賄うしかなかった。農業にとってのもうひとつの障害は、多くの農具を失ったことであった。農具の大部分は沖縄地元の製造業者に頼るしかなかった。生き残った動物もほとんどいなかったので、ほとんどの農耕が手作業であった。

四五年四月の初め、沖縄本島中部の石川市字東恩納に、アメリカと沖縄両方の種子と栽培方法をテストするための農場試験場が設置された。沖縄人の援助を受けて記録を取り続け、議論や観察、特別展示のために指導者たちを呼び集め、情報を農家に広めた。四六年二月までに、農場は種子を生産する農園へと転換する。そして四六年一月には、沖縄本島北部の名護に農業学校が開設される。設立の目的は、病気や昆虫の害を最小限に減らして農産物の高い収量を維持できるよう、地域住民の能力を高めることにあった。生徒は教室で授業を受けるだけでなく、実際に土地を耕し、家畜を世話することで、学んだことを実践することもできた。教室で教わる科目は、英語、養蚕、畜産、物理学、文学、土壌と肥料、機械、測量、体育、作物の栽培などであった。生徒は卒業後、

いろいろな村に割り当てられ、顧問および監督の資格で行動するようになる。(43)

農業に次いで重要な位置を占めているのが漁業である。唯一の動力船は、四五年一一月に海軍との交渉を得てようやく獲得した二五隻の上陸用舟艇のみであった。この舟艇は、攻撃の際、一隻あたり約三六人の兵士を浜辺まで運ぶ小さなボートである。四六年一月、もっと大きな車両用中型揚陸舟艇を数隻ふくむ五〇隻の追加があったものの、使用するには漁業将校の許可を必要としたので、操業が開始されたのは九月になってからのことであった。沖縄戦が終結しても、すぐに全海域が魚場に開放されたわけではなかった。当初は沖縄本島北東の海岸に沿った八キロメートルの細長い区域が認可され、次いで沖縄本島中南部に位置する中城湾《なかぐすく》を除く東海岸全域に広がり、最終的には中城湾と軍港である那覇港を除いた全海岸域が許可された。だが、魚場として、沖縄本島西海岸の沖合六四キロメートル先、東海岸四〇キロメートル先は、認可されなかった。そして制約も多かった。四五年八月以降、サバニ（板を張り合わせた沖縄独特の丸木舟のようなもの）は日の出から一時間、日没から一時間半しか操業することができなかった。船はすべて登録されて番号をふられ、わずか一日分だけの水と食糧のみが支給された。猟師は全員が陸軍の防諜部隊から許可を得なければならなかった。それぞれの航海では出入りをチェックされ、一日の漁獲を報告しなければならなかった。爆発物や武器、明かりは禁止された。違反者は攻撃を受け、生存者は罰金を科され投獄されるのを免れない、と警告された。一一月になって、動力付ボートは日中の間の漁が許可され、動力無しのボートは夜間ライトを灯すという条件で、いつでも漁をすることができた。四六年五月になって、一週間で五日の出漁が可能となる。六月の終わりまでに、六一隻の小型上陸用舟艇、四隻の車輌用中型揚陸舟艇、八隻の修理されたサンパン（中国・東南アジアで使用されていた小型で平底の木造船）が操業しており、その月に一八六万二〇二八キログラムの漁獲量があった。これは需要を満たすには遠く及ばないが、水産施設や制約を考慮に入れれば、さい先のよい出発であった。(44)

沖縄戦も終結に近づき住民の再定住が始まるようになると、生存した家畜を公平に分配する計画が実施された。これに対し、米軍政府内部では、特に馬の場合に反対があったが、農家に保護領収書を与えて、馬は公共のために貸し出されるということをはっきりさせることで解決した。獣医が早くから捜し求められ、米軍政府地区の全域に割り当てられた。馬に病気が見つかると、必要な薬品が陸軍とアメリカ本国から届けられた。家畜の数を元通りにするために、品種改良が企画され、アメリカ本国から牛三三頭（雌三〇頭と雄三頭のヘレフォード種）と豚四五頭（ハンプシャー種三〇頭、バークシャー種一五頭）が送られてきた。(45) また四六年一〇月三日、沖縄民政府知事は、つぎの「家畜移動取締りに関する通牒」を各市町村に発し、家畜の増殖にあたって公正が保たれるよう施策を講じる。(46)

一　牛、馬、豚、山羊は左に掲ぐる場合の外これが移動を禁ず

（一）知事において増殖計画上必要とする場合

（二）特別なる事情により農務部長の承認を受けたる場合

（三）沖縄農業組合連合会の斡旋による場合

（四）市町村農業組合の斡旋による場合

二　市町村における移動は其の農業組合の斡旋の場合に限る

三　市町村間並びに沖縄地区外との輸移入は沖縄農業組合連合会の斡旋する場合に限る

四　第二、第三項による場合は其の都度農務部長宛報告するものとす

先島の宮古諸島、八重山諸島でも、沖縄本島と同様な施策が採られ、八重山諸島では豚の屠殺を制限するとともに、島外への搬出、雌豚の屠殺を禁止するなどの措置によって増殖に努めるのであった。(47) その結果、表12にみられるように、家畜は増加の傾向をみせるようになる。

戦前の沖縄の工業は、家内手工業的で零細な段階にとどまっていた。砂糖精製とアルコール生産の分野のみ、少しだけ近代化を達成していた。これらの工場は県都那覇市に集中していたが、四四年一〇月一〇日の空襲で大部分が破壊された。工場のうち少しでも残っていたものは、沖縄戦が続くうちにほとんど完全に消滅した。住宅の九〇～九五パーセントが破壊されるという状況の中で、手工芸の設備も、消滅した。熟練労働者は住民とともに避難民となるか行方不明となるか、あるいは四五年四月一日以前に日本へ転居していった。それ故に沖縄の住民が提供しなければならないのは、唯一確かな技術のみであった。米軍政府の課題は、住民が必要とするものをできるだけ供給するため、戦前水準の工業の復興と拡大、新しい工業の創出を奨励し援助することにあった。だが、ここには、つぎのような障害が横たわっていた。（1）工業の発展には適していない地域に住民を集めたこと、（2）安全上の理由から住民の自由な移動を禁止したこと、（3）建物を含む資本設備や原料が不足していること、（4）農業が支配的な共同体で技術を持った職人が相対的に不足していること、（5）工業に適した地域に駐屯した戦術部隊がその土地へ執着したこと、である。

表12　1940年および47年末の家畜・家禽

単位：頭・羽

	馬		牛		豚	
	40年	47年末	40年	47年末	40年	47年末
沖　縄	30,000	2,726	22,000	3,521	100,426	25,184
大　島	4,329	2,806	14,508	12,906	30,036	18,537
宮　古	10,000	6,164	3,576	306	13,248	10,729
八重山	2,000	1,400	3,347	1,370	7,719	1,600
計	46,329	13,096	43,431	17,603	151,429	56,050
	山　羊		家　禽		家　兎	
	40年	47年末	40年	47年末	40年	47年末
沖　縄	106,000	14,187	220,000	84,395	10,000	4,447
大　島	16,313	21,459	138,909	84,304	524	2,158
宮　古	8,990	9,075	31,261	19,192	419	179
八重山	2,992	1,300	20,606	3,300	998	387
計	134,295	46,019	410,776	191,191	16,657	7,171

出所：沖縄朝日新聞社編『沖縄大観』（日本通信社，1953年）102頁，より作成.

このような状況の中で、四五年六月に米軍政府司令部特殊査察部隊は、再定住と住宅の供給に向けて労働の使用をつぎのように順序付けた。（1）屋根の材料（とくに茅など屋根を葺く材料と支柱をとめるためのロープ)、(2)壁の材料、(3)床の材料、(4)木材、(5)金属製品、(6)マット、(7)衣類と縫製、(8)下駄、(9)かご、(10)家庭用品、(11)家庭用家具や道具、そして最後尾におかれたのが、(12)お土産品として軍人に販売するための品物、であった。産業の復興が広がりをみせるようになるが、複雑な問題が生じる。これは産業の復興に適した土地の大部分は、陸軍や海軍が接収していたので、無理矢理取り上げて住民に開放しなければならなかったことである。陸軍のある部隊は、使用されていないにもかかわらず、一片たりとも「譲る」のを嫌がった。だが、上層部は、アメリカ本国からの輸入を最小限にとどめるためには、沖縄における生産をできるだけ回復させることが望ましいと考えていたので、使用されていない土地の開放に向け「圧力」をかける。このうえで、織物、藍染料、セメント、木材製品、畳表、漆器などの生産に踏み切り、四六年六月までに住民の生活必需物資が生産できるようになる。(48)

沖縄の住民は、生産環境、生活環境が厳しい中でも、復興への道を、一歩一歩、歩んでいく。これが現実の姿であった。

5 復興の根底にあるもの

「復興の根底にあるもの」は何かを問うとき、重要な鍵となるのが、一九四五年九月二二日付けでアメリカ本国政府から連合国最高司令官マッカーサーに届いた『降伏後ニ於ケル米国ノ初期ノ対日方針』の中の「三 平和的経済活動ノ再開」で示された「方針」である。(49)

日本国ノ政策ハ日本国国民ニ経済上ノ大破滅ヲモタラシ、且日本国国民ヲ経済上ノ困難ト苦悩ノ見透シニ直面セシムルニ至レリ。日本ノ苦境ハ日本国自ラノ行為ノ直接ノ結果ニシテ、連合国ハ其ノ蒙リタル損害復旧ノ負担ヲ引受ケザルベシ。右損害ハ日本国国民ガ一切ノ軍事的目的ヲ放棄シ、孜々（シシ）且専心平和的生活様式ニ向ヒ努力スル暁ニ於テノミ復旧セラルベシ。日本国ハ、物質的再建ニ着手スルト共ニ、其ノ経済活動及経済制度ヲ徹底的ニ改革シ、且日本国国民ヲ平和ヘノ線ニ沿ヒ有益ナル職業ニ就カシムルコト必要ナリ。連合国ハ適当ナル期間内ニ右諸措置ガ実現セラルルコトヲ妨グルコトアルベキ条件ヲ課セントスル意図ナシ占領軍ノ必要トスル物資及役務ノ調達ニ関シテハ之ガ為飢餓、広範囲ノ疾病及甚シキ肉体的苦痛ヲ生ゼザル程度ニ於テ日本国ガ調達センコトヲ期待ス……。（難読な旧漢字はカタカナに、旧漢字は新漢字に、適宜句読点を付した―筆者注）

ここで大切なのは、「日本ノ苦境ハ日本国自ラノ行為ノ直接ノ結果ニシテ、連合国ハ其ノ蒙リタル損害復旧ノ負担ヲ引受ケザルベシ」・「占領軍ノ必要トスル物資及役務ノ調達ニ関シテハ之ガ為飢餓、広範囲ノ疾病及甚シキ肉体的苦痛ヲ生ゼザル程度ニ於テ日本国ガ調達センコトヲ期待ス」との「方針」である。つまり日本人の現在置かれている惨状は、日本国自身が招いたものであるから、日本人みずからが責任をもって「復旧」にあたるべきである、とするものである。

アメリカ本国政府の経済的負担を可能な限り軽減して占領政策を展開する姿勢は、四五年六月から一〇月までの四か月間にわたって展開された「慶良間列島経済実験 The Kerama Retto Experimental Economy」の基本方針の中にも貫かれている。(50)

われわれは、経済的なユートピアを創り出すためとか、いかなる意味でも住民に飽食させるために長期経済計画を樹立する余地はない。通貨経済への移行計画は、米本国からの物資輸入を削減する要求を満たすための冷酷なものでなければならない。

経済計画は、輸入を抑え、生産を増大することを約束しうるものでなければならず、もし、それが指令に示された要求を満たしうるものでなければ、拒否しなければならない。もし、ある特定の計画が、輸入を抑え生産を増大せしめうるものであっても、そこから得られる利益は、その計画を実行するために軍政要員の増大をもたらす不利益と比較較量して検討さるべきである。

たとえいくらかの増産が見込まれたとしても、もし軍政要員の増大を結果するのであれば、軍政要員自体も食っていかなければならない以上、正当化できるものではない。

われわれは、住民の必要を最低限に押さえなければならず、彼らの欲求を人間として生きる上で最小限の範囲をこえさせるほど補給すべきではない。

この基本方針は、「可能なかぎり被占領地域の経済的自立をはかって、アメリカ本国の財政的負担を最小限におさえる」こと、つまり「最小限の財政負担による最大限の軍事目的の達成」にあった。(51)

また、四六年一月二三日、米軍政府は、米国海軍軍政府本部指令第一〇八号「農業中央管理」を発令し、「人民を養うに必要な農産物を米国より輸入するを能ふ限り迅速に減ぜんが為」に「有効適切に全部の耕地を利用すること(52)」との指令を出す。

さらに、四六年四月二四日、米軍政府は『沖縄に関する軍政府経済政策について』を発表し、「経済事業」のあるべき方向性を、つぎのように示している(53)。

農、水、工、商を含む民経済事業は明らかに変化せる状勢に対処するため或程度の改修を加へ大体戦前の方式に沿いて再建さるべし。生産軌範は先ず直接本島の最小限度の必要を充足し得る様組織すべし。

対外国取引の早急なる促進は殆んどこれを考慮に入れざること。将来に於ては重要輸入品の代償として或程度の輸出品政策奨励の必要は確認さるべきものにして、将来の経済計画は斯る輸出品の進出発達を考察すべし。

経済事業の実際機構は能う限り民営とし但し或種の事業は創設当初の間中央或は地方行政機関、又は軍政府に依って管理及び所有し後日大体民有に還元する予定なり。戦前の組合組織、例えば農業組合、水産組合の如きは最大限度にこれを利用すべし。

此の計画の実際運営はこれを有能なる沖縄人に任す。但し軍政府は土地労務資本及管理者の如き基本要素の調整を援助し且つ現場に於ける沖縄人の運営の指導監督をなすものとす。

以上のことを端的に示すのが、米軍政府からアメリカ本国政府へ送られた「復興の始まり」の報告の中に隠されている。(54)

産業の復興に当たっては初期のころはどんなものでも軍政府としては実質的に関わらねばならなかった。……多くの場合、産業の立地に適した地域は軍から開放してもらわなければならない。いったん開放されると次はそのための移動である。そしてこれには家族の移住と住居、食料の問題が出てくる。道具や器材は民間や軍から廃棄されたものを利用せざるを得なかった。瓦や陶器、畳製造業の記録を読むとまるで軍政活動の記録を読むようである。

沖縄諮詢会の産業部会は、一一月までに輸出品として最適の製造業に関する大量のデータを集め、産業復興の勧告書を提出した。これには織物（芭蕉布）、染織（藍）、地元セメント業、木材製品（下駄、家具類、織り機）、敷物類、金物、化学製品、漆器が含まれている。

一九四六年六月までにはこれら各種業の活動でかなりの量が生産されるようになった。道具は現役解除部隊となった陸軍や海軍からの機材を利用してできたものであった。沖縄の産業のために直接輸入されたものは一つもない。沖縄には全島いたるところに個人経営の鉄工所や鍛冶屋がたくさんあるが、戦争のために持ち込まれた機械を使っての大きな鉄工所が二つできた。これらの鉄工所ではギアから農機具まで何でも製造

表13　アメリカの第二次大戦期における財政構造

単位：億ドル（%）

（年度）	1941	1942	1943	1944	1945	1946
財政支出	128	325	782	937	1,004	650
軍事支出	63(49.2)	260(80.0)	721(92.2)	870(92.8)	900(89.6)	485(74.6)
陸　軍	37	141	423	492	503	278
海　軍	23	86	209	265	300	152
その他	3	34	90	103	97	56
退役軍人支出	6	6	6	7	21	43
その他	59	59	55	60	83	122
財政収入	76	128	223	441	465	430
法人課税	21(27.6)	47(36.7)	97(43.5)	148(33.6)	160(34.3)	126(29.3)
個人所得税	14(18.4)	33(25.8)	66(29.6)	183(41.5)	190(40.9)	187(43.5)
消費税	21	27	31	34	45	52
その他	20	21	29	76	70	65
財政収支	△52	△197	△559	△496	△539	△220

出所：渋谷博史『20世紀アメリカ財政史Ⅰ』（東京大学出版会，2005年）93頁，より作成.
注)：原資料は Annual Report of the Secretary of the Treasury, である.

することができた。彼らは今や戦争用具を農機具に変えつつあるのだ。原材料は、飛行機、戦車、ジープ、トラック、船、金属製コップ（缶詰の缶）、砲弾等のスクラップである。また二つの大きな木工所もつくられた。公共建築物のベンチや機織り、家庭用家具類製造のためである。

このことは、何を意味するのか。それは、あるものすべてを利用することにより復興の一環とする、このことにほかならない。以上展開したことを、「国家予算の歳出に占める軍事費の割合」を軸に探ることにする。忘れてならないのは、歳入の源泉は国民、であるということである。

アメリカ本国政府の場合をみると、表13のとおりである。

「戦争経済は、国を滅ぼす」というが、アメリカの国家予算は、破綻に近い状態にあった。このことからすれば、米軍政府が、沖縄における経済復興を積極的に推し進めた根底には、アメリカ国民の税負担をいかにして減らすかにあり、ここに、米軍政府の沖縄における経済復興の真の意味があった。

注

（1） Rehabilitation:Economic, pp. 55-56（『沖縄戦後初期占領資料　PAPERS OF JAMES T. WATKINS Ⅳ』第四〇巻、緑林堂書店、一九九四年）一三四～一三五頁。

（2） Rehabilitation:Economic, p. 57（『沖縄戦後初期占領資料　PAPERS OF JAMES T. WATKINS Ⅳ』第四〇巻、緑林堂書店、一九九四年）一三六頁。

（3） 同前、一三五頁。

（4） 同前、一四八頁。

（5） 同前。

（6） 大田昌秀×佐藤優「対談　沖縄は未来をどう生きるか」・「第一回　変動の時代に問われるもの」（『世界』二〇〇九年一月号）一二一頁。

（7） 『沖縄県史料　戦後1　沖縄諮詢会記録』（沖縄県教育委員会、一九八六年）二七九～二八〇頁。

（8） 『沖縄県史　資料編20　軍政活動報告（和訳編）現代4』（沖縄県教育委員会、二〇〇五年）三三三頁。

（9） 松岡政保『波乱と激動の回想＝米国の沖縄統治二五年＝』（一九七二年）八九頁。

（10） 又吉眞三「戦後の規格住宅」（那覇市企画部市史編集室編発行『沖縄の慟哭　市民の戦時戦後体験記2（戦後・海外篇）』一九八一年、所収）一三九頁。

（11） 『沖縄県史　資料編20　軍政活動報告（和訳編）現代4』（沖縄県教育委員会、二〇〇五年）三三三頁。

（12） 又吉眞三「戦後の規格住宅」（那覇市企画部市史編集室編発行『沖縄の慟哭　市民の戦時戦後体験記2（戦後・海外篇）』一九八一年、所収）一三九～一四〇頁。

（13） 仲宗根源和『琉球から沖縄へ』（月刊沖縄社、一九七三年）一三二頁。

（14） 『沖縄県史　資料編20　軍政活動報告（和訳編）現代4』（沖縄県教育委員会、二〇〇五年）三四～三五頁。

（15） 『琉球史料　第一集』（琉球政府文教局、一九五六年）一五四頁。

(16) 又吉眞三「戦後の規格住宅」(那覇市企画部市史編集室編発行『沖縄の慟哭　市民の戦時戦後体験記2（戦後・海外篇）』一九八一年、所収）一四〇頁。
(17) 琉球新報社編『ことばに見る沖縄戦後史　①』（ニライ社、一九九二年）八四頁。
(18) 沖縄タイムス編発行『庶民がつづる　沖縄戦後生活史』（一九九八年）五四頁。
(18) 『アメリカの沖縄統治関係法規総覧（Ⅳ）』（月刊沖縄社、一九八三年）二一一～二一三頁。
(19) 『沖縄県史料　戦後1　沖縄諮詢会記録』（沖縄県教育委員会、一九八六年）五八五～五八六頁。
(20) 伊江村史編集委員会編『伊江村史　下巻』（伊江村役場、一九八〇年）三九二～三九三頁。
(21) 『沖縄県史料　戦後1　沖縄諮詢会記録』（沖縄県教育委員会、一九八六年）五九五～五九六頁。
(22) 同前。
(23) 同前、五九六～五九七頁。
(24) 同前、五九七～五九八頁。
(25) 同前。
(26) 米国陸軍省編／外間正四郎訳『日米最後の戦闘』（サイマル出版会、一九六八年）六一一～六一二頁。
(27) 同前、七九頁。
(28) 『沖縄県史　資料編20　軍政活動報告（和訳編）　現代4』（沖縄県教育委員会、二〇〇五年）七頁。
(29) The Economy and its Rehabilitation, pp. 184-185（『沖縄戦後初期占領資料　PAPERS OF JAMES T. WATKINS Ⅳ』第44巻、緑林堂書店、一九九四年）九四～九五頁。
(30) 『沖縄県史　資料編14　琉球列島の軍政　一九四五―一九五〇　現代2（和訳編）』（沖縄県教育委員会、二〇〇二年）一〇六頁。
(31) 沖縄朝日新聞社編『沖縄大観』（日本通信社、一九五三年）七六～七七頁。
(32) 宮古畜産史編集委員会編『宮古畜産史』（宮古町村会、一九八四年）一四六頁。
(33) Rehabilitation:Economic, p. 27（『沖縄戦後初期占領資料　PAPERS OF JAMES T. WATKINS Ⅳ』第四〇巻、緑林堂書店、一九九四年）一〇六頁。

(34) Rehabilitation:Economic, p. 25『沖縄戦後初期占領資料　PAPERS OF JAMES T. WATKINS Ⅳ』第四〇巻、緑林堂書店、一九九四年)一〇二頁。
(35)『琉球農連五十年史』(琉球農連協同組合連合会)二四八頁。
(36) Rehabilitation:Economic, p. 25『沖縄戦後初期占領資料　PAPERS OF JAMES T. WATKINS Ⅳ』第四〇巻、緑林堂書店、一九九四年)一二〇頁。
(37) 宮古畜産史編集委員会編『宮古畜産史』(宮古町村会、一九八四年)一四八頁。
(38)『沖縄県史料　戦後1　沖縄諮詢会記録』(沖縄県教育委員会、一九八六年)一五~一六頁。
(39)『琉球史料　第一集』(琉球政府文教局、一九五六年)一五二頁。
(40) 同前、一五二~一五三頁。
(41) デザイナーズスペースサムライ編『志喜屋孝信先生銅像建立20周年記念誌　黄金獅子』(志喜屋孝信先生銅像建立20周年記念事業期成会、二〇〇四年)五三頁。
(42) Rehabilitation:Economic, p. 6(沖縄戦後初期占領資料　PAPERS OF JAMES T. WATKINS Ⅳ』第四〇巻、緑林堂書店、一九九四年)八五頁。
(43) Rehabilitation:Economic, pp. 4-27(『沖縄戦後初期占領資料　PAPERS OF JAMES T. WATKINS Ⅳ』第四〇巻、緑林堂書店、一九九四年)八三~一〇六頁。
(44) Rehabilitation:Economic, pp. 27-32(『沖縄戦後初期占領資料　PAPERS OF JAMES T. WATKINS Ⅳ』第四〇巻、緑林堂書店、一九九四年)一〇六~一一一頁。
(45) Rehabilitation:Economic, p. 25(『沖縄戦後初期占領資料　PAPERS OF JAMES T. WATKINS Ⅳ』第四〇巻、緑林堂書店、一九九四年)一〇四頁。大城政一「第二次世界大戦直後の沖縄県における家畜導入の実態について」(照屋善彦・山里勝己　琉球大学アメリカ研究会編『戦後沖縄とアメリカ—異文化接触の五〇年—』沖縄タイムス社、一九九五年、所収)二一〇~二一一頁。
(46)『琉球農連五十年史』(琉球農業協同組合連合会、一九六七年)三四八~三四九頁。
(47) 吉田茂「戦後初期の沖縄畜産の回復過程と布哇連合沖縄救済会、並びに沖縄復興布哇基督教後援会~豚と山羊~」

（研究者代表・山里勝己『戦後沖縄とアメリカ―異文化接触の総合的研究―』（二〇〇五年、所収）二五二頁。

（48） Rehabilitation:Economic, pp. 32-39（『沖縄戦後初期占領資料　PAPERS OF JAMES T. WATKINS Ⅳ』第四〇巻、緑林堂書店、一九九四年）一一一～一一八頁。

（49） 細谷千博ほか編『日米関係資料集一九四五―九七』（東京大学出版会、一九九九年）二六頁。

（50） 大田昌秀『沖縄の挑戦』（恒文堂、一九九〇年）二五三～二五四頁。

（51） 『沖縄県史　資料編20　軍政活動報告（和訳編）　現代4』（沖縄県教育委員会、二〇〇五年）一九頁。

（52） 『アメリカの沖縄統治関係法規総覧（Ⅳ）』（月刊沖縄社、一九八三年）八二頁。

（53） 『琉球史料　第一集』（琉球政府文教局、一九五六年）一五二～一五三頁。

（54） 『沖縄県史　資料編20　軍政活動報告（和訳編）　現代4』（沖縄県教育委員会、二〇〇五年）一九～二〇頁。

六 沖縄の「切り捨て」「切り離し」と米軍政府占領下の沖縄

はじめに

昭和天皇は、第二次大戦の最中に「一度」、第二次大戦の敗戦後に「一度」、合計「二度」も沖縄を「切り捨て」る。一度目の切り捨ては、天皇の決断によって沖縄戦を回避することができたのにそれをしなかったこと、二度目の切り捨ては、日本を共産圏から防御してもらう見返りに沖縄をアメリカに売り渡したこと、加えて沖縄を日本から分離することによって戦後日本経済の復興をはかること、これである。さらにいえば、一度目の切り捨ては、日本帝国の最高責任者としての立場からの切り捨て、二度目の切り捨ては、国事行為のみをおこなうという天皇の地位を逸脱して、つまりは憲法を犯しての切り捨て、ということになる。昭和天皇による「二度」の「切り捨て」は、沖縄にとって、限りなく深く、そして重い。

米軍は、沖縄の上陸後、米軍政府を樹立し、占領と統治を同時に進める。この時のアメリカ本国政府内部における沖縄の政策をみれば、未だ明確な政策意図をもっておらず、いわば無関心の姿勢さえ示していた。だが、沖縄を占領した米軍政府は、みずからの沖縄における政策をスムーズに展開するためには、沖縄の人材を必要とし、誕生したのが沖縄諮詢会、次いで沖縄民政府であった。これらの行政機関は、あくまで米軍政府の補助機関としての役割であり、米軍政府内の制約内でしか動くことが許されなかった。

アメリカ本国政府が沖縄の基地化に消極的であったのは、沖縄を常襲する「台風」にあったことも忘れてはならない。相次ぐ台風の襲来は、沖縄戦の最中・沖縄戦終結後に設営された米軍施設をことごとく破壊した。はじめて沖縄の台風を経験した米軍の高官は、沖縄からの兵士の撤退を決定し、その手続きさえおこなっている。そこで問題となるのが、アメリカ本国政府が沖縄に恒久的な基地を建設するか否かにあった。というのは、一九四五年度時点におけるアメリカ本国政府の財政構造をみれば、歳出に占める軍事費の割合は、すでに九〇パーセントを占めていたからである。

沖縄の日本からの「切り離し」は、日本政府とアメリカ本国政府との間での取り決めでなされたものとなっている。その経緯を詳細にみるなら、あきらかに昭和天皇の「意思」が大きく入り込んでいることを見逃してはならない。

住民にとっての最大の願いは、生まれ・育った「郷里」に帰り、そこでの生活を「生きながらえた家族」とともに、過ごすことにあった。だが、「戦後」のない沖縄は苦難の生活が続く。

1　昭和天皇は沖縄を「二度」切り捨てた

昭和天皇は、沖縄を「二度」切り捨てた。

一度目は、昭和天皇の決断によって「沖縄戦」を回避することができたにもかかわらず、戦果を挙げて戦争終結後の条件を有利にするため、沖縄を捨石にすると判断したこと、による「切り捨て」である。

二度目は、日本を共産圏から防御するため「天皇メッセージ」で沖縄における米軍基地の長期化を容認したこと、加えて沖縄を日本から分離することによって戦後日本の復興を図ること、による「切り捨て」である。

昭和天皇による「二度」の沖縄「切り捨て」は、沖縄にとって限りなく深く重く続いている。

一度目の「切り捨て」をみる。

一九四四年七月七日にサイパン陥落、一〇月二四日レイテ沖海戦で連合艦隊の壊滅的打撃、一〇月二九日B29の空爆開始、と戦局の悪化が続いた四五年二月七日から二月二六日にわたって重臣をはじめ、首相経験者が天皇に会見し、時局についての意見具申をおこなっている。沖縄にとって重要なのが、二月一四日の近衛文麿の具申であった。近衛は天皇に対し、日本が置かれている状況について、つぎのように上奏する。(1)

戦局ノ見透シニツキ考フルニ、最悪ナル事態ハ遺憾ナガラ最早必至ナリト存ゼラレ。以下前提ノ下ニ申上グ。最悪ナル事態ニ立至ルコトハ我国体ノ一大瑕瑾タルベキモ、英米の輿論ハ今日迄ノ所未ダ国体ノ変更ト迄ハ進ミ居ラズ（勿論一部ニハ過激論アリ。又、将来如何ニ変化スルヤハ測断シ難シ）。随ツテ最悪ナル事態丈ナレバ国体上ハサマデ憂フル要ナシト存ズ。国体護持ノ立場ヨリ最モ憂フベキハ、最悪ナル事態ヨリモ之ニ伴フテ起ルコトアルベキ共産革命ナリ。……

戦局ノ前途ニツキ何等カ一縷デモ打開ノ理アリト云フナラバ格別ナレド、最悪ノ事態必至ノ前提ノ下ニ論ズレバ、勝利ノ見込ナキ戦争ヲ之以上継続スルコトハ全ク共産党ノ手ニ乗ルモノト云フベク、従ツテ国体護持ノ立場ヨリスレバ、一日モ速ニ戦争終結ノ方途ヲ講ズベキモノナリト確信ス。戦争終結ニ対スル最大ノ障害ハ満州事変以来今日ノ事態ニ迄時局ヲ推進シ来リシ軍部内ノ彼ノ一味ノ存在ナリト存ゼラル。彼等ハ已ニ戦争遂行ノ自信ヲ失ヒ居ルモ、今迄ノ面目上アク迄抵抗ヲ続クルモノト思ハル。……

近衛は、天皇に対し、勝利する見込みのない戦争を継続するよりも、国体護持の面からみて一日も早い戦争終結の方途を講ずべきである、と具申する。この近衛の具申に対し、天皇は、こう投げ返す。(2)

我国体ニツイテハ近衛ノ考ヘトハ異リ、軍部ハ、米国ハ我国体ノ変革迄モ考ヘ居ル様観測シ居ルガ、其ノ点ハ如何。

天皇の問いは、国民のことよりも自らの地位がどうなるかを憂慮した問いであった。近衛は、つぎのように答える。(3)

軍部ハ国民ノ戦意ヲ昂揚セシムル為メニモ強ク云ヘルナラント考ヘラルル。グルーノ本心ハ左ニアラズト信ズ。グルー大使離任ノ際、秩父宮ノ御使ニ対スル大使夫妻ノ態度・言葉等ヨリ見テモ、我皇室ニ対シテハ充分ナル敬意ト認識ヲ有スト信ズ。但シ米国ハ輿論ノ国ナレバ、今後戦局ノ発展如何ニヨリテハ将来変化ナシトハ保証シ得ズ。之戦争終結ノ至急ニ講ズルノ要アリト考フル重要ナル点ナリ。

近衛は、戦争を早急に終結させることこそ、天皇の地位を守ることになる、と重ねて進言する。引き続いて、天皇の質問と近衛の答えが三度あり、最後に、天皇は問う。(4)

モウ一度戦果ヲ挙ゲテカラデナイト中々話ハ難シイト思フ。

天皇の考えは、日本が敗戦への道をひた走っているのに、それを無視した考えであり、近衛はいさめるように答える。(5)

ソウ云フ戦果ガ挙ガレバ誠ニ結構ト思ハレマスガ、ソウ云フ時期ガ御座イマセウカ。之モ近キ将来ナラザルベカラズ。半年、一年先デハ役ニ立ツマイト思ヒマス。

近衛は、日本の敗戦が確実であることをすでに判断しており、そのうえでの答えであった。天皇が近衛の具申を受けて戦争を終結しておれば、沖縄戦の悲劇は生まれなかった。四五年六月一日、沖縄守備軍司令官牛島満から決別電報を受け取った参謀次長河辺虎四郎は、沖縄戦の組織的終結が必至であることを天皇に上奏すると、天皇は「天機はなはだうるわしからず、御下問も少なかった」(6)という。天皇には、自らの決断で回避することができた沖縄戦であったという認識がまったく欠落しており、無責任にも沖縄戦の敗北を嘆くのみであったのである。

「モウ一度戦果ヲ挙ゲテカラ」、ことに臨むとした天皇の責任は重い。藤原彰・他は『天皇の昭和史』の中で、

「戦争の継続に固執する天皇の姿勢に顕著なのは、『不名誉』な降伏に対する忌避と、自らの地位及び『国体』の『護持』に対する強い執着であり、換言すれば、無謀な戦争の中で傷つき、倒れつつあった国民の現状とその将来の運命に対する関心の希薄さであった。戦争の継続か終結か、という重大な岐路にあって、国民生活の危機的状況に対する関心は、天皇の政治的判断の基底的要因ではなかったのである」[7]と指摘するが、天皇の責任を鋭く突く、これ以上の論はない。

天皇による沖縄の「切り捨て」は、沖縄戦にとどまるだけではない。二度目の「切り捨て」がある。それは一九四七年九月一九日、天皇の御用掛であった寺崎英成が、駐日政治顧問部W・J・シーボルトに会い、「沖縄の将来に関する天皇の考え」を伝えたことにある。寺崎は九月一九日の日記に「シーボルトに会ふ　沖縄の話　元帥に今日話すべしと云ふ　余の意見を聞けり　平和条約に入れず　日米間の条約にすべし」[8]と書く。伝えたのは、驚くべき内容であった。[9]

寺崎氏は、天皇は米国が沖縄、その他の琉球諸島に対する軍事占領を継続するよう希望している、と述べた。天皇の考えでは、そのような占領は米国の利益になり、また、日本を防衛することにもなろう、というのである。このような措置は、日本国民の間で広範な賛成を得るであろう。彼らはロシアの脅威を懸念しているだけでなく、占領が終わったのちに右翼および左翼勢力が台頭し、日本の内政に干渉するための根拠としてロシアが利用しうるような「事件」を引き起こすのではないか、と懸念しているのである。天皇は、以上のように考えている。

さらにまた、天皇は、沖縄（そのほか必要とされる島嶼）に対する米国の軍事占領は、主権を日本に置いたままでの長期――二五年ないし五〇年またはそれ以上の――租借方式という擬制にもとづいて行なわれるべきであると考えている。天皇によれば、このような占領方式は、米国は琉球諸島に対していかなる恒久的野心ももっていないと日本国民に確信させ、ひいてはこれにより、他の諸国、とりわけソ連と中国が同様の権利を要求することを封ずるであろう。

「天皇メッセージ」の奥にあるのは何か。それはアメリカが日本本土を共産圏域の脅威から守る見返りに、日本の潜在主権を残したままで、沖縄をアメリカの軍事基地化としてもよい、とする「考え」である。

「天皇メッセージ」がはじめて政府レベルで論議されたのは、一九七九年四月一七日に開催された「内閣委員会」においてであった。この委員会は、元号法案が審議の中心であったが、「天皇メッセージ」に関する論議もなされているので、その内容を追ってみる（重要な箇所のみを掲げることに留意されたい―筆者注）。

◆柴田睦夫委員：……天皇が憲法に反して国政に直接関与したという報道が行われております。その報道によりますと、アメリカが沖縄を四半世紀にわたって軍事占領をしたのも、日本が北方領土を放棄したのも、さらに日本がサンフランシスコ条約と日米安保条約によってアメリカの従属下に置かれているのも、天皇が出したメッセージによるということであります。外務省、宮内庁及び沖縄開発庁は、この報道をすでに知っていると思いますが、いかがですか。

■宮内庁次長・山本悟：……宮内庁には本件に関する資料は調べましても全然見当たりません。

◆柴田委員：……天皇が憲法に違反して日本国民の命運にかかわる重大な国政に関与した疑いがある。これは間違いないと思うのです。これが事実ならば、事態はきわめて重大であります。この点について、事実関係を早急に究明する必要があると考えますが、いかがですか。

■外務省アメリカ局外務参事官・北村汎：……当時の占領政府の政治顧問をしておりましたシーボルトという人からマッカーサー元帥あてに出したメモであるとか、あるいはそれを国務省に送ったメモであるとかいうようなものは、これはアメリカの方で機密性を解除されまして、それが「世界」という雑誌に引用されているわけでございます。

その文書につきましては、先ほど申しましたように入手をいたして読んでおりますが、これは何分ともアメリカ側で当時の宮内庁御用掛でおられた寺崎英成さんとおっしゃる方がシーボルトのところで口頭でおっしゃったことを受けとめて書いたものでございますので、私ども日本側でどういう事実関係があったか、あるいはどういうことであるかということは、その材料はただいまのところ持ち合わせておりません。御承知のように、当時外交関係を日本政府は持っておらなかった時代でございますので、事実関係についてもなかなか明らかでないところが多いのではないかと思っております。

このように、柴田委員にたいする宮内庁および外務省の答弁は、資料がない、材料がない、との一点張りで、まったく埒が明かない答弁となっている。

ところが、『入江相政日記　第五巻』の四月一九日付には、「……お召といふことで出たら昨夜、赤坂からお帰りの車中でうかゞつた。『沖縄をアメリカに占領されることをお望みだつた』といふ件の追加の仰せ。蔣介石が占領に加はらなかつたので、ソ連も入らず、ドイツや朝鮮のやうな分裂国家にならずに済んだ。同時にアメリカが占領して守つてくれなければ、沖縄のみならず日本全土もどうなつたかもしれぬとの仰せ」[10]と書いている。つまり天皇は、みずからの決断において沖縄を「切り捨てた」ことをはっきりと認めているのである。

四月二七日に開かれた「沖縄及び北方問題に関する特別委員会」における沖縄県選出の衆議院議員の瀬長亀次郎、国務大臣（総理府総務長官兼沖縄開発庁長官）の三原朝雄との間で激しいやりとりが交わされる。ここでも、政府側の答弁は四月一七日のそれとほぼ同じような内容となっているが、核心となる部分を追ってみることにする。

★瀬長：第一に伺いたいのはこのシーボルトの書簡、これは「合衆国対日政治顧問　代表部顧問」というふうになっていて、そのシーボルトから国務長官あての書簡であります。これに大変なことが書かれているのですね。「天皇のアドバイザーの寺崎英成氏が同氏自身の要請で当事務所を訪れたさいの同氏との会話の要旨を内容とする一九四七年九月二十日付のマッカーサー元帥あての自明の覚え書のコピーを同封する光栄を有します。」ということを書いて、次に「米国が沖縄その他の琉球諸島の軍事占領を続けるよう日本の天皇が希望していること、疑いもなく私利に大きくもとづいている希望が注目されましょう。また天皇は、長期租借による、これら諸島の米国軍事占領の継続をめざしています。その見解によれば、日本国民はそれによって米国に下心がないことを納得し、軍事目的のための米国による占領を歓迎するだろうということです」こう書いてあるのですね。

それから……「マッカーサー元帥のための覚え書」……「さらに天皇は、沖縄(および必要とされる他の島々)にたいする米国の軍事占領は、日本に主権を残したままでの長期租借—二十五年ないし五十年あるいはそれ以上—の擬制にもとづくべきであると考えている、天皇によると、このような占領方法は、米国が琉球諸島にたいして永続的野心をもたないことを日本国民に納得させ、また、これにより他の諸国、とくにソ連と中国が同様の権利を要求するのを阻止するだろう。」云々と書かれております。

これは憲法とのかかわりもありますので言いますが、五一年にいわゆる対日平和条約が提起された時点で、ダレスとイギリス代表なんかが言った残存主権または潜在主権、こういった問題が、四七年五月三日、現在の憲法が施行された以後このような天皇の行為が行われている。これに対して最初に、総理府総務長官でもあり沖縄開発庁長官でもある三原長官の御意見、さらにその当時の政治的状況、どういった状況のもとで出されたか、こういった問題について釈明してほしいと思います。

■三原:米占領時代のシーボルト氏のメモはいま見せていただきました。ところが、この問題につきましては、事実関係の有無についてつまびらかではございません。そういうことで、私自身がシーボルト氏のメモ等についてここで御意見を申し上げることは慎みたいと思いますので、御理解を願いたいと思います。
★瀬長：この天皇の申し出という問題は、これはいわゆる国事ではなくて国政の問題なんですよね。しかも、憲法はもうすでに施行されている段階における天皇の行為である。しかも、その英文では「セルフインタレスト」と書いてありますが、辞典を引きますと、私利私欲、身勝手、こういった意味です。この文書はトップシークレットなんです。天皇は卑屈だったのでしょうな。「私利」、いわゆるセルフインタレストというふうな—これははっきり書いてあるのです。シーボルトが。そういったようなものが現実に外務省から出されておる。しかもアメリカが出している。
■三原：重ねて申し上げますが、私自身事実関係の有無についてつまびらかにいたしておりません。特にシーボルト氏のメモによって、責任ある国務大臣として御回答申し上げることは慎んでまいりたいと思っております。
★瀬長：吉田茂その当時の外務大臣のあっせんで三回マッカーサーに会っていますね。そうなりますと、これは、しかもいまここで申し上げましたのは、憲法が施行されてからの話なんです。
■宮内庁長官官房審議官・勝山亮：ただいまの御質問で、憲法施行後に天皇が吉田茂の仲介で三回会ったという御質問だったと思いますが、それにつきまして事実関係でございますが、昭和二十二年の五月三日が憲法のたしか施行だったとおもいますが、それでその二十二年の五月六日に会っておりますが……二十一年の五月三十一日と二十一年の十月十六日と、三回会っております。
★瀬長：その当時はすでに憲法が施行されておるのですよ。それで憲法は、これは何もこっちで述べる必要もないが、天皇の国事行為と内閣の責任、三条、四条。これで国事の件については内閣の助言と承認が要る。それで十項目書かれている。しかし、国政に関する行為—国事に関する行為のみを行い、国政に関する機能は有しないとはっきり憲法に書かれていますね。この問題は国事に関する問題ではなしに、明らかに国政に関する問題、国家主権と国民主権の問題なんです。
■三原：天皇が憲法施行後三回も会われたというようなお話でございましたが、お会いになったのは、いま承りますと、憲法施行前に二回、施行日に一回ということのようでございます。したがって、私ども自身、実際問題として私がこの問題について事実の有無を確認をいたしておりません。私は重大なことでございますので、国務大臣として責任のある発言はやはり慎んでまいるべきものだと考えております。お許しを願いたい。
★瀬長：あのときは軍人勅諭とかあるいは教育勅語、これに基づいて、なんじ臣民だったわけですから、こういったようなお人が沖縄を占領支配させてもいいというふうなことを言ったということについては、これは内閣は責任を持っていなくちゃいかぬと思うのです。その責任は天皇にあるのかどうか。天皇はいまの憲法によって刑事責任も民事責任もないでしょう。だれが持つのか、内閣でありませんか。
瀬長の質問にたいする政府側の答弁は、天皇の責任を極力回避することに終始一貫している。天皇自身が国政に関わりを持つということは、あきらかに憲法違反行為であり、この意味で、『入江相政日記』の一九七九年五月二日付「瀬長議員質問の例の寺崎・シーボルトの件につき申上げる」の記述、そして二日後の五月四日付「沖縄の瀬長の質問に関してのこと」の記述は[11]、逆に、政府答弁の矛盾を露呈した、という点において、重要な意味をもつ。

昭和天皇による沖縄の「二度」の「切り捨て」は、みずからの保身と、日本という国の保身を最重要視する「考え」が根本にあり、将来にわたる「沖縄の苦闘」をまったく無視した「切り捨て」にほかならなかった。

2　米軍政府による沖縄占領の意図と政策

沖縄の占領は、日本本土の占領とは異なり、米軍の沖縄本島上陸によって本格化する沖縄戦と同時並行的に進行した占領であった。

沖縄占領の基本的な指令は、一九四五年一月一二日付で米国統合参謀本部から太平洋方面米国艦隊最高司令官宛に出された『日本の周辺諸島における軍政府に関する指令』[12]にはじまる。『指令』の中の「日本の周辺諸島」には「南西諸島」が含まれており、「政治指令」として二九項目を掲げ、重要なのがつぎのものであった。[13]

2　あなたの指揮下にある軍隊によって占領される日本の周辺諸島に、軍政府を樹立すること。

4　軍政府の目的は、軍事上の任務の遂行を可能な限り最大限に促進すること。

5　軍政府による管理は厳格でなければならないが、公正であること。地域住民の取り扱い、行使される厳格さの程度は、住民の行為や態度、また軍の権威に協力する意志の度合いによって決定されること。

6　適切な報告書によって、つぎのことを明らかにすること。

（a）合衆国にたいする日本の侵略および攻撃によって、合衆国は日本と戦争せざるをえなくなったこと。

（b）これらの島々の軍事的占領と統治は、軍事作戦上欠かせないものであり、日本の攻撃力と日本帝国を支配する軍人階級を破壊するために必要な過程であること。

9　目的の遂行に妨害となる法令、条例、規則の運用を停止すること。

12　軍政府の目的を推進する限りで、またそれに矛盾しない範囲で、現存する現地政府の機関を利用すること。また可能であれば、現地住民が慣れ親しんでいる管理技術を用いること。

15　軍事上の配慮により、あるいは一般住民の利益という点から、必要な場合には、一般住民の全体または一部を移動させ、制限区域あるいは難民キャンプに止めること。

21　天皇や天皇制の将来に関してけっして公に発言しないこと。そしてあなたの指揮下の軍隊にも同じ趣旨のことを伝えておくこと。

23　学校が閉ざされている場合、周囲の安全が確認されたらすぐに再開すること。

29　軍事上の便宜が許す範囲で、あらゆる歴史的、文化的、宗教的な対象物を保護し保存しておくこと。

この『指令』は、一九四五年に発令された「米国軍占領下ノ南西諸島及其近海居住民ニ告グ」に引き継がれる。[14]

日本帝国ノ侵略主義並ニ米国ニ対スル攻撃ノ為、米国ハ日本ニ対シ戦争ヲ遂行スル必要ヲ生ゼリ。且ツ是等諸島ノ軍事的占領及軍政ノ施行ハ我ガ軍略ノ遂行上並ニ日本ノ侵略力破壊及日本帝国ヲ統轄スル軍閥ノ破滅上必要ナル事実ナリ。

治安維持及米国軍並ニ居住民ノ安寧福祉確保上占領下ノ南西諸島中本島及他島並ニ其ノ近海ニ軍政府ノ設立ヲ必要トス。

故ニ本官米国太平洋艦隊及太平洋区域司令長官兼米国軍占領下ノ南西諸島及其近海ノ軍政府総長、シー・ダブリュ・ニミツハ茲ニ左ノ如ク布告ス（重要項目のみを掲げる―筆者注）。

一、南西諸島及其近海並ニ其住民ニ関スル総テノ政治及管轄権並ニ最高行政責任ハ占領軍司令長官兼政府総長、米国海軍元帥タル本官ノ権能ニ帰属シ本官ノ監督下ニ部下指揮官ニヨリ行使サル。

二、日本帝国政府ノ総テノ行政権ノ行使ヲ停止ス。

四、本官ノ職権行使上其必要ヲ生ゼザル限リ居住民ノ風習並ニ財産権ヲ尊重シ、現行法規ノ施行ヲ継続ス。

五、爾今総テノ日本裁判所ノ司法権ヲ停止ス。……

六、占領軍ノ命令ニ服従シ平穏ヲ保ツ限リ居住民ニ対シ戦時必要以上ノ干渉ヲ加ヘザルトス。

そして一九四六年一月二九日、連合国最高司令官総司令部は「若干の外廓地域を政治上、行政上日本から分離することに関する覚書」を発し、「日本の範囲から除かれる地域として」、「北緯三〇度以南の琉球（南西）諸島」を指定し、「この指令中の条項は何れもポツダム宣言の第八条にある小島嶼の最終的決定に関する連合国側の政策を示すものと解釈してはならない」との制約をも加えたのである。(15)なお、ポツダム宣言の第八条は、『カイロ』宣言ノ条項ハ履行セラルヘク又日本国ノ主権ハ本州、北海道、九州及四国並ニ吾等ノ決定スル諸小島ニ極限セラルヘシ(16)」となっている。

以上のような意図と経緯を経て、米軍政府は沖縄の占領政策を進めていくことになる。最初に着手したのが、住民の中央機関である「沖縄諮詢会」の設置であった。一九四五年八月一五日に仮沖縄人諮詢会が開かれるが、その目的とするところはつぎの点にあった。(17)

第一目的　沖縄の再生復興につき諮詢委員となり軍当局と相談し会う十五名の委員を選ぶこと。委員を選ぶには全沖縄より有力な人材を網羅せんがため農業部、商工部、衛生部、教育部、社会事業部、労務部、保安部、警務部、法務部の各部にわたり専門の知識技能を有する人及び各社会階級の代表者を一部の地区に偏しない様に且つ、日本の軍部や帝国主義者と密接な関係を有する者は望まない。尚御都合主義で米国の気嫌《ママ》のみを取って自己の利益を考えて居る者は排したい。誠心誠意沖縄の福祉に対して強硬に率直に述べることの出来る方を軍政府は望んでいる。

第二目的　民意を代表するための機関を設立する様、成文を以て軍政府に提出すること。

第三目的　本会の主目的に関連して軍に願い度いことや質問したいことがあれば提出して置いてもらいたい。

以上の目的に沿うかたちで一五人の委員が選出され、委員長には志喜屋孝信が選ばれた。「沖縄諮詢会」の目的は、米軍政府の諮問にたいする答申、中央政治機関創設に関する計画の立案、米軍政府への陳情具申、に限られていた。だが、警察、教育、食糧配給、医療衛生などの業務のほかに、市長・市会議員選挙の実施、教科書の編纂、戸籍法の整備、人口調査をスムーズに進めるには、諮詢会の力が必要であった。(18) やがて米軍政府は、沖縄人の行政能力を評価するようになり、それが諮詢会機構の整備へと繋がっていくのである。(19)

一九四六年四月二二日、米軍政府は「南西諸島米国海軍軍政本部指令第一五六号」を発するが、「主題」は「沖縄民政府創設に関する件」(20) で、重要項目はつぎのとおりである。

二、前記（南西諸島の民政府最高執行機関設立認可及指令。沖縄軍政府副長官へ諸行政官庁の職務を遂行する為め沖縄人の責任ある中央行政機関設立を促進せしむる指令—筆者注）に従い茲に沖縄民政府を設立する。

三、沖縄民政府は知事を首脳官吏とし左の事項を包含するものとす。

イ、認可されたる行政各部。

ロ、裁判組織。

ハ、市町村行政

ニ、現沖縄諮詢会に代るべき諮詢団体。

四、沖縄知事は軍政府の政策及指令に準拠し沖縄に於ける総ての行政庁の綜合行政を適切に遂行する事に関して直接軍政府副長官に責任を負うものとす。

五、諸指令は軍政府副長官より沖縄民行政庁に下達されるものとす。軍政府内の各部は其の所管内の行政上の職能及服務を管掌し沖縄民政府各部に其の事務上知識上の直接連絡に当るものとす。……

四六年四月二四日、沖縄民政府知事に志喜屋孝信が選出される。翌二五日の就任式で米軍政府副長官代理として出席したワッキンズ少佐は、つぎのように語る。(21)

本時ハ私ノ光栄トシ誇リトスル瞬間デアリ、私ハ軍政府副長官ノ代理トシテ語ルノデアル。依テ本時ハ沖縄歴史上最重要な瞬間デアル。即チ本時ハ軍政府カラ民政ニ移ル尊イ瞬間デアリ、次ノ三ツノ理由ニヨリ軍政府ノ人モ住民モ共ニ誇ルベキ日デアル。

第一ニ沖縄ニ政治機構ノ復興シタ日デアリ、第二ニ米軍ノ今日マデノ計画及組織ヲ発表スル日デアリ、第三ニ本機構ガ出来ル迄ニハ沖縄ノ凡ユル人々ノ知識ト援助ヲ得タコトデアル。

そして志喜屋は「黄金時代を我々の手で」と題してつぎのように述べる（重要なことのみを掲げる―筆者注）。[22]

私は軍政府より受けたあらゆる命令並に指令をじゅん奉し、執行し、民行政機関並に沖縄住民に伝達すると同時に又沖縄復興に適切なる方策を献言し、其の公認された所の諸政策を同胞各位に良心的に遂行して戴く重大な職務を負ふて居ります。私にとりて誠に重荷でありますが、常に沖縄同胞の福利増進に力を注ぐ決意であります。

同胞各位もあらゆる方面に細心の注意を払ひ禍を転じて福となす覚悟で米国軍政府の御好意に感謝しつゝ米国文明の利器を体得して戦前の沖縄よりもよりよき沖縄を建設し、沖縄の黄金時代を我々の手によって出現せしむる様努力して戴きたいのであります。

志喜屋の語りの中にあるのは、米軍政府の命令・指令の遵守という側面、住民生活の復興という側面、この二つの側面を併せもつものであった。

『ウルマ新報』社長島清は「知事就任を祝ふ」と題して、つぎのように書く。[23]

琉球王国ガ沖縄県ト改称サレ、沖縄世ガ大和世ト替リ、封建制変ジテ自治制ノ施行トハナリシモ、ソハ名ノミ。政治行政ノ真相依然トシテ植民地的官僚行政デアリ、吾々ウルマ住民ハ永年植民地的重圧ニ呻吟シ来リ。敗戦国民トシテ今日ノ悲運ヲ迎ヘタ。

講和条約ノ締結ヲミル迄米側カラスレバ吾々ハ敵国人ノ立場ニアル。然ルニ吾々ヲ敵国人視セザルノミナラズ、今度吾々ウルマ島人ヨリ政治行政ノ総元締タル知事ヤ副知事ヲ選任サレタ事ハ吾々ノ現在ノ地位ヲ除イテモ尚且近世ウルマ島史上嘗てミザル最大ノ快事デアリ、後世ノ史家ハ今日ノヨキ日を永久ニ讃ヘルデアラウ。

島の論点には、一八七九（明治一二）年の沖縄県設置、いわゆる琉球処分以来、県知事は沖縄戦まで他府県人が任命されていたことを痛烈に批判するとともに、米軍政府の許可を得て新聞を発行していることもあってか、おもねる内容とも読み取れるが、それを差し引いても、日本政府の封建的な人事から解放されて、米軍政府が沖縄人を知事に任命したことに拍手を送っている。

また当時、東京で発行されていた沖縄人連盟の機関紙『自由沖縄』は、「軍政から民政へ　新生沖縄の歴史創る　沖縄人自身の手による民政府誕生」と題し、沖縄民政府の発足をつぎのように報じている(24)。

幾百万の人民は飢餓線上に彷徨し、巷には白昼公々然と白鬼が横行している。既に人民は政府をみくびり、政府もまた人民に信をおかず、日本の政治は涯しもなく徒らに空転を続けている。然るに戦渦を蒙る事日本本土の何十層倍に及び一時は全島玉砕をさへ伝えられ、再建は到底望めないとみられていた我が郷土『沖縄』が、此の若夏の陽光の中に新生の産声を高々と挙げて堂々と全世界の面前に躍り出て来たのだ。即ち米軍の軍政下にあった沖縄は去る四月二十五日を期して、沖縄人自身の手による政治へ転換、志喜屋孝信先生を初代知事とする民政府が誕生したのだ。その詳報は未だ入手出来ぬが、此の事実を聞いたゞけでわれらの胸は高鳴る。思っても見よ、われらが五体に流れている民族の血を嘗っては王国として四海に雄飛し、東西の文化を接受して一個の風格ある琉球文化にまで体系づけて来た祖先を持つ我等が郷土の同胞たちは、期待に違はずに見事に偉大なる歴史的段階の責任を担って発足したのだ。……

さらに福岡で発行されていた『沖縄新民報』は、「戦前・戦中の一県一社体制下の沖縄の新聞『沖縄新報』の常務を経験したこともある親泊政博[25]」の助力によって創刊されたものだが、その中で親泊はつぎのように論じている。[26]

沖縄の前途は国際的視点からも実に多事多難である。のみならず島内には食なく衣もなく住なく与へられるものは敗戦による焦土のみである。米国のあたゝかい救援によって今日は僅かに命をつないでいるが、何時までも救ひの上に眠ることは許されない。

運命の島沖縄を開拓する者は沖縄人であるが、さしもの敗戦に除脱、失心の態であるからこれを推進することは容易ならぬものである。幸い沖縄一流の人物たる志喜屋孝信氏が決然たつて初代沖縄民政府知事の重職についたことは洵に同慶にたえない。志喜屋氏の迸る民族愛、勇気、叡智、洞察と周到なる政治性は我等の運命を託するに十分であり千鈞の重さをなしている。……

米軍政府は、「沖縄人の責任ある中央行政機関設立を促進」すると謳いながら、加えて新聞子も「沖縄の明日への期待」を報じているが、米軍政府と沖縄民政府の関係は上意下達の関係にあり、これでは人民のための沖縄民政府とはいえない。米軍政府が沖縄民政府を設立した意図の「底」には、沖縄の占領政策をスムーズに遂行するため沖縄民政府を米軍政府の補助機関とすることにあった。『沖縄県史料　沖縄民政府記録Ｉ　戦後２』の「解題」で上江州敏夫が論じているつぎの点、「軍政府が統治の主体で、民政府はその統治方針を諮詢し、政策を執行する行政機関であって、軍政府の権力は絶大であり、民政府は軍政府の制約内でしか意志は表明できなかった[27]」との指摘は的を射たものといえる。

沖縄の行政機関は、その後、一九五〇年一一月四日に発足した沖縄群島政府[28]、五二年四月一日に設立された琉球政府へと改組される。琉球政府は、アメリカ政府の制約下にあったとはいえ、立法・行政・司法に関して一国的機能をもっていたが、七二年五月一五日の日本本土復帰の日に消滅する。

補助機関の設置に加えて、米軍政府が意図し目指したのは、沖縄の国際的地位が決定するまで、つぎのことを早急に進めることにあった(29)。

一、日本本土との政治的、社会的、経済的つながりの終息。

二、下記の方法をとることにより住民の生活水準を戦前のレベルまで回復させる。

a 破壊された不動産や施設等の物理的な復旧

b 保健衛生面改善の継続

c 貿易、産業および農業の健全なる発展計画をたて、それから上がる利潤や利益を地元住民に還元させることで住民の生活水準が戦前のレベルまで復活され、また可能なかぎり最高水準の経済発展が遂げられるよう住民を援助すると同時に住民や地元政府の能力に見合った教育計画を樹立する。

三、軍政要員の数を最小限に抑えたやり方で管理できる自治体の樹立。

その後の流れをみると、米軍政府の基本的な政策意図は、アメリカ本国の負担を軽減することによって沖縄の経済復興を図ることにあったが、それも「最高水準の経済発展が遂げられるよう住民を援助する」といいながら、実は、戦前レベルまでの復興でしかなく、沖縄の発展を目指した政策ではなかった。

3 日米両国が沖縄を日本から「切り離した」ことの意味

なぜ、日米両国は沖縄を日本から切り離したのか(30)。

一九四三年は、沖縄にとって大きな意味をもつ「年」であった。なぜなら四三年は米国政府内部、とくに国務省と総合参謀本部＝軍部との間で、沖縄の地位をめぐり、はじめて激烈な議論が交わされた年であったからである。国務省の意図はソ連・中国との融和を図ることにあり、軍部の意図はあくまでも沖縄を極東戦略の要とすることにあり、この中心軸にあったのが沖縄であった。

大田昌秀によれば、「沖縄の分離・占領は、たしかに形のうえでは『日本の敗戦の結果』のようにみえるが、実際には、そのはるか以前の一九四三年頃から周到に計画立案され、沖縄戦の開始と同時に実施された」[31]という。大田は「いったいなぜアメリカは、きわめて早い時期から沖縄の分離を企図したのか」と問い、「アメリカ軍部は、沖縄を含め北緯三〇度以南の太平洋島嶼郡を、長期間、アメリカの単独支配下に置くのでなければ、みずからの安全を保障することはできない、という立場を一貫してとり続けていた。その強い意向が政府部内の政策決定に反映して、沖縄は分離・占領される結果となった」[32]と答える。加えて「対日、対ソ、対中国その他の対外政策を策定・実施するさいの貴重な取引材料（手段）をも意味した」[33]とする。四三年五月頃から国務省で領土処理についての研究をしていたジョン・W・マスランドは、「極東における戦後の領土問題の処理には、琉球諸島を日本帝国から切り離す問題も含まれることになろう。（同諸島の）住民は、日本人と緊密な関係があり、琉球諸島は軍略上、また商業上も価値がある」と論じ[34]、沖縄の日本からの分離について三つの選択肢をあげている[35]。第一案は「沖縄を日本から切り離して管理を中国に委譲する」、第二案は「琉球諸島を国際機関の統治に委ねる」、第三案は「沖縄を日本から分離することにより日本に保有させる」というものであった。みるように、国務省の考えには、軍部の意図がほとんど反映されてない。反面、軍部としては沖縄を日本から分離して占有し、軍事戦略上の拠点とすることを企図していた。このことについて大田は、「米軍によると、沖縄は、アメリカが太平洋上で企図する基地建設計画の中でも、最も重要な要をなす基地であり、そこから米軍を東北アジア方面へ派遣することも可能な唯一の前進基地として、とりわけ重要だという。したがって、統合参謀本部は、国務省内部に、沖縄を日本に返した方がよいとする見方があることにことのほか神経を尖らせ[36]」ていたが、「沖縄を分離し、アメリカの基地と化すことについては、アメリカ政府内でも二転三転したあげく、ついには対日平和条約において〝法的怪物〟と酷評された曖昧な内容の第三条の規定、つまり米軍部と国務省との一種の妥協案が案出されるに至ったのである[37]」と評価する。そして「分離した日米両国政府にとっては、たんに国益の増進をはかる一政策にすぎなかろうが、分離された沖縄側からすれば、分離基地化された意味は、はかりしれないほど深刻かつ重要な問題[38]」との結論を導き出す。

一方、宮里政玄は、大田とは異なる見解を唱える。宮里は「第二次大戦中の米国政府内の戦後計画立案について次のことを確認しておく必要がある」として、「その一つは、一言に『米国』と言っても、それは意見を異にする組織の集合体であるということである。沖縄に関して言えば、軍部と国務省が沖縄の処遇をめぐって鋭く対立した。あと一つは、戦時中米国政府は軍事作戦の遂行、戦後処理などの多くの問題をかかえており、その中で沖縄の処遇は決して優先的に取り上げられたわけではなかったということである[39]」との問題点を前提に立て、つぎのように論を進める。「国防・陸軍・海軍三省調整委員会（SWNCC、以下三省調整委と略。一九四四年一二月設置）が沖縄問題をはじめてとりあげたのは、沖縄進攻が間近に迫った一九四五年三月であった。すなわち、沖縄が米国の戦後アジア戦略の中に位置づけられ、その処遇が米国政府のトップ・レベルで討議されるのは、沖縄戦を契機としてであったのである[40]」と。一九四六年六月、国務省は三省調整委に草案を提出するが、米軍はすでに沖縄を占領・統治していた。宮里は、こう論じる。「軍部が沖縄についての立場を明確にする契機となったのは、沖縄戦であったと思われる。米軍が多大な人的、物的犠牲を払ったことは言うまでもなく、沖縄進攻それ自体、軍部の注意を沖縄に向けさせるものであった。そしてその立場は、日本から沖縄を切り離し、米軍が排他的に統治するという方向に固まっていく[41]」と。以上の点を踏まえ、宮里はつぎのような結論、すなわち「沖縄本島上陸の三日目に統合参謀本部は日本本土作戦のための計画と準備に関するマッカーサー宛指令で、日本の軍政の責任をマッカーサーに付与したが、その場合の『日本』から北緯三〇度以南の諸島は除外した。……統合参謀本部の作戦指令による沖縄の分離は、それが作戦上の理由から出されたものであったにせよ、それ以後は既成事実となっていくのである。その意味で、沖縄の日本からの分離は一九四五年四月三日に確定したといっても差し支えない[42]」を引き出す。

大田の見解と宮里のそれは、第二次大戦中に沖縄をめぐって軍部と国務省が激しく対立していたことでは一致している。異なるのは沖縄の日本からの分離についてであり、大田が一九四三年中であったと論じるのに対し、宮里は一九四五年四月三日と断じる、この点にあるといえる。

他方、コンベル・ラドミールは、「必然性」と「偶然性」をキーワードにして、沖縄の地位をめぐる政策決定過程を考察する。ラドミールは「一連の米国の政策は、占領国及びその住民の賛否にかかわりなく、新しい戦後秩序を定着させるために、軍事拠点を築くというものであった。米国の意思は一方的であり、計画的であったことから、首尾一貫した合理性があったともいえる。つまり沖縄の戦後運命は戦時と同様、まさに『必然』的な側面が強かったといえよう[43]」と問題を提起する。ここでいう「必然」とは、大田の「戦争は、明らかに人為的なもので、絶対に避けることのできない宿命的なものではないはずである。だが、沖縄戦には、最初からまるで避けることも変えることもできない運命的ともいうべき現象がつきまとっていた。というのは、戦争前夜の沖縄では、不運な兆しがつぎつぎに現出したにもかかわらず、人々はそれにたいし、なんら為すすべもなかったからである。不運な兆しといえば、何よりも沖縄が連合国軍の攻略目標にえらばれたこと自体が、いわば運命の分かれ目であった[44]」、このことを想定している。またラドミールは宮里の論理を踏まえる中で、「基地建設の問題はより広域の太平洋における総軍の指揮組織の問題にも直結する。軍政府の複数回に及ぶ海軍と陸軍の再編は、総司令の混乱を反映したものといえる。……戦後沖縄の分離は計画的なものではなく、再編が繰り返された『偶然』の結果であったといえる」(45)とする。ともあれ、重要なのは、沖縄を日本から「切り離した」ことの意味である。

ここに、マッカーサーによってなされた重要な発言資料がある。それは、一九四七年七月二七日、マッカーサーがアメリカ人記者の前で述べたつぎの考えである。(46)

一、ソ連が千島その他を軍事占領することによりその対日要求が満足されている以上、ソ連が講和条約の成文化に対して強力な反対を行うものとは思わない。

二、琉球はわれわれの自然の国境である、沖縄人が日本人でない以上米国の沖縄占領に対して反対していることはないようだ。

これまでみてきたことと、『天皇メッセージ』の中の「天皇は、沖縄(そのほか必要とされる島嶼)に対する米国の軍事占領は、主権を日本に置いたままでの長期――二五年ないし五〇年またはそれ以上の――租借方式という擬制にもとづいて行なわれるべきであると考えている。天皇によれば、このような占領方式は、米国は琉球諸島に対していかなる恒久的野心ももっていないと日本国民に確信させ、ひいてはこれにより、他の諸国、とりわけソ連と中国が同様の権利を要求することを封ずるであろう」(47)とを合わせて考えれば、沖縄を日本から切り離したことは、日米両国政府の合意の所産であって、決してアメリカ単独による切り離しではなかったことがわかる。つまり、日本側からすれば、アメリカが日本本土を共産国の脅威から守ってやる見返りに沖縄を切り離したのであり、アメリカ側からすれば、対共産国を睨んだ基地建設が沖縄において必要であったからである。ここに、沖縄を日本から「切り離した」ことの真の意味があった。このこととの関わりでみれば、元国務次官補で、のちにマンハッタンビル大学客員教授となったオーエン・ザヘーレンの、「もし日本が一九四五年の春に降伏していたならば、沖縄は決して日本から分離されることはなかったでしょう。スターリンがヤルタ会談かどこかでルーズベルトに何を言おうとです。沖縄が日本から分離されたのはなぜかというと、沖縄の占領が戦争中に起ったからです。日本政府の権限は沖縄では崩壊したのです。……いったん軍政府が沖縄に設立され、数ヵ月経ってしまうと、それを変えるとしたら大仕事だったでしょう[48]」との指摘は興味深い。だが、現実的に、日本の敗戦は「夏」であった。だからこそ、沖縄の日本からの「切り離し」は、日米両国の利益に沿うかたちで断行されたのである。

このようにみるなら、『天皇メッセージ』を徹底し探究し続けた進藤榮一が、『敗戦の逆説』の「戦後『琉球処分』への道」で論じたこと、つまり「沖縄攻撃開始に先立つその時点で米国は、沖縄を本土から切り離し、米国の直接軍政下におくことを決定していた。日本と沖縄の意図とかかわりなく、かつ戦争の最終決着を待たずに米国は、すでに沖縄を米国内法上の占領施政下においていたのである。沖縄がなおも日本の主権下におかれていたにもかかわらずである。琉球を、事実上日本から分離して米国世界戦略の中に組み込んで位置づける構図である[49]」との視点は大田の捉え方に通じるものがある。

ここで、忘れてならないのは、沖縄の日本からの「切り離し」が、形式的には、アメリカ政府と日本政府の間の取り決めでなされたものであるが、実質的には、アメリカ政府と昭和天皇との取り決めでなされたものであるということである。昭和天皇は、日本国憲法の第四条「天皇は、この憲法の定める国事に関する行為のみを行ひ、国政に関する権能を有しない」、この重い条文をみずから犯していることになり、あきらかに憲法違反行為といわなければならない。つまり昭和天皇は、沖縄の「切り捨て」のみならず、「切り離し」をもやってのけたのである。ここに沖縄の苦難のはじまりがあった。

4　基地建設の本格化未だ決定せず

一九四八年三月五日、連合国最高司令官マッカーサーと「対ソ封じ込め」政策で知られるジョージ・F・ケナンは、沖縄の位置の持つ重要性について、つぎのことを秘密裡に確認し合っている。[50]

……我々が攻撃力を持つべき太平洋地域とは、アリューシャン諸島、ミッドウェイ、旧日本委任統治領、フィリッピンのクラーク空軍基地、そしてとりわけ沖縄を含むU字型の地域である。この構造の中でも沖縄は最前線にあり、最も重要な地域である。

このマッカーサーとケナンの合意は重要であるが、宮里政玄の指摘も注目に値する。[51]

H・S・ヘンセル米海軍次官補が太平洋においてアメリカが絶対に必要とする基地をいくつかあげたが、その中に沖縄もふくまれていた。しかし、米軍当局がこのような考えをもっていたにもかかわらず、アメリカ政府の対沖縄政策は未だ確定していなかった。……米軍当局の間には沖縄が反日基地として必要であるという主張があったにもかかわらずアメリカは沖縄にたいして比較的に無関心であった。そして沖縄の統治は沖縄で多くの犠牲を払った米軍の恣意に任されたのである。

そして米陸軍史料編纂所のアーノルド・G・フイッシュ二世が『琉球列島の軍政　一九四五―一九五〇』の中の「無関心と無視」で論じたこともまた見逃しえない。[52]

復興が軍事的な問題に密接に関連していたのは明らかであった。戦後、沖縄における米国の軍事的関心は、幾度か変化した。沖縄は米国の戦略企画のすべてにおいて重要であったが、琉球に対する経済的な約束は一貫していたわけではなかった。軍政府の努力は戦後に軍事予算が逼迫したために著しく弱まった。そして極東軍の「まま子」とみなされた琉球軍司令部の物資および兵力の要請は、極東軍全体の中で優先順位は低かった。琉球よりも日本と韓国が優先されたのである。同じ時期、かつて大学で教育を受けたことのある軍政府要員（戦闘に関する企画だけではなく、沖縄社会の復興にも参加した）は急速に動員解除されていった。彼らに代わったのは、仕事に対する熱意に欠け、前任者のような教育も訓練も受けていない者であった。こうした人事面の現実と、軍政府のとてつもない仕事を遂行する上での戦略的、経済的、社会的関心の欠如のため、琉球に対する米国の関心は最低のレベルに落ちたのである。

一九四五年四月一日の米軍の沖縄本島上陸以後、四七年末から四八年にかけての冷戦の開始、四九年一〇月一日の中華人民共和国の成立、五〇年六月二五日の朝鮮戦争勃発まで、アメリカ本国政府は沖縄の基地化について明確な政策をもっていなかった。だが、ここに、沖縄の基地建設を考える際の興味深い重要な事実がある。それは沖縄を常襲する「台風」である。これまであまり注目されることがなかった「台風」の襲来と「基地化」のかかわりを見ることにする。

沖縄を占領した米軍は、四五年一〇月九日、最初の台風「マクネ」を経験する。米軍の台風にたいする驚きは相当なものであった。当時の米軍沖縄基地司令官をして「決定した南西諸島将兵の駐屯軍三万三千人を残して全軍引揚げる」[53]との声明を出したほどで、はじめて遭遇する沖縄の台風に米軍がいかに強いショックを受けたかがわかる。米軍の調査によると、海軍では死者二七人・負傷者百余人・行方不明二百余人、陸軍では百余人の負傷者を出した[54]。追い討ちをかけるかのように、三週間後には「ルイズ」が襲来し、補強された構造物に大きな損害を与え、テント小屋の九五パーセントを破壊した[55]。この時の状況を、四五年から四六年にかけて沖縄に派遣されたワーナー・B・バースオフ海軍少尉（現ハーバード大学名誉教授）は、日記を基に『沖縄の思い出　一九四五〜四六』として生々しく回想する[56]。

われわれは猛烈な台風の直後、つまり、一九四五年秋にこの島を襲った大型台風二号の直後に沖縄に到着したのである。この台風は米軍と軍事施設に多大な被害をもたらした。われわれが到着した時、米軍の船は大小を問わず中城湾（そのころはバックナー湾と暫定的に呼んでいた）の浜辺に沿って一列に並べられていた。それはまるで、台風の強い風と波で破壊された海岸が駐車場の役目を果たしているかのようであった。

米軍の飛行場が海岸の防波堤を撤去して作られたため、それに加えて軍の部隊施設が空き地の丘の中腹に建てられたことで、海岸では台風は激しさを増し、建物という建物は壊され、コンセットでできた小屋は空中に舞い、飛行機やトラックはひっくり返されるというありさまであった。……さらに台風後は、陸軍も海軍も沖縄を主要基地として確保する意欲を喪失していた。多くのアメリカ兵の沖縄滞在は、沖縄が復興するまでの暫定的なものであるということになっていた。少なくとも、その見解が広く行き渡っていた。

しかし、ふたつの大事件がその憶測を変えてしまったのである。ひとつは中国における共産主義の台頭、もうひとつは朝鮮戦争である。かくして沖縄の基地は太平洋地域における米国の最大関心事になったのである。

このバースオフの回想の重要な点は、「台風」の脅威を実感し、「台風」が基地の維持にとって大きな障害となるであろうことをとらえたことにある。

では、沖縄側は、米軍にとって「台風」がもつ意味をどのようにみていたのか。このことを当時沖縄諮詢会社会事業部長であった仲宗根源和の眼をとおしてみる(57)。

十月九日の昼ごろから始って全島を猛烈に吹きまくり、夜は全力をあげて荒れ狂い、翌朝早々過ぎ去ってしまった。住民の被害は惨たんたるものであったが、米軍の被害もまた頗る大きかった。

道路はすっかり洗い流され、船や浮桟橋はいたるところで陸上や砂浜に打ちあげられ、あるいは船と船とが衝突したり、岩に突きあたって大破したり、座礁したり、倉庫も兵舎もめちゃめちゃにたたきつけられ、飛行場や飛行機も多大の損害を被った。そして米国側には幾百人の死傷者が野戦病院に運ばれた。

「自然は敵が出来なかったことを為した。徹底的に米軍の組織を破壊したのだ」と米軍側は書いている

（中略）

終戦になって、米軍は用のなくなった軍隊をいつまでも遠い外国においておくより、一日も早く復員させた方がよいので、世界各地から米国への復員を実施したことは勿論である。然も敵軍たる日本兵よりも幾百倍の猛威を一夜にしてふるう自然に尻をたたかれては、沖縄部隊の復員が促進されるのは当然の話であって米軍の沖縄ひきあげは急速に進行し、十一月下旬には最高潮に達し、翌年一月中旬には、第十万番目の復員兵が手続を完了した。

台風の猛威は止まることをしらず、四八年一〇月には「リビー」、四九年六月には「デラ」が襲来、漁船の半数の破壊、航空保管庫の損壊、米軍と住民の建物にも決定的な損害を与えた。四九年七月の「グロリア」は、米軍の沖縄占領以来、最悪の台風であった。沖縄の建物の半分を破壊、陸軍のコンセット型バラックの二五パーセント、同型の住居五〇パーセントを破壊、空軍通信の徹底的な妨害、嘉手納航空基地の数個の保管庫とコントロール・タワーをも破壊した。さらに住民の漁船二七隻が沈没し、二五隻が浜に打ち上げられた。破壊を受けたのは物的なものに限らず、五〇人近い軍人と住民が死亡し、二〇〇人が重傷を負った(58)。

このような状況の中で、四九年一〇月一七日、日本、朝鮮、沖縄を視察した米軍参謀総長は、羽田空港での記者会見で、「沖縄はあくまで確保するつもりであるが、それにはもっと台風に対する防衛工事を強化しなければならない(59)」と述べるほどの損害を米軍に与えたのであった。

このように台風の襲来は、アメリカの沖縄政策に転換をもたらす契機となった。確かに、冷戦の開始、中華人

民共和国の成立、朝鮮戦争の勃発は、アメリカの沖縄統治に大きな影響を与えた。だが、あいつぐ台風の襲来は、沖縄戦中や終結後に造られた暫定的な軍事施設の多くを破壊した。基地を復旧するかしないかの決断は、アメリカ本国政府側に恒久基地化するという明確な方針がなければ実現できない。この意味において、台風はアメリカに基地の強化と基地恒久化の決断を迫る重要な要因になったのであった(60)。

5 沖縄戦「後」の社会生活相

一九四五年九月七日の沖縄戦終結「後」、住民はどのような生活状況にあったのか。このことについては、第五章「人の動きと経済復興の始まり」の中の「収容所からの帰村」でも述べたが、ここでもう少し吟味することにしたい。

米軍高官は、沖縄戦「後」の住民の状態をどのようにみていたのか。沖縄在米国民政府副長官ビートラー少将は、国際的に有名な航空工業雑誌『ベガサス』(一九五二年四月号)に「太平洋のジブラルタル沖縄」と題した論考を寄せ、沖縄の当時の状況をこう描写する(適宜句読点を付し、常用字体に改めた—筆者注)(61)。

この島で戦争がたけなわだった一九四五年に沖縄の住民達は大きな苦難を蒙った。守備側に立つ日本軍と攻撃に回る米軍の間にはさまれて、住民の多数が戦闘中ちりぢりに粉砕されてしまい、上陸前の爆撃と、戦闘そのものの過程において住民の貴重な先祖伝来の遺跡も、家屋も村落もまた産業施設および農地も完全に荒廃に帰し、幾千の家族は一家離散の目に会い、この島の人口の大部分は傷つけられ、あまつさえ衣食もなく、多くの老いたる人々や、孤児になったあまたの子供達は、その焼かれて平坦にされた故郷の道をあるいは愛する者を求め、あるいは食やその他のものを求めてさまようありさまであった。

戦闘はこの島の住民の生活を全く瓦解せしめ、ほとんどすべての日本人官公吏は米軍の鉄炮火が聞かれる前に逃避したので、ここには中央の政治機構もまた実質的には地方の政治機構も存在せず、また戦争の荒廃は、この島に新しい政治機構をただちに再組織することを不可能にしたのであった。この島の経済機構も同様に粉砕の目をみ、かつて住民の唯一の生計手段だった農地は衰微し、米麦はそのまま枯れ、朽ちるがままにされ、また首都那覇およびその他の主要都市、村落は空襲により完全に焦土と化し、土地の所有関係記録も完全に消滅したのである。この外漁船および貿易船は沈められ事業の一つも行われず、建物もほとんどなかったぐらいであった。そして現在でも戦争中に受けた傷痕がこの島の南部地区にみられるのである。

このような中で、住民にとって最大の願いは、収容所から生まれ・育った故郷へ帰り、新たな生活をはじめることにあった。だが、帰るには、米軍政府の許可が必要であった。一九四五年一〇月二三日、米軍政府は、つぎの「移動計画案指示要綱」を発令し、住民の帰村を決定する。この「要綱」は、後々まで住民生活にとっての制約条件となるので、全文を掲げることにする（旧漢字は常用漢字に改め、適宜句読点を加えた—筆者注）[62]。

一、移動目的

沖縄島ノ住民ヲ従前ノ居住地区ニ移ス事デアリ、出来ル丈皆ヲ従前ノ屋敷ト土地ニ帰シ能フ限リ仮小屋ヲ与エルガ、出来ル丈永久的ナ家屋（自分デ建テタモノ団体作業デ建テタモノ）ニ住マワセ、軍政府ニ於テ得ラレル耕作適格地ヲ耕作サセルコト。

二、家族及ビ各個人移動ハ此ノ目的完成ノ次ニ行フモノトス。家族ノ住居並ニ耕作割当ヲ為スニ当ツテ其ノ地区ニ以前住居ヲ有シテイタ者ノ移リ来ル事ヲ予想シ置クコト。斯ノ様ニシタ割当ハ招来《（ママ）》ノ法律上、所有権ニ影響ヲ与ヘナイ。以前ニ所有シテイタ土地ニ或ル個人ヲ割当更ニ他ノ人々ヲ其ノ土地ニ住マワセ、或ハ仕事ニ協力サセテ差支ヘナイ。又或ル協同作業（公益事業、社会事業）□住民ヲ使用スルコトハ過去ニ於ケルト同様ヨイコトデアル。尚住宅、土地ノ割当及ビ作業ノ割当ハ出来ルダケ公平ヲ期スコト。

三、米軍移動後ノキャンプ及ビ使用ニ可能ノ家屋ノアル村ハ受ケ入レキャンプトシテ使ツテヨイ。若シ斯ルモノガ利用出来ザル時ハ、テントヲ当本部ヨリ支給スルモノトス。当本部ハ住民ノ永久的家屋建設計画ニ基ク不足資材用ニ所有資材ヲ提供シ輸送力ノ範囲内デ運送ス。

四、軍本部ヨリ別名ナキ限リ隣接セザル地区間ノ移動ハ、トラックに依ツテ為サル、モノトス。住民ハ其ノ有スル凡ユル入用ナ道具ヲ持参スルコトヲ得。

五、隣接地区間ハ徒歩移動モ地区隊長相互ノ申シ合セニ依リ行フコトガ出来ル。重イ道具ヤ老人、薄弱者、病人ハトラックデ運ブコト。

六、南部地区ニ於テハ未ダ弾薬、地雷、偽装シタ手榴弾ガアルカラ、ヨク住民ニ之ヲ警戒セシメ且之ガ発見報告ニ協力サセルコト。

確かに、米軍政府は帰村後の住民の生活に対し、援助や強力を惜しまないとするが、問題は土地である。耕作地は、米軍政府によって得られた適格なものとし、割り当てられた宅地は法律上、所有権上、何ら影響を与えない、と述べる。だが、「土地台帳」のすべてが焼失した現実からすれば、土地をめぐる争いは避けて通ることができない問題になることは予想されることであった。事実、土地をめぐっての裁判が、現在でもおこなわれている。ともあれ、住民は帰村後どのようにして生活を営んでいたのか。ここでは、いくつかの事例をみることにしたい。

沖縄本島の事例

沖縄戦で最も凄惨を極めた沖縄本島南部の糸満をみる。(63) 兼城では、つぎの取り決めをしている。村から配給された豚七頭とオス山羊一頭の配分が次のように行われた。まず、飼育希望者を募り、飼育・繁殖させる。

飼育者手数料として、豚の場合は繁殖した子豚一頭、山羊の場合は繁殖雌山羊一頭をもらい受け、さらに希望すれば村の値段で子山羊を買い取ることができるとした。戦後、家畜は非常に少なく貴重であったため、個人の完全な買い取りではなく、持ち回りで繁殖させて、頭数を増やすという方法がとられている。冠婚葬祭については、結婚式の招待は四近所（前後左右の隣家）と友人数名、親戚はいとこまで、祝い金は五円以内と取り決めている。出産祝いは一円、六一才以上の生年祝いは二円以内、ご馳走は三皿までとする。仏奠料は五〇銭と定め、葬式には部落全員が参列し、ナンカ（七七忌）は親戚と四近所だけで行うとした。真壁では、大豆植付期間（旧正月~旧二月末）は家禽放飼いが禁止され、違約金は一羽に付き一〇円で、家禽は殺さずに違約金をとるよう指示されている。飲料水用の井戸で洗濯や水浴する者に対しては二〇円以上の違約金が科せられ、その他に会議や作業の無届欠席者、芋を闇で売った者、字内の風紀を乱す者も取締りの対象として挙げられている。さらに、冠婚葬祭の祝儀・香典を字で取り決めた金額以上出した者は三か月ないし六か月の配給停止に処分され、米兵・フィリピン兵と物々交換及び金銭取引をした者は警察にて処罰するとある。

沖縄本島周辺離島の事例

「集団自決」の島・座間味島をみる。(64)米軍上陸以前から放置された農耕地は雑草が生い繁り、その中には、絶対に危険物はないという保障はないので、細心の注意を払いながら雑草を刈り取り、かつ慎重に一鍬一鍬打ち込んで荒れ放題の農地を耕し、整地して、一九四六年四月中旬頃までに農作物植え付け可能な状態にまでこぎつけた。農耕地の整備と並行して、肥料問題に取り組み、化学肥料が入手できるはずのない時勢であったため、各作業班毎に競い合って雑草を刈り集め、堆肥作りに専念した。農業再開に大きく貢献したのは鍛冶である。焼け跡から鍛冶用具に使いそうなものを集めてきて鍬、鎌、ヘラなどを作る。薬莢を利用して鍋、釜などの生活用品も造り、これらの一部は久米島との交流の際、物々交換の材料として、住民生活に潤いを与えてくれた。久米島の具志川・仲里両村に座間味島の戦災の状況を説明し、窮状を訴え、物々交換を依頼したところ協力を得、交換して持ち帰った「芋づる」は、直ちに植え付け、成育した「芋」は食糧として各家庭に配給し、その一部は苗床を作り、「芋づる」の栽培に供した。

宮古島の事例

「日本軍は八重山諸島に一個混成旅団を配置したが宮古群島には一個師団のほか二個独立混成旅団を配置した。面積比からは沖縄本島より濃密な軍事力配置となり、その戦力破壊に向けて宮古島への攻撃も熾烈を極めた」[65]。この宮古島をみる[66]。一九四四（昭和十九）年十月より始った宮古島爆撃は次第に激化し翌年七月まで続くなかで保存食の甘藷かす、粟、麦、乾燥大豆、高梁等が底をついた敗戦の時点で、食糧事情は益々急迫した。撃沈された輸送船から引揚げた悪臭を放つ腐敗米を乾燥し、それを脱臭した後食用にしたが敗戦前にそれも食いつくし、原野のソテツ採りが町なかでも始っていた。樹幹部を細断し充分に晒らしあく抜きされぬままそれを食糧にした家で、その中に含まれるフォルムアルデビドによる中毒死やキャッサバ（南洋イモ）による食中毒が続出した。一九四五（昭和二十）年十月、台湾方面に疎開させられた約一万人の人びとの帰島が始る頃、月明り等にたよってわずかばかり植付けた農家の甘藷畑に棍棒をもった見張番が立ちそこに忍びこんだ旧軍人、民間人が袋だたきに合うという事件が頻発した。わずかばかり残った家畜類の盗難事件が続発し、それは再び発見されることはなかった。爆撃の際投下された不発弾からの火薬抜取りによる急造ダイナマイトで密漁が頻発し近海漁業は益々破壊されていく。食糧事情の急迫はダイナマイト事故死を伴い平良町内にあった二か所の外科医院のうち一医院の資料によれば敗戦直後より一九四六（昭和二十一）年十二月九日までに爆死三十名、手足切断五十名以上、中等以下の負傷七、八十名、軽傷者百名余の統計となっている。他の医院に罹った資料は不明であるが、餓死から逃れるための蛋白資源を求めての海上における悲惨な事故死、負傷者数は戦時中を上まわるものと見られている。

住民は生きるがために必死であったが、このような状況の中にあっても「自分さえ良ければ、他人はどうでもよい」という輩がいる。このことを、四六年七月一二日、当時、沖縄諮詢会社会部長であった仲宗根源和から、沖縄への引き揚げ・救済などに尽力し、「沖縄人連盟[67]」の創立にもかかわった永丘（旧姓饒平名）智太郎への『沖縄の現状報告[68]』に語らせる。

仲宗根は、憤りを込めて、永丘に問いかける。興味を引くのは、つぎの点にある。

（1）四六年五月一日に賃金制度が発足したが、フタを開けてみると、沖縄民政府の役人たちは平均月給が三万六〇〇〇円以上、町村役場職員が九〇〇〇円から二二〇〇円であるのに対し、軍作業に出る労働者の一か月の収入が一〇〇円から二〇〇円程度である。

（2）沖縄民政府農務部の調査を基礎に算出してみると、農民一家族五人として、一人当たり一日の収入は一五銭二厘である。遊んでいて（働けないので）救済を受ける者の一日当たりの救済費が六五銭である。寝ていて救済を受ける者は、働いている農民の四倍の救済費がただでもらえる。

（3）農民は自分で作った作物を米軍政府の管理部が決めた卸値で供出し、自分の入用分は小売価格で買わなければならぬことになっている。だが、このようなことを農民は守りはしない。無理に守らそうとしたら騒動が起こる。現に、与那城村平安座（現うるま市―筆者注）では騒動が起こりかけた。

（4）規則を守らそうとすると、全人口の七割以上に相当する農民と同数の警察官を以ってせねばならぬ。それは出来ない。仕方がないから「法の運営は人にあり、善政は法の運営よろしきを得るにある」と逃げてしまう。だが、それがいけないのだ。

（5）法を作った責任は沖縄民政府にある。米軍政府は沖縄民政府がＯＫしたからこそ布告として公布したのであり、規則を作ったが、これを守らないのでは沖縄民政府の行政力がダメだということになるか、規則を守らない民衆が悪いのか、何れかひとつである。何れにしても沖縄人の自治能力が疑われるのは甚だよろしくない。一日でも早く規則を作り変え、職を論じて米軍政府に折衝すべきだと沖縄民政府の役人を叱咤激励しているが、一向に埒が明かないという調子である。

（6）土地の所有権認定調査は、一日も早くやっておかなければ、将来、非常な困難な問題であるが、まだちっともはかどらぬ無能ぶりである。

（7）日本内地から一〇万余の沖縄人が復帰することになったという米軍政府の通告を受けながら、官民一体となって準備を進めなければならないのに、それがなされていない。

仲宗根の『報告』は、みずからが沖縄民政府の役人でありながら、沖縄の人たちの将来を憂えた「不満」に満ちたものとなっており、逆に、この「不満」の中から当時の沖縄の置かれていた状況を読み取ることができる。

つぎに一九四六年七月から一一月までの沖縄における米軍政府の活動報告の中から当時の状況をみる(69)。沖縄戦が終結してから沖縄の住民は米軍政府の指揮の下で急速に復興を進めていく。経済復興は各地からの引き揚げと再定住により、沖縄戦で九〇パーセント破壊された住宅の建設、貿易、製造業の復興に取りかかる。引き揚げによって人口は増加し、六月の六八万九一六〇人が一一月には八一万七一六〇人となり、出生率は一万人当たり七・五人、死亡率は四・四人であった。農業をみると、戦前の水準までの回復は戦争の被害のほか、約三万エーカーの耕地が軍用地に接収された結果、耕地不足のため阻害されている。一方、耕作隊の手で三〇〇〇エーカーを開拓、農耕具と肥料六三四トンを配給した。一〇月から大東島《だいとうじま》の燐《りん》鉱石一五万トンの採掘計画を立て、調査を開始した。これは沖縄の需要を充たすだけでなく一部は輸出される。漁業は、出漁期に入った四月から全面的に活発となり、漁具の不足にもかかわらず漁獲高は相当な成績を上げていたが、一一月の季節風のため落ち込みをみている。工業では、沖縄人の工業専門家からなる工務隊は、繊維染（芭蕉繊維）、染色（藍）、セメント、木工（下駄・家具・織機）などを生産して市場に出させている。住宅資材の生産には特別に努力されている。労働をみると、八月の就職者は一一万九八一九人、失業者は一万七〇一三人であったが、一一月になると敗戦以来の高率を示して就職者は一五万五〇四七人、失業者は一万四九六三人を記録した。外国貿易は占領初期には禁止されていたが、島内需要が充たされた暁には再開される予定である。現在おこなわれている島内通商は拡大の見込みで、台湾は貿易の再開を望んでいる。また燐鉱石の対日輸出は月平均七五〇〇トンを占め、代金は日本からの輸入品の支払いに当てられる。住宅は七万戸が必要であり、公衆衛生施設も七か所増設された。

この小さな島で、三二万六六二五人（一九四六年一月一五日現在）が生きるがためには、皆が皆必死であった。住民は明日への希望を胸に秘めながら、たくましく再建への道を歩みはじめるのであった。忘れてならないのは、沖縄の復興にとって重要な役割を果したのが沖縄の「女の力」であった、ということである。

注

（1）木戸日記研究会編集・校訂『木戸幸一関係文書』（東京大学出版会、一九六六年）四九五～四九七頁。
（2）同前、四九七頁。
（3）同前、四九七～四九八頁。
（4）同前、四九八頁。
（5）同前。
（6）河辺虎四郎『市ヶ谷から市ヶ谷へ──最後の参謀次長の回想録──』（時事通信社、一九六二年）二四一頁。
（7）藤原彰他『天皇の昭和史』（新日本出版社、一九八四年）九〇～九一頁。
（8）寺崎英成／マリコ・テラサキ・ミラー『昭和天皇独白録　寺崎英成・御用掛日記』（文藝春秋、一九九一年）三三二頁。

(9) 山極晃・中村政則編『資料日本占領 1 天皇制』(大月書店、一九九〇年)五七九頁。

(10) 朝日新聞社編発行『入江相政日記 第5巻』(一九九一年)四一九頁。

(11) 同前、四二二〜四二三頁。

(12) 統合参謀本部指令第一二三一号「Directives for Military Government in the Japanese Outlying Islands」(沖縄県公文書館所蔵)一七一〜一九〇頁。

(13) 同前、一七一〜一七四頁。

(14) 『アメリカの沖縄統治関係法規総覧(Ⅰ)』(月刊沖縄社、一九八三年)三四九頁。

(15) 南方同胞援護会編発行『沖縄問題基本資料集』(一九六八年)一一頁。

(16) 歴史学研究会編『日本史史料〔5〕現代』(岩波書店、一九九七年)一四五頁。

(17) 『沖縄県史料 戦後1 沖縄諮詢会記録』(沖縄県教育委員会、一九八六年)五〜六頁。

(18) 同前、七〜八頁。

(19) 同前。

(20) 『アメリカの沖縄統治関係法規総覧(Ⅳ)』(月刊沖縄社、一九八三年)一三〇頁。

(21) 『ウルマ新報』(一九四六年四月二四日付)。

(22) 同前。

(23) 同前。

(24) 『自由沖縄』(一九四六年六月一九日付)。

(25) 新崎盛暉「廃墟のふるさとを思う人びとの機関紙」(『沖縄新民報』第1巻、解説)二頁。

(26) 『沖縄新民報』(一九四六年八月五日付)。

(27) 『沖縄県史料 戦後2 沖縄民政府記録1』(沖縄県教育委員会、一九八八年)七頁。

(28) ここに、一九五〇年一〇月八日付で連合国最高司令官マッカーサーから沖縄群島政府知事に就任した平良辰雄宛の「祝電」がある。この資料は、沖縄県コレクター友の会副会長の翁長良明が所蔵しており、活字化されるのは本書がはじめてである。貴重な資料とおもわれるので、全文を掲げることにする。

此の沖縄群島知事宣誓式に當り、本官が心からの御祝を申し上げる高位に今や臨まれんとする貴殿は、将に、市民の自由發動的な行為に依つて選ばれた人民を代表する使命を全うせんとするものである。

貴殿と、近来選擧された諸知事は、琉球にとつては生きた自由、民主主義の標本である。

最近行はれた四群島の選擧は、琉球人が政治的回復、独立経済、琉球の自由で民主的な國体を成立しつゝある進歩の或る一例である。各市民の努力の結晶、又は、完成された事業を回顧する時、目的達成への道は疑はれないものである。

各市民の行動と、目覚しい成功は、亜米利加合衆国の人々が、琉球の人々に對して、欠乏の時代に於て寄與された友好的援助、及び補助を有意義に使用された事を物語つてゐる。

最初に選挙された知事が職務を執行される秋に當り、運命を委託された市民に対する重大責任と義務があることを自覚されねばならぬ。

本官は、貴殿が市民から信頼された使命を全うする為には、善き行政と、善き保管の務を期待して已まない。

貴殿は、自立、自尊を尊重する近隣の人々から崇拝される、民主的な自由への道に向つて各市民を導くであらう。

これこそは、世界を通じて、自由民の目指す光輝ある目標である。此の高邁なる目的を成就する為に、顕著な功績を納めるであらうことを信じて疑はないのである。

(29) 「琉球列島の政治・社会・経済に関する陸軍長官への報告書　一九四七年一〇月」(財団法人沖縄県文化振興会公文書管理部史料編集室編『沖縄県史研究叢書16　琉球列島の占領に関する報告書（和訳）』沖縄県教育委員会、二〇〇六年）四七頁。

(30) この節の論述は、先行研究に多くを負うている。とくに大田昌秀「『戦後改革』と沖縄の分離」(『世界』第四〇一号、一九七九年、所収）五三〜六三頁。同「沖縄分離の背景についての一考察」(『沖縄の帝王　高等弁務官』久米書房、一九八四年、所収）三八六〜四〇一頁。同「戦後沖縄は、どのようにして分離・占領されたか」(那覇出版社編集部編『写真集　沖縄戦後史』那覇出版社、一九八六年、所収）四七〜六八頁。同「アメリカの対沖縄戦後政策―日本からの分離を中心に―」(坂本義和・R・E・ウォード編『日本占領の研究』東京大学出版会、一九八七年、所収）五〇七〜

五三八頁。宮里政玄「沖縄の戦略的信託統治に関する『非決定』（一九四六年）」（同著『アメリカの対外政策決定過程』三一書房、一九八一年、所収）一八五〜二一〇頁。同『アメリカは何故、沖縄を日本から切り離したか』（沖縄市、一九九九年）。

(31) 大田昌秀「沖縄分離の背景についての一考察」（『沖縄の帝王　高等弁務官』久米書房、一九八四年、所収）三八八頁。

(32) 同前、三九五頁。

(33) 大田昌秀「アメリカの対沖縄戦後政策—日本からの分離を中心に—」（坂本義和／R・E・ウォード編『日本占領の研究』東京大学出版会、一九八七年、所収）五三三頁。

(34) 大田昌秀「戦後沖縄は、どのようにして分離・占領されたか」（那覇出版社編集部編『写真集　沖縄戦後史』那覇出版社、一九八六年、所収）五一一頁。

(35) 同前、五二〜五三頁。

(36) 同前、六四頁。

(37) 同前、六五頁。

(38) 同前。

(39) 宮里政玄「沖縄の戦後」（『歴史学研究』No.五四五、一九八五年九月）一五〜一六頁。

(40) 同前。

(41) 宮里政玄「沖縄の戦略的信託統治に関する『非決定』（一九四六年）」（同著『アメリカの対外政策決定過程』三一書房、一九八一年、所収）一九一頁

(42) 宮里、前掲論文、一六頁。

(43) コンベル・ラドミール「日本の統治体制改革の初期及び沖縄の地位に関する新考察②」（『法政大学沖縄文化研究所所報』第六二号、二〇〇八年、所収）一三頁。

(44) 大田昌秀『総史沖縄戦』（岩波書店、一九八二年）二四頁。

(45) ラドミール、前掲論文、一四頁。

(46) 『沖縄新民報』（一九四七年七月一五日付）。

(47) 山極晃・中村政則編『資料日本占領　1　天皇制』（大月書店、一九九〇年）五七九頁。
(48) 袖井林二郎編『世界史のなかの日本占領』（日本評論社、一九八五年）一二二頁。
(49) 進藤榮一『敗戦の逆説』（筑摩書房、一九九九年）九一頁。
(50) Foreign Relation of the United States 1948 Volume VI The Far East and Australasia, pp. 700-701. この資料の存在を教示してくださったのは、沖縄県文化振興会公文書主任専門員の仲本和彦氏である。感謝申し上げたい。
(51) 宮里政玄『アメリカの沖縄統治』（岩波書店、一九六六年）五～七頁。
(52) 財団法人沖縄県文化振興会公文書管理部史料編集室編『沖縄県史　資料編14　琉球列島の軍政　一九四五―一九五〇　現代2（和訳編）』（沖縄県教育委員会、二〇〇二年）六四頁。
(53) 沖縄タイムス社編発行『沖縄年鑑』（一九五九年）二〇六頁。
(54) 同前。
(55) 財団法人沖縄県文化振興会公文書管理部史料編集室編『沖縄県史　資料編14　琉球列島の軍政　一九四五―一九五〇　現代2（和訳編）』（沖縄県教育委員会、二〇〇二年）六四頁。
(56) 『琉球新報』（二〇〇二年一月一五日～一月三〇日）。
(57) 仲宗根源和『沖縄から琉球へ＝米軍政混乱期の政治事件史』（月刊沖縄社、一九七三年）一三四～一三五頁。
(58) 財団法人沖縄県文化振興会公文書管理部史料編集室編『沖縄県史　資料編14　琉球列島の軍政　一九四五―一九五〇　現代2（和訳編）』（沖縄県教育委員会、二〇〇二年）七五頁。
(59) 沖縄タイムス社編発行『沖縄年鑑』（一九五九年）二〇六頁。
(60) 袖井林二郎・竹前栄治編『戦後日本の原点（下）占領史の現在』（悠思社、一九九二年）二一四頁。
(61) 『琉球新報』（一九五二年五月一〇日付）
(62) 『ウルマ新報』（一九四五年一一月七日付）。
(63) 『糸満市史　資料編7　戦時資料　上巻』（糸満市役所、二〇〇三年）三八一～三八二頁、三九四頁。
(64) 『座間味村史　上巻』（座間味村役場、一九八九年）三九四～三九五頁。
(65) 『平良市史　第二巻　通史編Ⅱ　戦後編』（平良市役所、一九八一年）二三頁。

(66) 同前、二二一〜二二三頁。

(67) 「沖縄人連盟」は、一九四五年一一月一一日、東京で、伊波普猷・大濱信泉・比屋根安定・比嘉春潮・永丘(旧姓饒平名)智太郎を発起人として結成され、その活動は、沖縄諸島における生存者の確認および生活状況、沖縄と本土間の通信交換、金銭ならびに救援物資の送付、在本土県人の救済、沖縄への帰還などにあった。

(68) 又吉康和編『沖縄の現状報告』(一九四六年、沖縄県立図書館郷土資料室所蔵)。内容については、筆者がまとめたものである。

(69) この資料は、一九四六年七月三日、マッカーサー総司令部が発表した沖縄についての最初の占領報告で、『うるま新報』(一九四六年七月二一日付)に掲載された。

七 「戦後」なき沖縄

はじめに

憲法第一条の象徴天皇、憲法第九条の戦争放棄、この見返りが沖縄の米軍基地化であった。このことを深く考慮することなく、憲法改正、とくに憲法第九条の改正を唱えるのは、憲法制定前、制定時のアジアを取り巻く国際情勢を無視した論理といわなければならない。

冷戦の開始は、アメリカ本国政府に軍事戦略の転換を迫るものであった。これまで極東戦略の中心は中国に置かれていたが、中国の内部革命によってそれが覆り、軸の中心を沖縄に置く基地建設の本格化がはじまる。このことを端的に語るのが、米軍の〝銃剣とブルドーザー〟による住民の土地の強制的接収であった。土地を奪われた住民の苦闘は今なお続いている。

冷戦の終焉は、アメリカ本国政府に極東政策の見直しを迫るものであったが、依然として、広大な米軍基地は沖縄に居座り続けており、数々の事件・事故を引き起こしている。この最たるものが、一九九五年九月四日に起きた米兵による少女暴行事件であった。沖縄県民の怒りは爆発し、一〇月二一日には沖縄県民総決起大会が八万五〇〇〇人を集めて開催された。八万五〇〇〇人という規模は、沖縄返還後、最大である。高校生代表の「基地がある故《ゆえ》の苦悩から、私たちを解放してほしい。今の沖縄はだれのものでもなく、沖縄の人たちのものだから」との訴えを、日米両政府首脳は、常に、肝に銘じておくべきである。

二〇〇九年二月一七日、日米両政府は嘉手納《かでな》基地以南の返還、普天間基地の移設を合意するが、その見返りに辺野古《へのこ》沖での最新設備を備えた新たな基地建設を要求する。これは沖縄県民を愚弄する政策行為そのものである。いつまで沖縄県民は、基地の重圧に耐えなければならないのか。「戦後」六五年というが、日常茶飯事的といってもいいほど不発弾爆発事故が起こり、この度ごとに沖縄の「おじぃ」・「おばぁ」たちの頭には、沖縄戦の恐怖が蘇り、錯乱状態に陥る。沖縄の「おじぃ」・「おばぁ」たちにとっては、沖縄戦が続いているのである。このことを忘れてはならない。七〇年から八〇年はかかるとされる不発弾処理、未収集の遺骨、日本にある米軍基地の七四・三パーセントの存在、この中のひとつでもある限り、沖縄に「戦後」はない。

1　憲法第一条・憲法第九条・沖縄

一九四五年八月一五日、昭和天皇は戦争終結の詔書をラジオから流し、日本の「敗戦」を国民に知らしめる。九月二日には降伏文書に調印、日本の「敗戦」が、国内的にも、国際的にも、決定したのであった。だが、「沖縄戦の終結」は、五日後の九月七日であった(1)。

降伏調印後、連合国の日本占領政策は、基本的には、アメリカを単独とした非軍事化と民主化を軸として展開することになる。中でも重要なのが日本国憲法の制定であった。ここでは、象徴天皇制を規定した憲法第一条と戦争放棄を規定した憲法第九条が、沖縄の「戦後」とどのようにかかわっているのかをみることにする。

日本国憲法は、四六年一一月三日に公布されるが、公布前の「二月四日ごろ」、マッカーサーから憲法改正の「必須要件」として、「三つの基本的事項」が極秘文書として日本政府に提示される(2)。

1　天皇は、国の最上位（at the head of the state)。

皇位の継承は世襲による。

天皇の職務執行および機能行使は、憲法にのっとり、かつ憲法に規定された国民の基本的意思に応えるものとする。

2

国権の発動たる戦争は、廃止する。日本は、紛争解決の手段として、さらには自らの安全維持の手段としても、戦争を放棄する。日本は、今や世界の心を動かしつつある。より崇高な理想に依拠して自らの防衛および保全を図る。

日本は、陸・海・空軍のいずれを保有することも認められず、また、いかなる日本の武力にも交戦権が与えられることはない。

3

日本の封建制度は廃止される。

貴族の権利は、皇族の場合を除き、当該現存者一代に限り認められる。

華族家族の特権は、今後はいかなる国民的または公民的な政治権力もともなうものではない。

予算の型は、英国の制度にならう。

この「極秘文書」を踏まえる中で、制定されたのが、「日本国憲法」の第一条であり、第九条である。第一条は、こうである。

「天皇は、日本国の象徴であり日本国民統合の象徴であつて、この地位は、主権の存する日本国民の総意に基く」。

確かに、第一条は象徴天皇をうたっている。だが、重要なのは、憲法学者の芦部信喜も指摘するように、「象徴天皇制の主眼は、天皇が国の象徴たる役割をもつことを強調することにあるというよりも、むしろ、天皇が国の象徴たる役割以外の役割をもたないことを強調することにある(3)」ということである。国際関係論が専門の進藤榮一は、二〇〇〇年四月六日の衆議院憲法調査会で、象徴天皇が成立した経緯を中心に論じ、天皇から「政治的な実権を剝奪し取り上げること」によって「純粋に国事行為のみを行なう象徴的存在にすべきだ」[4]とするアメリカ側の考え方が象徴天皇制を生んだと指摘する。

第九条は、こうである。

「日本国民は、正義と秩序を基調とする国際平和を誠実に希求し、国権の発動たる戦争と、武力による威嚇又は武力の行使は、国際紛争を解決する手段としては、永久にこれを放棄する」・「前項の目的を達成するため、陸海空軍その他の戦力は、これを保持しない。国の交戦権は、これを認めない」。

この第九条が重要なのは、侵略戦争を含めた一切の戦争と武力の行使および武力による威嚇の放棄、戦力の不保持、国の交戦権の否認、を謳い、「比類のない徹底した戦争否定の態度を打ち出している」[5]、このことの中にある。

憲法九条の成立の経緯について、芦部は、こう論じる。「平和主義原理が日本国憲法に採用された背景には、一九四一年（昭和一六）八月の大西洋憲章（侵略国の非軍事化の原則）、四五年七月のポツダム宣言（軍国主義者の勢力の否定、戦争遂行能力の破砕、軍隊の武装解除）、四六年二月のマッカーサー・ノート（戦争の放棄、軍隊の不保持、交戦権の否認）など、国際的な動向、とりわけアメリカを中心とする連合国側の動きがあるが、それに加えて、日本側の意向もかなり反映されているとみることができる。とくに日本国憲法制定当時の幣原首相の平和主義思想が、マッカーサー・ノートのきっかけになっていたと考えられる。一九四六年（昭和二一）一月二四日に幣原首相はマッカーサー元帥を訪問し、憲法改正問題を含めて、日本の占領統治について会談した際に、軍備の撤廃という考えを示唆したと伝えられている。したがって、日本国憲法の平和主義・軍備撤廃の規定は、日本国民の平和への希求と幣原首相の平和主義思想を前提としたうえで、最終的には、マッカーサーの決断によってつくられたと解される」[6]と。

進藤は、憲法第九条の成立過程の経緯を踏まえて、つぎのように論じる。「この時点（四四年から四五年にかけて—筆者注）ですでに日本が、軍事力、自衛力を保持せざるをえなくなるだろうことを想定し、大臣には文民が就任しなければいけない、軍人は大臣に就任してはいけないという原則を、四四年五月、このＰＷＣ（アメリカの対日戦後目標—筆者注）の中に書き込むのです。それが歴史的な過程の現実です。ミニマムな自衛力の保持を想定した上でシビリアン・コントロールをしていくべきだという原則が、すでにこの時点でつくられ始めていた。脱軍事化を民主化によって担保する動きです」[7]と。

日本近現代経済史が専門の中村政則は、芦部、進藤の見解とは異にして、憲法第九条の成立の意味を憲法第一条との関連で指摘する。中村の捉え方は、こうである。「敗戦にもかかわらず、いったい何故、日本では天皇制が残ったのか。……日本国民の八〇％以上が天皇制の存続を望み、マッカーサー自身も日本占領を成功に導くために昭和天皇の協力を必要としたからである。しかし、当時の国際情勢から判断して、戦前の絶対天皇制をそのままの形で残すことはできなかった。こうしてＧＨＱは第一条で政治的実権を奪われた社交的君主、つまり象徴天皇としてのみ残すこととし、他方で、第九条で戦争放棄を謳うことによって、日本軍国主義の復活に歯止めをかけた。ソ連、中国などアジア諸国やオーストラリア、ニュージランドなど戦争被害国が象徴天皇制の存続を認めたのは、そのためである。その意味で、第一条と第九条は、ワンセットあるいはバーターの関係にあった」[8]と。

さらに中村は、「象徴天皇・第九条・沖縄の軍事基地化は、まさに三位一体の関係にあったのであって、沖縄の視点を欠落させた憲法論議は、重大な陥穽に陥っているといわざるをえない」[9]と、問題提起をする中で、ロバート・エルドリッジがいう「『天皇は沖縄を切り捨てた』のではない」との論に対し、「米国務省と軍部は沖縄の軍事戦略的位置（極東の要石＝沖縄）に最後まで執着し、結局、沖縄の恒久的軍事基地化が軌道にのせられたという

表14　国家歳出に占める防衛費の推移

単位：100万円・％

年度	国家歳出	国防費	比率
1952年	2,502,758	104,116	4.2
1955年	3,492,555	135,968	3.9
1960年	6,722,883	163,493	2.4
1965年	13,263,977	306,937	2.3
1970年	30,066,599	593,924	2.0
1975年	67,341,587	1,396,854	2.1
1980年	148,105,029	2,272,048	1.5
1984年	192,009,791	2,974,407	1.5

出所：日本統計協会編発行『日本長期統計総覧』(1988年) 245〜246頁，より作成．

事実を否定することはできない[10]」と反論を加える。本書第五章第一節「昭和天皇は沖縄を『二度』切り捨てた」の中で展開したように、昭和天皇は沖縄を「切り捨てた」のである。

では、沖縄からはどのような論議が発せられたか、このことをみる。

沖縄現代史が専門の新崎盛輝は、マッカーサーの真意を整理する中で、「沖縄の分離軍事支配と日本国憲法第九条による軍備放棄は一体不可分の関係[11]」と述べる。ジャーナリストの新川明は、沖縄が置かれている今日的状況と憲法第九条との関係について、こう指摘する。「九条には、紛争には武力を使わないとか軍隊をもたないとかが書いてあって、日本人の大多数は、九条は、あの大戦の体験を教訓として生まれたものだというきわめて単純な考えで、あの九条を守るべきものとしているのではないでしょうか。しかし、それはちょっとちがうんじゃないか。日本国憲法の九条が成立しうる条件は、沖縄に基地があるからです。アメリカは日本国全体の米軍基地の七五％を沖縄において、排他的に専有できる。それがあって日本国を守れるという、その担保があるから九条が存在できるのです。日本国もそれを良しとしてきたわけですね。九条の存在と沖縄基地の存在は不可分の関係にあると私は思うのです[12]」と。この新川の指摘は、中村政則の捉え方と通底するもので、示唆に富んだ指摘といえる。つまり、憲法第一条・憲法第九条・沖縄の基地化は「一体」となって沖縄の中に深く在り続けており、憲法改正論者にとっての逆照射となっている、ということである。

ここで、加藤周一がいう「軍事予算を増大する方向に第九条を解釈してきたのが戦後史です[13]」との意味を問いたい。沖縄の「戦後」をとらえるうえでも「重い」意味をもつので、表14・図15から吟味する。

図15　防衛費の推移

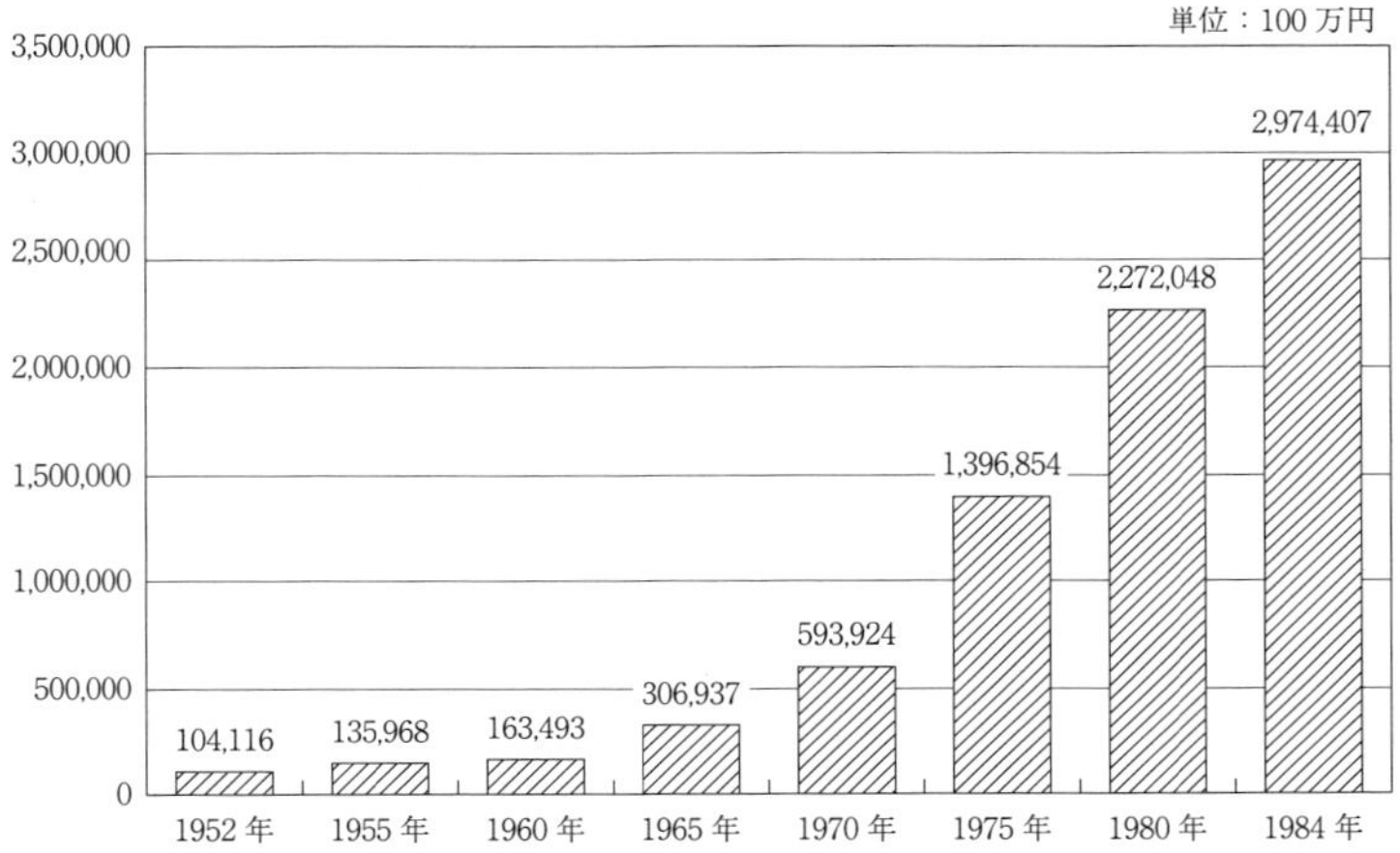

出所：表1に同じ.

国家歳出に占める防衛費をみると、一・五〜四・二パーセント水準で推移している。この中には、数値のマジックが隠されていて、国家歳出が増加しているからそう見えるのである。試みに、一九五二年四月二八日発効の「サンフランシスコ平和条約」後、はじめて設定された防衛費そのものをみれば、五二年に比較して八四年には、なんと二八倍の伸びである。このことは何を意味するか。つまり国民は、第二次大戦の勃発がそうであったように、「真綿で首を絞められている」のであり、気がつけば、戦争への道へと歩まされている。これが現実であることを多くの国民は知らないままでいる。

2　朝鮮戦争の勃発と強制的土地接収

一九四七年末から四八年にかけての冷戦の開始、四九年一〇月一日の中華人民共和国成立、翌五〇年六月二五日勃発の朝鮮戦争は、アメリカ本国政府をして極東における軍事戦略を転換させる重要なものとなった。これまでアメリカ本国政府は、極東戦略の軸を中国に置く構想をもっていたが、この中国に替え、沖縄に極東支配の拠点を置く政策をとる。四八年一〇月、アメリカ政府安全保障会議はNSC文書一三／二を発し、共産主義封じ込め戦略に打って出る。つまり沖縄に恒久的な軍事基地を建設し、極東戦略のキーストーンとする策である。そのためアメリカ政府は、五〇年度予算に五〇〇〇万ドルの沖縄軍事施設資金を計上し、恒久的軍事基地建設を本格的に開始するのである。これに加えて日本政府はといえば、再軍備と米軍基地反対の「国民感情」に配慮し、自衛隊兵力を三五万に増強する引き換えに、沖縄に米軍の最強部隊である海兵隊を移動させ、沖縄をして軍事物資の補給基地化、アジア全体をカバーする軍事基地化とする方針をとる。(14)キーストーンの意味について、沖縄現代史研究者で、元沖縄人民党常任委員であった国場幸太郎は、興味深くこう指摘する。「キーストーンとは、石や煉瓦でアーチ型の建造物を両側から積み上げて造る際、一番上の中央に最後に嵌めこんで全体を力学的に支える要石のことです。この要石を抜き去ると、構造物全体が力の支えを失って崩れ落ちてしまいます。それと同じように、沖縄から米軍基地を撤去すると、アメリカのアジア・太平洋地域における戦略構想は崩れてしまい、アメリカの世界戦略構想全体が揺らぎます。それはアメリカにとって、覇権の衰退・解体を招く深刻な事態です(15)」と。森秀人は『甘蔗伐採期の思想』の中で、朝鮮戦争の勃発が沖縄内部に与えた影響について、つぎのように論じる。「朝鮮戦争は、沖縄の戦略的重要さを米国に知らせただけではなかった。甘い自立を考えていた沖縄人民たちをも覚醒させる役割を果たしたのである。このままだと永久に米国の属国になりかねない、という危機感に支えられ、祖国復帰運動がはじめられた(16)」と。またこうも論じる。「それまでの沖縄人民は、アメリカを民主主義国と信じ、信頼し、かつまたアメリカ側でも占領軍にしてはまれにみるほど秩序のある占領行政をしいていた。朝鮮戦争は、かかるアメリカの仮面を見事に剝奪したのであった。沖縄におけるアメリカ民主主義は終焉し、かわって帝国主義的な素面が現われはじめてきた(17)」と。この森の指摘は、注目に値する。というのは、朝鮮戦争の早期終結を「公約」に掲げて誕生したアイゼンハワー政権は「ニュールック」政策、つまり朝鮮戦争に投入した膨大な軍事費を削減しながら冷戦に対応する世界戦略を構想する中で、極東戦略の拠点を沖縄に置くからである。

米軍が、冷戦下で、沖縄における基地建設を、なぜ本格化させたのか、このことについて沖縄在米国民政府副長官の考え方をみることにする。(18) この考えは、アメリカ本国政府の極東政策を反映させたものとみて間違いない重要なものとおもわれるので、長い引用になるが、容赦願いたい(適宜、句読点を付し、常用字体に改めた—筆者注)。

ぎざぎざの珊瑚礁と、風雨にうたれた石灰石のがけで形作られ、台風に鞭打たれる島ここ沖縄も今や極東における米国の防衛拠点としての立場を築きつつある。

第二次世界大戦中に日本軍の手から奪われ、共産軍による中国の席巻が完了し東洋にいろいろな問題が起こって来て以来、沖縄の戦略的位置については大きく強調されてきた。そしてこの島の自由諸国家防衛地点としての重要性が認められ、米国は一九四九年の末期からこの島を太平洋の最も強力な前進基地として使用するために各種施設の建設および復興計画に数千万ドルの巨金を注ぎ込んできたのであり、この計画はすでに二年を経過してその半分以上の完成をみている。

まず第一に、沖縄は米軍の空軍根拠地である。米陸軍はその空軍に対する戦略的な援助を与えながら、このかたわら、この島を防衛し、琉球の経済を安定化し、その住民達によって民主的自治政府が運営されるように指導と援助を与えることをその使命としている。

沖縄を拠点として米国空軍爆撃機は広大な極東アジア大陸の重要な目標に対して攻撃を加えることが出来、わけても米国空軍の「働系馬」たるB二九型爆撃機はこの島から全東南アジア、全中国、バイカル湖工業地帯、東シベリア及びカムチャカ半島の南端迄その行動半径を持っている。この島にある各飛行場は現在米空軍の有する最大の長距離爆撃機及び最新のジェット戦闘機を発着させることが出来る。

この沖縄の防衛強化には陸軍の作戦計画の中でも優先権が与えられ、大きな投資が行われている。そして米大陸より離れたこの島を最強力の前哨地点とするためにすでに二億五千万ドルが費消され、外に後一億ドルがさらに使用される予定である。

この巨大な施設増設計画の理由を理解するためには、地図を一瞥するだけで充分である。日本の南端より台湾に到る七九〇マイルの海上に弓形に散らばっている琉球列島のうち最大の沖縄島は位置を日本とフィリピンの中間に占めており、台北より東方の三五〇マイル、上海および共産中国沿岸より四百マイル以内にある。極東における米国の戦略的前進基地として沖縄は今や東南アジア、フィリピンおよび日本を脅かす共産軍の勢力拡張を阻止するものであり、フィリピンおよび日本の両国は現在われわれと安保条約によって緊密に結ばれているのである。……

一九五〇年六月二十五日に共産軍による南朝鮮の侵略が開始されてより、この島は朝鮮戦線の国連軍を援助する強力な空軍基地の一つとして重要性を示して来たのである。現在オキナワデイストリクトエンジニアの米陸軍所属技師たちの指導を受けて日本、沖縄および米国の業者が契約を結んで軍施設建設計画に従事しているが、この完成には未だ時日を要し、日夜重力撃装のB二九や、滑らかなジェット機の爆音にかてて加えて、ブルドーザーやセメント・ミキサー、運搬車などの騒音と従業者たちの叫び声などが全島を圧して聞えて来る。（中略）

米陸軍によってかつて試みられたことのない第二次世界大戦の軍用物資復旧計画の一つである沖縄での防衛計画は、現在までに成功をみて来ている。何百万トンという軍用物資はここで集められ修理され、また再製造されて朝鮮戦争の友軍に送られているが、これは米国市民の税負担を数百万ドルも軽くしていることとなっている。沖縄の防衛強化が完成されると、米国はここに世界最大の飛行基地を持つことになる。一言にしていえば、この島は不安定な内乱をしずめる東洋における諸国の最強力な防衛拠点となるように運命づけられているのである。

軍事的にいうと、沖縄の価値は、それが極東の侵略者に対して行なわれる攻撃作戦に陸海空の三方面から援助を与える能力を持つというところにある。空軍の攻撃拠点とし、または水陸両用作戦および空挺作戦基地として、沖縄は実に貴重な我々の資産なのである。

沖縄は、米軍にとっての重要な拠点となり、恒久的基地建設が進展していくことになる。沖縄現代史が専門の鳥山淳は、「軍用地の境界線が住民の目に見えるかたちで確定され、軍事施設の下に埋もれた土地を取り戻す可能性が著しく低下していくという事態、その結果として米軍に依存した生活が長期化・固定化されていくという事態が、多くの人々のその後の生活を大きく規定していくことになったのである」[19]と論じるが、的確な指摘といえる。

基地建設の本格化に伴う強制的土地接収は、どのようになされたのであろうか。このことを論じる前に、「ある報告書」をみる。「ある報告書」とは、一九四九年三月一五日、極東軍総司令部司令官の要請によりアメリカ陸軍省が琉球列島における食糧ならびに農業の現状調査をおこなった時の『琉球列島における農業および経済復興について』の報告書である。この報告書は、「すでに実施されている実施計画用のハンドブックとしての役割を果たすように準備されたものである」と謳っており、その中につぎの「軍施設によって占拠された区域」の項目がある[20]。この項目は、沖縄における基地問題をとらえる場合、示唆に富む。

現在の推定では、軍施設や道路によって占拠されている区域には、二万一〇〇〇エーカーの農地が含まれているが、これはかつて耕作されていた土地の二〇%を占める。それだけでなく、軍施設の境界線は一定せず、常に変更されているので、農家は将来どの土地が使えるのか、まったく予知できない。郊外をざっと調査した限りでも、現在に至るまで土地の有効利用に関して何らの施策もなされていないことが明らかである。農業に全面的に依存しているこのような経済社会の中では、こうしたことは致命的である。特に恣意的に土地を接収されたり、農作物を台なしにされる等の被害を蒙った農家に対し、何の補償もなされず、被害農民の権利が保護されなかったことは事実である。狭い土地に過度の人口があって、いかなる土地も貴重なものとなっている。

したがって、軍用地として接収する農地は軍事上必要不可欠な最小限のものに限るべきである。このような軍用地への地料の支払いは、それ自体農地が減少したことによって生じる生産高の損失を埋め合わせることはできない。農業によって農家が得る収益は、労働および諸経費に対する報酬であると共に、農地への投資に対する報酬でもある。土地所有者がその土地からの報酬を得るだけだとすれば、彼らは他に有利な雇用先を探さねばならない。過剰労働人口を抱える沖縄では、そのようなことは困難である。上記の理由で、軍による農地の使用は、最小限にとどめるべきである。

軍当局は軍用地を縮小し、一定の区域内への移転を考慮中である。目下の構想では、最終的に軍施設は現在の半分の規模になる予定である。成果がまとまるには少なくとも数カ月を要するであろう。

その間、すべての軍施設はどの程度の土地が必要かを改めて検討し、さほど重要でない分に関しては開放すべきである。これによって軍が占拠している土地の少なくとも一定部分は、農地として返されることが期待される。軍によって開放される地域がもし小さければ農業的利用を可能にするように慎重に配慮せねばならない。開放可能な箇所は、すべて事前に軍政府の農業局による実施調査を経て、その土地が農作物を生産できるかなど、農民の農業復帰に関連する諸問題を検討して後、しかるべく決定すべきである。農業上の利用には好ましくないとみなされる地域については、軍用地としての用途がある場合、継続的に使用することが許されるであろう。さらに、これら農耕に適しない地域は、農耕に適していると思われる現在使用中の用地に代えて、軍が使用することができるであろう。農耕に最も適していない土地を利用することが軍の方針であるべきである。……すでに開放された土地についても、農地に転換するために、さらにしかるべき措置を付け加える必要があるとみられる。つまり開放地は従前の農耕に適した状態に復元されるべきである。

（中略）

そして、つぎのような「具体的提案事項」を掲げる。

一、軍施設は、占有地の必要面積を見直し、農耕地の占拠を最小限に止めること。
二、軍用地は、できるだけ農業不適格な区域のみに止め、農耕可能な区域の占拠を最小限に縮小すること。
三、開放地は農家が従前の農耕ができる状態に復元し、返還すること。住民と軍政府との間に交渉の場を設け、住民が復元等の要請を適切に請願できるようにすること。
四、軍事活動によって耕作中の作物に損害を与えたときは、軍は農家に対して賠償すること。

報告書にみられるように、軍の方針としては、土地の接収が農民生活を阻害する要因となっているので最小限に止め置き、しかも農耕に最も適しない土地であるべきだとする。時を同じくして、一九四九年一〇月、ジョージ・J・ノールド准将（軍事建設担当チーフ・エンジニア補佐）を団長とする調査団が来沖する。調査の結果、「沖縄における軍事建設は……軍事的任務を明確に果たすだけではなく、同時に雇用、水道、電力、住民と物産の輸送手段の改善など、積極的に民間経済に刺激を与える施設に焦点を当てた」ものにすべきである、と勧告する。(21)この勧告に沿って軍事建設と経済復興が同時並行的に展開するのである。

ところが、事情は一変する。最大の契機となったのが、一九五〇年六月二五日に勃発した朝鮮戦争であった。米軍政府は、表15にみるように、住宅ばかりか住民にとって心の癒しとなる先祖伝来の墓、汗水たらして育てた農作物の撤去を強力に進める。

表15　基地建設のための住宅・墓・農産物の撤去と予定

	1950年9〜11月の撤去数			12月〜51年2月の撤去予定数		
	住宅	墓	農産物（坪）	住宅	墓	農産物（坪）
読谷村	5	10	5,080	0	0	0
嘉手納村	0	79	67,269	0	89	0
美里村	0	12	35,282	0	0	0
越来村	10	225	12,500	80	630	3,500
北谷村	0	45	2,395	0	40	0
北中城村	0	32	1,328	0	12	3,598
宜野湾村	0	10	28,000	25	0	16,500
浦添村	12	10	22,223	5	38	37,246
真和志村	125	15	5,980	362	131	165,567
那覇市	0	0	0	59	0	1,775
計	152	438	180,056	531	940	228,186

出所：鳥山淳「1950年代初期の沖縄における米軍基地建設のインパクト」（『沖縄大学地域研究所　所報　№31』沖縄大学地域研究所，2004年）227頁より作成.

表16　地域別の可動者および軍作業者分布状況（1950年12月現在）

単位：人（%）

内訳／地区別	可動者		軍作業者	
	男	女	男	女
南部地区	52,663(41)	28,061（32）	11,663（40）	4,963（40）
中部地区	43,218(34)	34,562（40）	15,922（54）	6,884（56）
北部地区	31,628(25)	23,857（28）	1,922（7）	428（3）
計	127,509(100)	86,480（100）	29,507（100）	12,275（100）

出所：沖縄朝日新聞社編『沖縄大観』（日本通信社，1953年）179頁，より作成.

表17　可動者の中の軍作業者（1950年12月現在）

単位：人（%）

内訳／地区別	可動者		軍作業者	
	男	女	男	女
南部地区	52,663	28,061	11,663(22.15)	4,963（17.69）
中部地区	43,218	34,562	15,922(36.84)	6,884（19.92）
北部地区	31,628	23,857	1,922(6.08)	428（1.79）

出所：表16に同じ.

土地の接収は、基地の建設であり、これが軍作業の雇用へと繫がる。表16ならびに表17は、このことを示したものである。

可動者にたいする軍作業者の割合を地区別にみると、中部地区（中頭郡）で二九・三パーセント、南部地区（那覇市、首里市、島尻郡）で二一・〇パーセントを占めている。北部地区（国頭郡）は軍作業の通勤距離外にあることに加えて、多くの人が農林業に従事しているため少ない。中部地区では二戸に一人、南部地区では二・五戸に一人、沖縄全体では平均して三戸に一人の割合で軍作業に出ていたという(22)。

さらに米軍政府はつぎつぎと布令・布告を発し、〝銃剣とブルドーザー〟によって農民の土地を強制的に接収していく。その最たるものが、一九五三年四月三日に発せられた琉球列島米国民政府布令第百九号「土地収用令(23)」で、講和条約発効後の土地接収の根拠法となった。「土地収用令」の目的は、つぎのことを貫徹することにあった。「米国は、琉球列島の土地の使用及び占有に関し、ある程度の必要を有するので、且つ、この必要に応ずべき琉球法規がないので、米国が琉球列島においてその責任を遂行するために必要な土地の権利の取得及びそれに対する正当補償に関する手続を定めることは適切、且つ、必要である」。そして第二条第一項で「当該土地又は不動産の所有者に対し、収用の告知をなすものとし、これには当該財産の識別、取得されるべき権利及びそのための権限を明示する。告知には、なお、該財産の評定価格及び正当補償の認定金額並に所有者は告知の日から三十日以内に米国の申し出を受諾するか又は拒否しなければならない旨を記載する。拒否する場合は、所有者は前記三十日以内に文書をもって、その旨民政副長官に訴願することができる。前記の訴願がなかったときは、当該権利は所定の額で米国に譲渡されたものとみなす」と謳う。収用告知後、三〇日以内に「受諾するか」あるいは「拒否するか」とされているが、現実的には、告知後すぐに土地接収することもでき、所有権はアメリカ政府にあるとするもので、住民は「土地強奪法」と呼んだ(24)。

ここで、〝銃剣とブルドーザー〟による典型的な強制的土地接収の事例をみる。

読谷村渡具知《とぐち》

苦難の道程であった。

夢にまで見た郷里への移動許可、喜び勇んで住宅を建設し、貧しいながらも渡具知部落での新しい生活が出発した。

そして、渡具知においての戦前、戦後を通じて、最大の「移動完了祝賀会」において村芝居は大盛況でにぎわった。

新しい芝居幕は、「朝陽」の渡具知港の風景が描かれ、渡具知の前途は明るい希望に満ちたものであった。しかし、非情にも米軍は、「土地収用令」を公布し、渡具知部落に強制立ち退き命令を下した。

無念であった。抵抗もした。

軍隊の権力は、住民の人権等虫けらのように扱う。

「キーストンオブザパシフィック」(太平洋の要石)

基地の確保のために、住民生活をかえりみない米軍権力が憎い。

自分の住んでいた土地が、軍事要塞化されていく。後髪をひかれる思いで、郷里を後にする。挫折した心の中で、また、苦しい生活の対応を余儀なくされる。

米国民政府副長官は「軍に協力してくれてありがとう。模範部落をつくってやる」と渡具知区民のにえたぎる怒りの気持ちをつくろう如く言った。

地主の声に有無を言わさず、比謝西原は、米軍のブルドーザーの動員によって整地された。それに、区画割当てされた土地に、渡具知区民は移住させられ再び他所の土地での生活を強いられた。

他所の土地での生活は、飲む水の確保にも苦労した。子供達は肩にくいこむ水缶をかついだ。

軍用地料を担保に、移住資金を借りた。スクラップを一生懸命探した。遠く離れた渡具知の黙認耕作地で甘藷を掘り、豚を養った。

地主との借地料の折合いがつかなく、気まずい思いを重ね道路用地も部落で負担する。

限られた敷地の中では、分家する人の宅地確保は難しい。

諸々の物心両面の苦痛は、自然豊かな渡具知の大地への復帰の願望がつのる。(25)

一九五三年八月一八日、渡具知集落の軍使用についての「報」が伝わると、渡具知区長大湾梅吉および住民一同は琉球政府行政主席比嘉秀平に対し、つぎの「部落立退中止に関する請願書」を送っている（適宜句読点を付した―筆者注）。(26)

部落の実情について

一、終戦以来今日迄波平区、楚辺区、渡具知部落と三回も移動し部落民は極度に疲弊困憊しているが、旧部落への復帰に依り耕地の開墾、部落内の清掃、自宅の復興に全力を注ぎ部落は復興の途上にあり。

二、五一年十月より五二年三月まで移動完了に要した経費一戸平均五万円程度、其の他に莫大の労力を投じている。

三、部落は戸数百四十八戸、人口六百七十人で、内農家戸数一二五戸、漁業兼業農家戸数一五戸、商業戸数八戸でありますが村内に移動すべき適当な場所が見当らない。

部落民の真情について

一、所有権の確定、人権尊重の社会制度の確立した今日、かってに移動させられることは、死活の問題であり、人権の無視であるから、生活の保障されない限り絶対に立退かない。

二、旧渡具知部落は五一年十一月まで軍用地でなかった。故に移動も許可されたのである。今になって軍施設用地であるとは不快である。

三、最悪の国際情勢下に於いては、爆弾の洗礼を受けても後悔することなしと決意している。

「爆弾の洗礼を受けても後悔」しないという住民の悲痛な叫びの「請願」に対し、行政主席は回答することなく、米軍の意のままに、土地の強制収用を黙認するのであった。行政主席は、米国民政府の政策意図を住民に伝えることしかできなかったのである。

伊江村真謝《まじゃ》区

ついに一九五五年三月十一日午前八時頃、三隻の大型上陸用舟艇が波をけたてて伊江島東海岸にその姿を現わしました。

やがてその舟艇は大口の浜にうち上げられるとおもおもしい舟扉が開かれ、完全武装の米兵がカービン銃を両手に抱えて次々と上陸してきました。……約三〇〇名ぐらいの武装兵がジープ、トラック、催涙ガス、負傷者を運ぶタンカまで用意して、上陸地点より四キロの地点にある真謝部落を目指して行進し、突入してきました。……

やがてブルドーザーの無気味なうなり声とともに、米兵が着剣した冷たい銃口で農民をにらみすえながら、仁王立ちとなり、他の着剣した米兵が作業兵を護衛しつつ、バラ線の柵を張りめぐらし始めたのです。……

翌三月十二日午前七時四十七分、四名の測量兵が護衛兵に守られて並里清二さん（六十二歳）の芋畑に軍靴を踏み入れ、杭を打ち込もうとしました。座敷でお茶をのんでいた並里さんは、あわてて家を飛び出し「畑を荒さないでくれ、ここに杭を打たないでくれ」と嘆願、言葉が通じないと思って、手まね、足まね、眼をつむり寝ころんで見せ「わたしのベビーもママもこのようにして死んでしまう」と地面に手をつきお願いしようとしたら、かけつけて来た米兵隊長がいきなり拳骨で並里老人の左肩を殴打、よろけて倒れる老人の右腕をワシ摑みにし、左手を他の兵隊が摑み、後ろから二人の兵隊が着剣の銃で威嚇、宅地から連れ去り、米軍用毛布を頭からすっぽり被せ、縄でギリギリに縛り上げ、さらに縄が見えないように毛布で覆い、バラ線で囲って横倒しにころばし、それを一〇名内外の看視兵が見張っていました。……

あけて三月十四日朝、私たちはこの日を屈辱に満ちた日として、子や孫の胸底深くきざみ込むことでしょう。

私たちがわが子のようにはぐくみ育ててきた芋、落花生、砂糖キビ、そして小高い暴風林の松も、次々と米兵のブルドーザーによって引きならされてゆくばかりでなく、営々として築いた一本の柱にも私たちの愛情のこもっている家屋敷が荒れ狂う爪にひきむしられていったのです。(27)

一九四五年四月一六日、米軍は伊江島を占領する。捕虜となった住民は、慶良間列島の渡嘉敷島・慶留間島へ移動させられ、そこから再び本部町と今帰仁村へ移される。ようやく住民が帰村を許されたのは、四七年三月のことであった。力を合わせて復興に努め落ち着きを取り戻しつつあった矢先に〝銃剣とブルドーザー〟がやってきたのである。

その後、住民は「私たちの土地を返してくれ、壊した家を造ってくれ」と、琉球政府前で断食し、座り込みを続けるが、解決にはいたらなかった。住民がつぎに打って出たのが、琉球政府前から沖縄本島最北端辺戸までの、いわゆる「乞食行進」であった。(28)だが、米軍は住民の行動を一切無視し、土地収用を進めていくのである。

宜野湾村（現宜野湾市）**伊佐浜**

一九五四（昭和二十九）年四月八日、米軍は突如宜野湾村伊佐浜一帯の水田一三万坪に水稲二期作の植え付け禁止を口頭で言い渡した。まさに、伊佐浜住民が二期作植え付けの準備をしている最中のことだった。それは、流行性脳膜炎を媒介する蚊が発生するのを防止するというのがおもてむきの理由だった。(29)伊佐浜一帯に土地を所有している住民は、四集落にまたがり五〇五戸・二三四一人（全体の一三パーセント）を占め、うち専業農家は三七〇戸（七三パーセント）・一八八三人（八一パーセント）にものぼっていた。軍用土地対策委員会が結成され、琉球政府、立法院に対し、水稲植付禁止指令の解除を陳情する。(30)

一、伊佐浜一帯は、農耕地として沖縄でも最も恵まれた地域であり、一九五二年水稲一期作において、反当たり五石四斗の収穫をあげ、沖縄の最大収穫田もこの地域にある。

一、今日まで、軍用予定地域内に指定されてきたが、耕作を続けており、四部落民はこの土地に生活基盤を築いてきた。植付け禁止の通告で、住民は生活不安で騒然としている。

一、若し衛生上の理由で、植付け禁止をするなら、蚊の発生を駆除するために、自発的に水田に田魚を放飼するし、DDT散布にも協力する。

住民の陳情を受けて、立法院では「衛生上の都合で水稲の植付け禁止するのは、ふにおちない。土地収用の前触れではないか。植付け禁止の後には、田を埋めるということになりかねない」との議論がなされた。だが、米軍は「世界情勢は緊迫しており、自由世界防衛のため、合衆国が必要とする場合はいかなる、かつすべての私有地をも取得する」との回答を寄せると同時に、間髪をおかずブルドーザーで耕地を地均しするという暴挙に出た。(31)

このような状況の中で、一九五五年五月一七日、スティーブンス米陸軍長官は上院軍事小委員会で「沖縄は米太平洋防衛線上極めて重要であり国防総省は沖縄の恒久的な施設を維持することを建前として目下その計画を推進中である。……なおすでに米軍の接収ずみの土地についての問題は、今後一切の誤解の起らぬよう今はっきりと解決しておくのが望ましい」(32)と沖縄における恒久的な軍事基地建設を言明する。翌五六年六月一三日、米下院軍事委員会特別分科委員会報告、いわゆる「プライス勧告」が発表され、この中で「なぜにわれわれは沖縄にいるか」として、つぎのように断じる。(33)

われわれが沖縄にいるのは沖縄がわれわれの世界的規模にわたる防衛の不可欠の一部をなしているからである。世界の他の地域におけると同様、日本とフィリピンにおいても、われわれが基地を保有しているのは、友好政府が継続して存在することに依存している。

琉球諸島においてはわれわれが政治的にコントロールを行っている事情と、好戦的民族主義運動が存しないため、勿論わが国策に従ってであるが、極東、太平洋地域の海上連鎖諸島嶼における前進軍事基地の長期間使用に対する計画を立案することができる。ここではわが原子兵器の貯蔵ないし使用の権限に対し外国政府による制限が存在しない。以上の考慮に加えて、陸海軍および海兵隊に課された使命を考えると同島の重要性は更に高まって来る。

アメリカ本国政府・米国民政府の強権による土地接収は、横暴極まりないもので、その後も続く。止めを刺したのが、一九五八年五月一日、統合参謀本部から国防長官宛の「沖縄の戦略的重要性」[34]である。

合衆国を最終的に防衛するために必要なことは、合衆国が太平洋の戦略的支配を維持する能力をもつことです。太平洋を効果的に支配するためには、合衆国軍隊が防衛の面でも攻撃の面でも、完全な利用を容易にするための戦略的基地が必要です。合衆国は琉球列島に主要な基地をいくつももっており、それは緊急に際して即時に拡張が可能で、外部の主権国家からの政治的配慮にはまったく左右されません。世界規模の戦争、あるいは拡大する戦争が起こった際には、ソ連、中国、または極東その他の共産主義勢力に対して、原子兵器を含めて攻撃を開始する必要があるが、その際合衆国がこの（沖縄の）戦略的に置かれた基地から短縮なしに作戦を実行することが、何より不可欠である。……

統合参謀本部は、軍事基地としての沖縄の重要性はこれからも続くと再度断言します。沖縄は、日本を立ち入らせないで、合衆国の支配下に置いておくべきです。

米軍政府による強制的土地接収に対し、住民の怒りが爆発する。〝島ぐるみ闘争〟である。一九五六年六月二〇日、軍用地料の一括払い反対・適正補償・損害賠償・新規接収反対の「土地を守る四原則」の貫徹を目指して、八〇万人県民の二〇万人が徹底的に抵抗する。七月二八日には那覇高校で一五万人が集結し、「われわれは独立と平和と民主主義の旗じるしのもとに、祖国と民族を守り全県民の土地と生活を守るために四原則を死守する。そして一切のデマゴギーを粉砕し、欺まんを暴露して闘い、長期化と困難を克服し常にたたかう兄弟達の先頭に立って『国土を一坪もアメリカに売り渡さない』決意を固め不敗の統一と団結を組んで、鋼鉄のように抵抗する」[35]を宣言する。米国民政府は住民の動きに対し、オフリミッツや琉球大学学生の退学処分を強行する一方で、他方で立法院は「土地借賃安定法」および「アメリカ合衆国が賃借する土地の前払に関する立法」を可決し、闘争は沈静化へ向かう。[36]〝島ぐるみ闘争〟は、アメリカ本国政府および米国民政府の圧力と懐柔策によってなし崩し的に終結したが、住民運動の大切さを教えてくれた闘争であった。

3　冷戦の終焉と沖縄

冷戦が急激に終焉した原因について、国際経済学が専門の西川潤は、「第一には、米ソ両大国が軍拡競争を通じて自らの経済的基盤を壊し、覇権を維持できなかった事情があるだろう。第二には、情報革命と共に、人々の人権意識が急速に進展し、とりわけ共産主義体制の国々で共産党の一党独裁、『拠らしむべき知らしむべからず』政策に強い反発が起こった事情がある」[37]とする。そしてイギリスの歴史研究者マイケル・L・ドックリルとマイケル・F・ホプキンズは、「冷戦の崩壊は、共産主義体制がもはや東側陣営をひとつにまとめるだけの政治的な求心力を持たなくなっていることを意味した。換言すれば、それまで抑えつけられてきた民族主義的な感情が解き放たれ、ソヴィエト連邦の構成国としての立場からの自由と独立が主張されるようになったのである」[38]と指摘する。つまり冷戦が終焉したのは、アメリカ経済の崩壊、共産主義体制の政治的求心力の弱体化にあった、というのである。そして加藤周一は、冷戦後の状況を、こう論じる。「冷戦の時代が長くほとんど半世紀に及んだので、日本だけではなくてどこの国でも、冷戦当時にその枠組みの中で作り出された、ものの考え方、ことに国際情勢、安全保障の問題に関しての思考は冷戦が終わったのちにも持ち越されている。冷戦が終わったということは、国際関係が根本的に変わったということです。前と同じ考え方が生き延びているのは一種の惰性です。惰性によって生きている古い安全保障観と、冷戦後の現実との間には食い違いがある。この食い違いはだんだん大きくなってくるでしょう[39]」と。この加藤の指摘は、アメリカ政府の世界的な軍事戦略に相も変らぬ加担する日本政府、自衛隊の海外進出にたいしての痛烈な批判である。さらに言えば、沖縄におけるアメリカ政府＝日本政府の米軍基地の機能強化を暗に批判していると読み取ることも可能であろう。

それでは、冷戦後の沖縄は、どのような状況に置かれていたのであろうか。象徴するのが、アメリカ兵による少女暴行事件と沖縄県知事大田昌秀による米軍基地強制使用代理署名拒否裁判であった。

冷戦終焉後の一九九五年九月四日、米軍基地があるゆえの許し難い事件が起こった。沖縄本島北部でアメリカ兵三人が少女を拉致し暴行するという事件である。これまでの米軍・米軍属による事故・犯罪に加えて、この事件にたいする住民の憤懣が爆発した。

一〇月二一日、宜野湾市海浜公園で「米軍人による少女暴行事件を糾弾し日米地位協定の見直しを要求する沖縄県民総決起大会」が八万五〇〇〇人を集めて開かれた。宮古は三〇〇〇人、八重山は三〇〇〇人である。会場に、中国福建省との沖縄サミットで出張していた大田知事がチャーター船で駆け付け、訴える[40]。

あいさつの前に皆さんにおわびしなければならない。行政を預かるものとして、本来一番に守るべき幼い少女の尊厳を守れなかったことを心の底からおわびしたい。

私は基地をなくし、平和な沖縄づくりを公約に挙げたが、就任して間もないころ、土地の広告縦覧を代行した。その時は全般的な利益を考え、心情を押し殺して国に協力した。政府は誠意を持って対応してくれることを公約したが、果たされていない。

私は四度訪米して沖縄の実情を訴えてきた。機会あるごとに日米両政府に基地の整理縮小を強く求めてきた。今年は戦後五十年の節目の年。沖縄の在り方を変えていきたいと「平和の礎」を造り、霊を弔うとともに政府に対して沖縄を理解し、県民のことを考えてほしいと訴えてきた。

これまで沖縄は協力を余儀なくされてきた。今度は日本政府や米政府が協力する時だ。われわれはこれまで通りにはいかないとはっきり言ってきた。

私は行政の責任者として民生の問題、産業の育成や教育、雇用の充実、福祉の振興などに専念したい。しかし、絶えず基地から派生する問題に足を引っ張られている。

二十一世紀に向けて、県民の期待にこたえられる夢と希望の持てる沖縄づくりに努力したい。支援をお願いしたい。


そして会場を埋め尽くした人たちに深い感銘を与えたのは、同じ女性としての立場から普天間高校三年生仲村清子《すがこ》さんが高校生らしい言葉の中にも基地が持つ意味を深く抉り出した「あいさつ」であった（核心部分のみを掲げる―筆者注）。(41)

……私はこの事件について友人たちと話をするうちに、疑問に思ったことがあります。米兵に対する怒りはもちろんですが、被害者の少女の心を犠牲にしてまで抗議するべきだったのだろうか。彼女のプライパシーは、どうなるのか。その気持ちは、今でも変わりません。しかし今、少女とその家族の勇気ある決心によってこの事件が公にされ、歴史の大きな渦となっているのは事実なのです。彼女の苦しみ、彼女の心を無駄にするわけにはいきません。……この事件の容疑者のような動物にも劣る行為をする人間をつくりだしてしまったのは、「フェンスの中の人々」、軍事基地内の人々すべての責任だと思います。基地が沖縄に来てから、ずっと加害はくり返されてきました。基地がある故の苦悩から、私たちを解放してほしい。今の沖縄はだれのものでもなく、沖縄の人たちのものだから。……私たちに静かな沖縄を返してください。軍隊のない、悲劇のない平和な島を返してください。

仲村さんが少女の痛みを自らの痛みとして受け止める中で、「基地がある故の苦悩から、私たちを解放してほしい。今の沖縄はだれのものでもなく、沖縄の人たちのものだから」との訴えは、沖縄の本来あるべき姿を鋭くついており、このような考えを持つ若者が多く育ち、沖縄から完全に基地をなくす運動を進めていくことこそ、重要といわねばならない。

沖縄県民大会後の一二月七日、村山富市首相は、米軍基地強制使用代理署名を拒否した大田知事を福岡高裁那覇支部に提訴し、翌九六年三月二五日に沖縄県側の敗訴が決定する。大田知事は判決を不服として上告、七月一〇日には最高裁大法廷で意見の陳述がなされた。ここでは、「日本の主権と民主主義が問われている」部分を掲げることにする。(42)

沖縄には約一二七万人もの国民が生活しています。この度の職務執行命令訴訟においては、憲法が国民に保障する財産権、平和的生存権などの基本的人権の問題や地方自治のありようなどが問われていると思います。このような意味から、沖縄の基地問題を全国民が自らの基本的人権の保障にかかわる問題として、主体的に取り組む必要があると考えます。

その意味で沖縄の基地問題は、たんに沖縄という一地方の問題ではなく、日本の主権と民主主義が問われる、すぐれて日本全体の問題ではないでしょうか。

私は、これらの基地問題の解決を図るため、五度にわたる訪米をはじめ、機会あるごとに、日米両政府に基地の整理・縮小や基地被害の未然防止などについて、要請してきました。それが実り、去る四月に発表された「沖縄における施設及び区域に関する特別行動委員会（ＳＡＣＯ）」の中間報告では、普天間飛行場の全面返還が決定されるなど、本県の米軍基地の整理・縮小に一定の前進が見られました。しかし、ほとんどの施設の返還については、県内の既存の施設・区域への移設を前提としているため、基地の増強として関係自治体や住民から強い反対の声が出るなど、厳しい状況にあります。

基地移設の判断をされる方々には、ぜひとも現地をご覧になって、そこに住む人々の生活、自然環境、生態系などに及ぼす影響を十分に検討されることをぜひとも求めたいと思います。

私は、基地を平和と人間の幸せに結びつく生産の場に変え、本県の地理的特性とアジア太平洋諸国との長く友好的な交流の歴史を活かし、日本とアジア、そして世界を結ぶ平和の交流拠点となる国際都市の形成に、沖縄の未来を託したいと思います。

終わりになりましたが、最高裁判所が、憲法の番人として沖縄の基地問題について、積極的に御判断されることを、県民は期待しています。

最高裁判所におかれましては、憲法の理念が生かされず、基地の重圧に苦しむわが県民の過去、現在の状況を検証され、憲法の主要な柱の一つとなっている基本的人権の保障及び地方自治の本旨に照らして、若者が夢と希望を抱けるような、沖縄の未来の可能性を切り拓く御判断をして下さいますよう、心からお願い申し上げ、私の意見陳述といたします。

大田知事の意見陳述、わずか四八日後の八月二八日、最高裁は、判決を下す。主文は「本件上告を棄却する」で、わずか三秒であった。棄却の骨子は、つぎのとおりである。(43)

一、米軍特措法に関する土地収用法の代理署名は都道府県知事の権限に属する国の機関委任事務。職務執行命令訴訟では主務大臣（内閣総理大臣）の執行命令が適法要件を満たしているかどうか客観的に審理判断

すべきだ

一、米軍特措法は憲法に違反せず、沖縄県への特措法適用も憲法違反とは言えない

一、本件の土地使用認定に、これを無効とするような瑕疵《かし》があるとは認められない

一、沖縄県知事に対する署名代行の申請などに違法はなく、代理署名の拒否で著しく公益が害される

最高裁判決は、「権力に弱い司法権」を白日の下に晒した。『朝日新聞』社説子は「最高裁も沖縄を拒んだ」として「沖縄がこの裁判に期待したのは、平和的生存権や法の下の平等、地方自治の尊重といった憲法の理念に照らして、沖縄の現状をどう見るかという判断だった。だが、最高裁はこうした点については見解を示さず、日米安保条約上の義務を尊重することの重要性ばかりを強調した」と論じ[44]、また『琉球新報』社説子は「最高裁の憲法感覚疑う」として「最高裁判決は計らずも現在の司法の限界を示している。最高裁が憲法の精神に忠実であるなら、法律的な手続きだけでなく、違憲状態にある沖縄の米軍基地の在り方、安保、地位協定、駐留軍用地特措法の運用の実態に即して判断すべきだった」と書き[45]、さらに『沖縄タイムス』社説子は「『民主憲法』の砦いずこへ」として「大田知事の戦後五十一年に及ぶ基地の重圧の解消を目指して、県民の平和的生存権、財産権を憲法で認められた権利が『公益』とする県側の訴えは退けられ、日米安保条約という国際条約の順守が『公益』だとの国側の主張が受け入れられた」と断じる[46]。このようにみるなら、最高裁は、自らの手によって日本の国家主権と民主主義を葬り去ったといえる。

二〇〇九年一二月一一日、来日中の元ソ連大統領のミハイル・ゴルバチョフに対し、琉球新報社は、米軍普天間飛行場移設延期問題に関して、「日米関係に亀裂が入るといった懸念も出ている」との質問をおこなっている。これに対し、ゴルバチョフは「冷戦が終結して二〇年。在日米軍の巨大な基地の持つ意味を日米双方で真摯に話し合わなければならない。前政権下で果たして、このような議論が行われてきたのか。官僚にとって『これまで

通りに』のシナリオは気楽な仕事だ。彼らはノウハウがあり、言葉の使い方が巧みだ。正義を斜めに解釈させるくらいの頭を持っている。住民の力と国民の後押しが、だから不可欠だ」と答える。[47] このゴルバチョフの考えが重要なのは、国内の政治状況、外交関係を変えるのは「住民の力と国民の後押し」の中にこそあるとするもので、われわれも深く考慮にいれておかなければならない。

二〇一〇年一月一九日、日米安保条約改定署名から五〇年が経過した。同日、日米安全保障協議委員会を構成する岡田克也外相、北沢俊美防衛相とクリントン国務長官、ゲーツ国防長官は日米共同の声明を出す。[48] この中で、「過去半世紀の間、冷戦の終結と、国境を越えた脅威の顕在化に示されるように、国際的な安全保障環境は劇的に変化した。アジア太平洋地域において、不確実性・不安定性は依然として存在しており、国際社会全体においても、テロ、大量破壊兵器とその運搬手段の拡散といった新たな脅威が生じている」としたうえで、「沖縄を含む地元の基地負担を軽減するとともに、変化する安全保障環境の中で、米軍の適切な駐留を含む抑止力を維持する現在進行中の努力を維持し、これによって安全保障を強化し、同盟が引き続き地域の安定の礎石であり続けることを確保する」と強調する。つまり沖縄の基地負担を軽減すると謳いながらも、基地を存在させることによってアジア太平洋地域における抑止力を維持・継続するというのである。これでは自民党政権と何ら変わらず、今後とも日本は主権国家とは名ばかりのアメリカの従属国となり続けることであろう。

4　基地整理・縮小の「まやかし」

二〇〇九年二月一七日、日米両政府は、『第三海兵機動展開部隊の要員及びその家族の沖縄からグアムへの移転の実施に関する日本国政府とアメリカ合衆国政府との間の協定』に調印し、つぎのことを確約しあう。[49]

ロードマップにおいて、沖縄における再編との関係で兵力の削減及びグアムへの移転の重要性が強調され、並びに第三海兵機動展開部隊の要員約八千人及びその家族約九千人が部隊としての一体性を維持するような方法で二〇一四年までに沖縄からグアムに移転することが記載されていることを再確認し、また、このような移転が嘉手納飛行場以南の施設及び区域の統合並びに土地の返還を実現するものであることを認識し、

(中略)

ロードマップにおいて、その全体が一括の再編案となっているなかで、沖縄に関する再編案は、相互に関連していること、すなわち、嘉手納飛行場以南の施設及び区域の統合並びに土地の返還は、第三海兵機動展開部隊の要員及びその家族の沖縄からグアムへの移転を完了することにかかっており、並びに同部隊の沖縄からグアムへの移転は、(1)普天間飛行場の代替施設の完成に向けての具体的な進展並びに(2)グアムにおいて必要となる施設及び基盤の整備に対する日本国の資金面での貢献にかかっていることが記載されていること(下略)

この日米両国政府の合意であるロードマップは、図16のゴシックで示した基地の返還と普天間基地の移設、この見返りに辺野古での最新機能の設備を備えた「新たな基地建設」が両輪となっている。アメリカ政府は、この両輪のひとつでも欠ければ、日本の安全保障はできないと「恫喝」する。自民党政権は、この「恫喝」に屈するかたちで沖縄に振興計画費を含めての「圧力」をかけたが、民主党政権に替わっても変わらない。

つまり、この『協定』の特徴は、嘉手納飛行場以南の米軍施設の返還、普天間飛行場の代替施設の完成＝辺野古沖基地建設、グアム移転および住宅建築費の日本負担が三位一体となっている中にある。とくにアメリカ政府の日本政府にたいする至上命令は、辺野古沖基地建設にほかならない。ここに、主権国家としての日本ではなく、アメリカ従属国家としての日本の姿が見事に浮き彫りにされている。加えてこの『協定』は、沖縄住民の声をま

図16　沖縄の米軍基地（2008年3月現在）

出所：沖縄県知事公室基地対策課編『沖縄の米軍基地』（2008年3月）.
注1)：**ゴチック**で示した基地が，SACO最終合意で提示された返還基地である．
注2)：SACOとは，1995年11月19日に設置された「沖縄における施設及び区域に関する特別行動委員会」＝Special Action Committee on Facilities and Areas in Okinawa, である．

ったく無視した内容となっており、許し難い。

二〇〇六年五月の日米安全保障協議委員会で嘉手納飛行場以南の基地について返還の合意がなされているにもかかわらず、二〇一〇年時点で、未だ実現していない。なお返還面積であるが、表18にみるように、陸軍貯油施設・キャンプ瑞慶覧・普天間飛行場・那覇港湾施設のほとんどが未返還で、基地の整理および縮小の「まやかし」がまかりとおっている。

沖縄県出身の詩人山之口貘は、沖縄の中に基地があるのではなく、基地の中に沖縄がある「常態」を、つぎの「詩」で描き切る。[50] この「詩」は、山之口が、今から五六年前に発表したものであるが、基地の存在と住民の苦悩を鋭く突いていて色あせていない。

表18　基地の存在と返還予定基地，その内実
（2008年3月末現在）

単位：千㎡・(%)

全　国	沖　縄	本　土
308,825（100.0）	229,245（74.3）	79,579（25.7）

返還予定基地　面積と未返還面積

	基地面積	未返還面積
陸軍貯油施設	43	43
キャンプ桑江	405	5
キャンプ瑞慶覧	469	468
普天間飛行場	42	42
牧港補給地区	1	1
那覇港湾施設	57	57
計	1,017（100.0）	616（60.6）

出所：沖縄県知事公室基地対策課編『沖縄の米軍及び自衛隊基地（統計資料集）平成21年3月』6，68，69頁より，作成.

不沈母艦沖縄

守礼の門のない沖縄
崇元寺のない沖縄
がじまるの木のない沖縄
梯梧《でいご》の花の咲かない沖縄
那覇の港に山原《やんばる》船のない沖縄
在京三〇年のぼくのなかの沖縄とは
まるで違った沖縄だという
それでも沖縄からの人だときけば

守礼の門はどうなったかとたずね
崇元寺はどうなのかとたずね
がじまるや梯梧についてたずねたのだ
まもなく戦渦の惨劇から立ち上がり
傷だらけの肉体を引きずって
どうやら沖縄が生きのびたところは
不沈母艦沖縄だ
いま八〇万のみじめな生命たちが
甲板の片隅に追いつめられていて
鉄やコンクリートの上では
米を作るてだてもなく
死を与えろと叫んでいるのだ

5　沖縄に「戦後」はない

沖縄に「戦後」はあるのか。

米軍政府統治下の一九五二年四月二八日に発効された『サンフランシスコ平和条約』は、第三条で「日本国は、北緯二十九度以南の南西諸島（琉球諸島及び大東諸島を含む）……を合衆国を唯一の施政権者とする信託統治制度の下におくこととする国際連合に対する合衆国のいかなる提案にも同意する。このような提案が行われ且つ可決されるまで、合衆国は、領水を含むこれらの諸島の領域及び住民に対して、行政、立法及び司法上の権力の全部及び一部を行使する権利を有するものとする」[51]として沖縄における行政権・立法権・司法権の掌握を明確にしているが、「沖縄の基地」については何ら規定していない。

ところが、平和条約発効後一年余の五四年一月七日の『アイゼンハウアー大統領一般教書』では、「沖縄のわれわれの基地を無制限に保持するつもりである」[52]とする。それはアメリカ本国政府が〝銃剣とブルトーザー〟でもって沖縄の住民を強制的に立ち退かせ建設した基地は、アメリカが永続的に所有するという一方的な宣告に等しいものであった。

加えて翌五五年一月一七日の『アイゼンハウアー大統領予算教書』においては、「琉球諸島の軍事基地は自由世界の安全保障上極めて重要であるから、米国はその占領を無制限に継続する」[53]と宣言する。さらに五六年一月一六日の『アイゼンハウアー大統領予算教書』では、「自由世界の安全保障のため沖縄諸島は極度に重要な戦略的価値を持つものであるため、米国は無期限にその管理の責任を負うものとする」[54]として沖縄がもつ軍事的拠点の重要性を強力に主張するのであった。

このような沖縄の基地をめぐる厳しい状況の中で、第二次大戦敗戦後、最初の『経済白書』(一九五六年度)は、これまで日本経済が歩んできた「道」をふりかえり、こう論じる。[55]

戦後日本経済の回復の速かさには誠に万人の意表外にでるものがあつた。それは日本国民の勤勉な努力によつて培われ、世界情勢の好都合な発展によつて育くまれた。

経済政策としては、ただ浮き揚る過程で国際収支の悪化やインフレの壁に突き当るのを避けることに努めれば良かつた。消費者は常にもつと多く物を買おうと心掛け、企業者は常にもつと多く投資しようと待ち構えていた。いまや経済の回復による浮揚力はほぼ使い尽された。……戦後の一時期にくらべれば、その欲望の熾烈さは明かに減少した。もはや『戦後』ではない。(下略)

この論理は、日本という国の中で必死に生きている国民の生活状況については一切触れることなく、経済復興の「すばらしさ」のみを強調し、「戦後の終わり」を告げる内容となっている。

六〇年代に入ると、アメリカの沖縄基地にたいする政策は、変化をみせる。六二年一月一八日の『ケネディ大統領予算教書』において、「米国は自由世界を守るため、極東の脅威と緊張が軍事基地を必要とする限り、沖縄の行政の責任を今後引続き担当する」[56]としながらも、二か月後の三月一九日『ケネディ大統領の声明』で、「私は、琉球諸島が日本本土の一部であることを認めるもので、自由世界の安全保障上の利益が、琉球諸島を日本国の完全な主権の下へ復帰せしめることを許す日を待望している」[57]と大きな転換をみせはじめる。

一九六五年八月一九日、時の首相佐藤栄作は、那覇空港に降り立つ。戦後、現職の首相として、はじめての沖縄「訪問」であった。佐藤首相は、那覇空港で、「わたしは沖縄の祖国復帰が実現しない限りわが国にとって『戦後』が終わっていないことをよく承知しております」[58]との〝迷セリフ〞を吐く。そして六九年一一月二一日、佐藤首相とニクソン大統領は、『沖縄返還に関する日米共同声明』を発表する。[59]この『共同声明』の中で重要なのは、「沖縄の施政権返還は、日本を含む極東の諸国の防衛のために米国が負っている国際義務の効果的遂行の妨げとなるようなものではない」とする第七項、「沖縄の施政権の日本への返還は、第二次大戦から生じた日米間の主要な懸案の最後のものであり、その双方にとり満足な解決は、友好と相互信頼に基づく日米関係を一層固めるゆえんであり、極東の平和と安全のために貢献するところも大なるべきことを確信する」とした第一一項である。

ここで注意を喚起したいのは、『ケネディ大統領の声明』にあるように、日本の潜在主権を残したままで、米軍政府・米国民政府による二七年間にわたって沖縄を占領統治したことである。このことを念頭に入れて『共同声明』の第七項と第一一項を読めば、つぎのことが内包されているのがわかる。それは、アメリカは日本の沖縄にたいする潜在主権を政策的に背後に退け、沖縄にたいする主権はアメリカにあると前面に打ち出すことによって、沖縄の本土復帰は、あくまでアメリカの恩恵によるもので、沖縄を含めて日本はアメリカに感謝すべきである、だから沖縄の今後のあり方に関しては、アメリカが主導権を握ることにある、と。

東アジア国際関係史が専門の若林千代は、「地域からの『普遍的価値』」の中で、二〇〇二年時点現在の沖縄が置かれている状況について、「沖縄の施政権返還以来、米国政府は沖縄の基地問題をあくまで日本の『国内問題』として扱おうとしてきた。そして、日本国内では、それをあくまで『沖縄問題』として収斂させようとしてきた」[60]と指摘する。この指摘は、沖縄の基地が、アメリカの東アジア戦略にとってどのような意味をもっているのか、アメリカの傘の下に「思いやり予算」という形で、国民の税金を、国民の同意もなく、沖縄の住民の頭越しに、「基地問題」を指摘したところに重要な意味をもつ。芥川賞作家の目取真俊は、「沖縄『戦後』ゼロ年」で、「アジア・太平洋戦争で日本のアジア侵略の一翼を担い、最後は『国体護持』のために『捨て石』にされた沖縄は、その後『太平洋の要石』として、戦争と占領、植民地支配が継続する六十年を送ってきた。果たして沖縄に、戦争が終わった後としての『戦後』はあったのだろうか[61]」と問う。そしてジャーナリストの新川明が「この国の〝怖さ〟を知る」の中で展開したつぎの論点は示唆に富む。日本国は、「太平洋に戦争のあとも、朝鮮戦争からベトナム、アフガン、湾岸、そしてイラクとつづく米国の侵略戦争の出撃基地として沖縄を米国に提供しつづけ……沖縄を加害の共犯者に仕立てあげてきた……日本では『戦後六十年』と言い、『もはや、戦後ではない』と当たり前のこととして言われるが、『アジア』とのかかわりで言えば、……沖縄には今なお『戦後』はないのである[62]」。

図17　防衛施設庁予算額の沖縄への配分推移

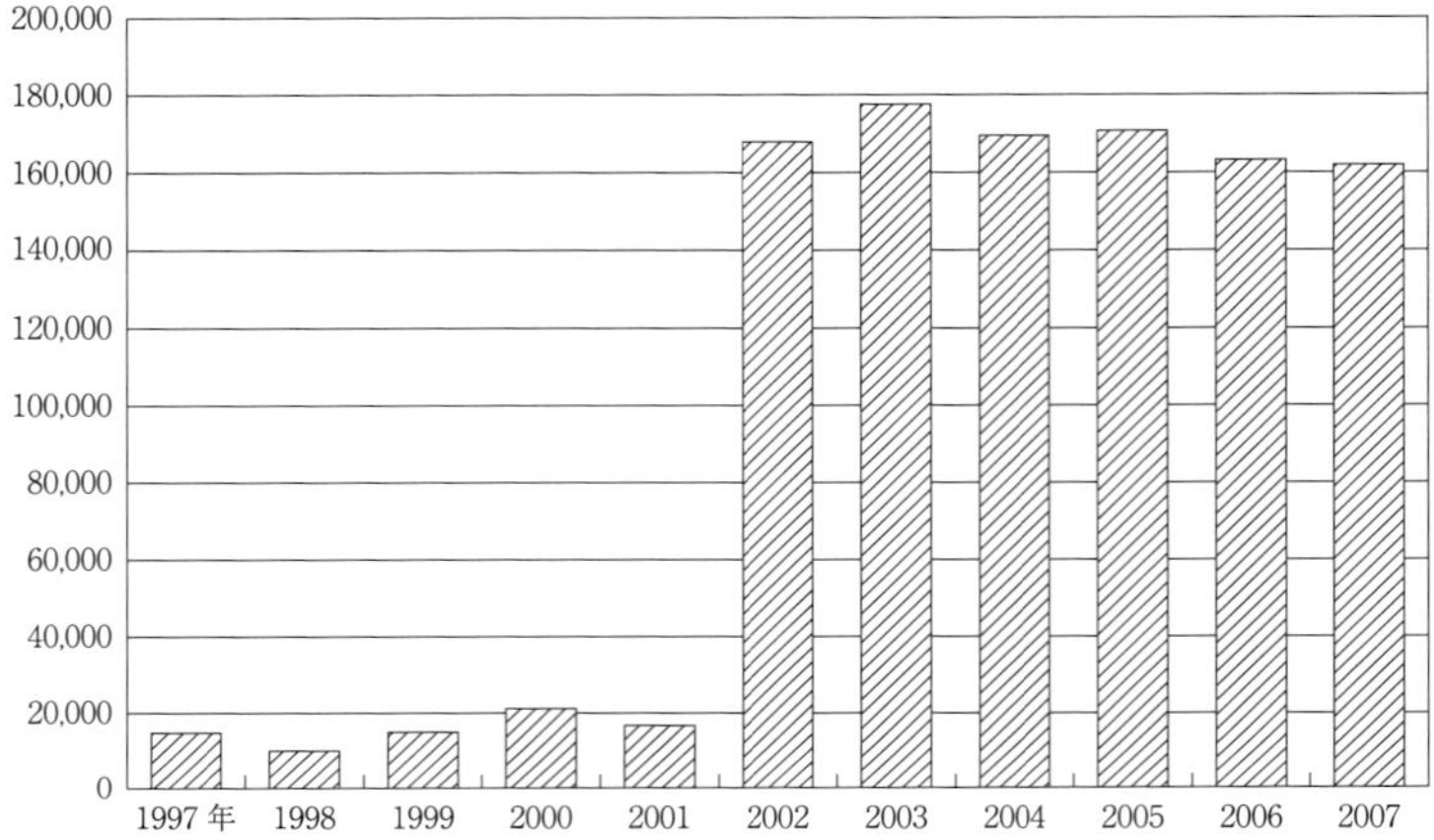

出所：表3に同じ.

表19　防衛施設庁予算額の全国および沖縄への配分推移

単位：百万円・%

	全国	沖縄	比率
1997年	92,251	15,039	15.8
1998年	73,652	9,942	13.5
1999年	93,391	15,030	16.1
2000年	96,074	21,192	22.1
2001年	81,921	16,867	20.6
2002年	523,181	167,933	32.1
2003年	519,246	177,653	34.2
2004年	547,711	169,605	31.0
2005年	535,085	170,975	32.0
2006年	525,722	162,984	31.0
2007年	500,318	161,961	32.4

出所：沖縄県知事公室基地対策課編発行『沖縄の米軍及び自衛隊基地（統計資料集）』各年版，より作成.

このことを裏付けるのが、表19と図17に示した「防衛施設庁予算額の沖縄への配分推移」である。二〇〇一年九月一一日の同時多発テロ後の一〇月七日に、米軍はアフガニスタンに対し、空爆を開始する。翌二〇〇二年一月二九日ブッシュ米大統領は、北朝鮮・イラク・イランを「悪の枢軸」と非難するが、以来、沖縄にたいする防衛庁予算が急激に増加する。これは北朝鮮・イラク・イランを睨んだ増額以外のなにものでもなく、日本政府がアメリカ政府の軍事戦略にからめとられている姿を如実に語っている。

沖縄戦は、「鉄の暴風」といわれるほど、米軍による激烈を極めた海と空と陸からの爆撃、日本軍による対米軍戦によって沖縄の地に膨大な量の不発弾を残した。不発弾の爆発によってこれまでに七一〇人の死者、一二八一人の負傷者を出した。本土復帰前までに約五五〇〇トン、復帰後は約一七八五トンが処理された[63]。沖縄県防災危機管理課の調査によると、二〇〇九年二月末現在、沖縄には約二三〇〇トンの不発弾が埋没しており、これまでどおり年間三〇トンの処理ペースでいくと、あと七〇〜八〇年はかかるとされている。不発弾処理が進まないのは、「国による戦後処理が十分になされていないこと」「他県との均衡を理由に不発弾等の処理費用の半額を市町村に負担させてきたこと」「民間の工事は補助の対象外とされてきたこと」「不発弾等の爆発事故を未然に防ぐための唯一の手段である磁気探査の徹底が経費等の理由から見合わせてきたこと[64]」があげられる。

二〇〇九年一月一四日、沖縄に「戦後」はないことを象徴する「衝撃的」な事故が起こった。沖縄本島南部糸満市字古波蔵《こはぐら》の水道管敷設現場で、米国製不発弾の爆発事故が起こり、重機の運転手が重傷を負い、近くの老人ホームの窓ガラスを破壊した。幸いなことに重大事故に連ならなかったが、沖縄の住民は、日常的に、不発弾の上での生活を強いられているのである。老人ホームに入所している「おばぁ」は、「爆弾は人間よりも長生きするから怖いね[65]」と語るが、この「おばぁ」の言葉は、戦争がもつ意味を深くとらえて迫ってくる。

二〇〇九年一一月八日に「辺野古への新基地建設と県内移設に反対する県民大会」が、二万一〇〇〇人を集めて開催された。この「県民大会」を評して『朝日新聞』の素粒子は、こう書く。「『もう、新しい基地はいらない。これ以上、沖縄に押しつけないで』と六五歳の女性。『首相を信じたい。信じなければ、息すらできない』と八七歳の男性。普天間飛行場の移設で揺れる沖縄県の辺野古の住民の言葉。東京から遠い遠い場所。小さな南の島の小さな集落に住む人たちの痛みは、想像しにくい[66]」。「想像しにくい」と書くが、それは素粒子の想像力が貧弱なのであって、たんなる距離の問題ではない。この意味において、素粒子は、宜野湾市普天間に住んで三〇年になるという六八歳の女性の言葉を深く噛み締めてもらいたい。「どこに持っていっても基地は基地。国も県も

『移設』ではなく、『なくせ』という視点で交渉すべきでは」との言葉である。

沖縄県福祉援護課が掌握したところによると、沖縄戦終結後の未収骨者数は、一八万八一三六柱である。この未収骨者数の中で、二〇〇九年三月末までに収骨したのは一八万四一一一柱である。未収骨者数は四〇二五柱もある。完全な収骨には、あと何年かかるかわからないという。

沖縄にとって「戦後」はないと問うとき、基地の完全なる撤去、不発弾処理の完全撤廃、四〇二五柱にものぼる遺骨の収骨、この中のひとつでも欠ければ、沖縄にとっての「戦後」はない。

繰り返す。

沖縄に「戦後」はない。

注

(1) 第一章の「沖縄戦終結はいつか」を参照。
(2) 山極晃・中村政則編『資料日本占領 1 天皇制』(大月書店、一九九〇年)五四二頁。
(3) 芦部信喜『憲法 新版』(岩波書店、一九九七年)四六頁。
(4) 進藤榮一『分割された領土』(岩波書店、二〇〇二年)一八七頁。
(5) 芦部、前掲書、五四頁。
(6) 同前、五五頁。
(7) 進藤、前掲書、一八四頁。
(8) 中村政則「『戦後史』の叙述と観点」(『歴史としての日本国憲法 年報・日本現代史 第一一号』(現代史料出版、二〇〇六年)二二六~二二七頁。
(9) 中村政則「第九条と沖縄」(『明治維新と戦後改革—近現代史論』校倉書房、一九九九年、所収)二五六頁。
(10) 同前、二五六~二五七頁。
(11) 新崎盛輝「沖縄にとって戦後とは何か」(中村政則ほか編『戦後日本 占領と戦後改革 第五巻』・『過去の清算』岩

波書店、一九九五年）二〇三頁。
(12) 新川明「九条と沖縄米軍基地は不可分の関係にある」（『世界』二〇〇五年六月号）四二頁。
(13) 加藤周一『私にとっての20世紀』（岩波書店、二〇〇九年）一三一頁。
(14) 国場幸太郎「一九五〇年代の沖縄―米軍政下の民衆闘争の発展―」（『沖縄シンポジウム報告集』国際シンポジウム「東アジアの冷戦と国家テロリズム」日本事務局、二〇〇〇年）一五二頁。
(15) 同前、一七一頁。
(16) 森秀人『甘蔗伐採期の思想』（現代思潮社、一九六三年）九六頁。
(17) 同前書、九七～九八頁。
(18) この米国民政府高官（ビートラー少将）の考えは、国際的に有名な航空工業雑誌『ベガサス』（一九五二年四月号）に「太平洋のジブラルタル」と題して記載されたものである（『琉球新報』一九五二年五月七日～五月一一日付）。
(19) 鳥山淳「一九五〇年代初期の沖縄における米軍基地建設のインパクト」（『沖縄大学地域研究所　所報　No.31』（沖縄大学地域研究所、二〇〇四年）一三三頁。
(20) 『沖縄県史研究叢書16　琉球列島の占領に関する報告書（原文・和訳）』（沖縄県教育委員会、二〇〇六年）一七二～一七四頁。
(21) 『沖縄県史　資料編14　琉球列島の軍政　一九四五―一九五〇　現代2（和訳編）』（沖縄県教育委員会、二〇〇二年）一三八頁。
(22) 沖縄朝日新聞社編『沖縄大観』（日本通信社、一九五三年）一八〇頁。
(23) 『アメリカの沖縄統治関係法規総覧（Ⅱ）』（月刊沖縄社、一九八三年）四三五頁。
(24) 『沖縄県史ビジュアル版1　銃剣とブルドーザー　戦後①』（沖縄県教育委員会、一九九八年）一三頁。
(25) 「字渡具知誌『戦争編』」（読谷村渡具知公民館、一九九六年）二八二～二八四頁。
(26) 『一九五三年度　立退ニ関スル参考書類　渡具知区』（読谷村史編集室所蔵）。
(27) 阿波根昌鴻『米軍と農民』（岩波書店、一九七三年）八六～八九頁。
(28) 『沖縄県史ビジュアル版1　銃剣とブルドーザー　戦後①』（沖縄県教育委員会、一九九八年）六～七頁。

(29)『宜野湾市史　第一巻　通史編』（宜野湾市教育委員会、一九九四年）四一一～四一二頁。
(30) 同前、四一二～四一四頁。
(31) 同前、四一四～四一五頁。
(32) 中野好夫編『戦後資料　沖縄』（一九六九年）一〇九頁。
(33) 同前、一七七頁。
(34) この資料の存在を教えてくれたのは、我部政明「アメリカの基地網建設と『戦後』軍事戦略構想」（平成一四～一七年度科学研究費補助金《基盤研究（A）》研究報告書『沖縄戦と米国の沖縄占領に関する総合的研究』二〇〇六年、七九～八八頁である。
(35)『琉球新報』（一九五六年七月二八日付）。
(36) 沖縄県編『沖縄　苦難の現代史』（岩波書店、一九九六年）七二～八三頁。
(37) 西川潤「ポスト冷戦時代の世界新秩序と沖縄」（佐久川政一・鎌田定夫編『日本平和学会　一九九六　沖縄研究集会報告集　冷戦後の日本と沖縄　その自立・共生・平和の展望』谷沢書房、一九九七年、所収）一〇八頁。
(38) マイケル・L・ドックリル、マイケル・F・ホプキンズ『ヨーロッパ史入門　冷戦　一九四五―一九九一』（岩波書店、二〇〇九年）二四七頁。
(39) 加藤周一『私にとっての20世紀』（岩波書店、二〇〇九年）一三二～一三三頁。
(40)『琉球新報』（一九九五年一〇月二二日付）。
(41) 同前。
(42) 大田昌秀『沖縄は訴える』（かもがわ出版、一九九六年）九七～一〇八頁。
(43)『沖縄タイムス』（一九九六年八月二九日付）。
(44)『朝日新聞』（一九九六年八月二九日付）。
(45)『琉球新報』（一九九六年八月二九日付）。
(46)『沖縄タイムス』（一九九六年八月二九日付）。
(47)『琉球新報』（二〇〇九年一二月二一日付）。

(48)『沖縄タイムス』(二〇一〇年一月二〇日付)。
(49)『沖縄タイムス』(二〇〇九年二月一七日付、夕刊)。
(50)『山之口貘全集 第一巻 全詩集』(思潮社、一九七五年)二三五〜二三六頁。
(51)南方同胞援護会編発行『沖縄復帰の記録』(一九七二年)二八三頁。
(52)同前、三八一頁。
(53)同前。
(54)同前、三八二頁。
(55)『経済白書 一九五六年度』四二頁。
(56)南方同胞援護会編発行『沖縄復帰の記録』(一九七二年)三八二頁。
(57)同前、三八二〜三八三頁。
(58)『沖縄タイムス』(一九六五年八月一九日付)。
(59)南方同胞援護会編発行『沖縄復帰の記録』(一九七二年)三四三〜三四六頁。
(60)若林千代「地域からの『普遍的価値』」(『現代思想』第三〇巻第一二号、二〇〇二年一〇月)一五八頁。
(61)目取真俊「沖縄『戦後』ゼロ年」(日本放送出版協会、二〇〇五年)一八八頁。
(62)新川明「リレー連載 いま『アジア』を観る40 この国の〝怖さ〟を知る」(『月間 機』第一七〇号、藤原書店、二〇〇六年)一九頁。
(63)松元剛「戦後六四年続く不発弾の恐怖」(『世界』二〇〇九年八月号)二〇一頁。
(64)沖縄県防災危機管理課資料。
(65)『沖縄タイムス』二〇〇九年六月二七日付。
(66)『朝日新聞』二〇〇九年一一月一〇日付夕刊。

あとがき

二〇〇四年一二月三〇日、藤原書店から『沖縄・一九三〇年代前後の研究』を出して、五年余の歳月が流れた。出版祝賀会が沖縄県那覇市で催された際、東京から駆けつけてくださった一橋大学名誉教授の中村政則先生は、席上、「研究者であれば、一冊目は書けるが、真価が問われるのは二冊目からである」、と語られた。しばらくの間、二冊目の本のテーマを絞られずにいた。このような中で、以前から疑問をもっていた「沖縄戦終結はいつか」、このことを探究することに決めた。沖縄県は、『条例』で、一九四五年六月二三日を「沖縄戦終結の日」とし、「慰霊の日」と定めている。この日は、第三二軍司令官・牛島満が「摩文仁の丘」の洞穴で住民、そして前線で戦っている兵士たちに対し、「最後迄敢闘し悠久の大義に生くべし」との「軍命令」を発し（六月一九日）、その四日後に自決した日である。だが、六月二三日以後も戦闘が続き、多くの住民が犠牲となっている。ここに疑問を持ったのである。

二〇〇七年五月「沖縄戦終結はいつか」、を書き上げることが出来た。

二〇〇七年八月には、琉球大学名誉教授で社会経済史・社会経済思想史が専門の松田賀孝先生、社会思想・女性問題が専門の新木順子さん、それに私を含めた三人で『戦後沖縄住民生活史研究会』を発足し、毎月二回、研究会をもつようになった。研究会を重ねるうち、テーマが見えてくるようになり、確定したのが沖縄における一九四五―四六年のもつ意味の探究であった。

「はしがき」にも書いたが、一九四五―四六年は、沖縄研究にとって「空白の一年間」であり、この一年間の実相をつかまえれば、何が見えてくるのかを想像しただけで、興奮さえ覚えた。沖縄に生を受け、育った者にとって、沖縄の歴史過程の中で苦難を強いられた「一年間」は、どのような意味をもった「一年間」であったのか、このことを追究することは、責務といわなければならない。

本書執筆中の二〇〇九年一一月八日（日）、許さざる行為をした「人」がいる。この「人」とは、ほかならぬ沖縄県知事・仲井真弘多氏である。知事は、一一月八日に『辺野古への新基地建設と県内移設に反対する県民大会』が開催されると知りながら渡米し、「ベストは県外で、県民の大部分が県外を望んでいる。だが、場合によったら県内もやむを得ないという選択はどうしても否定できない」（『琉球新報』二〇〇九年一一月七日付）と語る。これが沖縄県民を代表する知事の発言かと耳を疑う。日本は「主権国家」とは名ばかりのアメリカの「属国」であり、この「属国」の「属県」が沖縄であることを、今回の知事の訪米は知らしめてくれた。知事が、県民の「声」を代表して渡米したと釈明するのは、目に見えている。県民の意思を愚弄した知事も悪いが、この知事を選んだ県民はなお悪い。帰沖後の知事の政治姿勢は、二転三転し、二〇一〇年二月頃になると、県民の声を無視できなくなり、県外移設へと傾く。そして三月末になると、県内への移設は難しいと強調するようになる。その後の鳩山内閣の基地政策をみれば、分散的な基地建設、段階的な基地建設である。何のための五月末の決定か、政治姿勢が問われる。そして鳩山内閣を引き継いだ菅内閣はといえば、アメリカの顔色を伺い、先延ばし政策をとる。鳩山・菅内閣は、「主権なき国家」のみじめな姿を教えてくれた。

二〇一〇年六月二四日、米下院本会議は改定日米安全保障条約が二三日に発効五〇年を迎えたことに合わせ、「日本、特に沖縄の人々が米軍を継続して受け入れていることに感謝する」との決議を四一二対二の圧倒的な賛成多数で採択した（『琉球新報』二〇一〇年六月二六日付）。「沖縄の人々が米軍を継続して受け入れている」とする認識の仕方は、あくまでアメリカ本国政府本位の一方的な発想から出たものであり、さらにいえば「基地の中に沖縄がある」ことにたいしての想像力が及ばない皮相なもので、怒りを通り越して滑稽に映る。

二〇一〇年七月七日、外務省は沖縄返還に関する外交文書を公開した。この中に、六八年五月二三日に外務省国際資料部調査課が作成した『わが国の安全保障について』という極秘文書がある。この文書には、驚くべき内容が書かれている。「沖縄の住民に基地の自由使用か永久占領かの選択があつたとすれば、前者をとつたと思われるが、現在の状況ではかかる選択は不可能なほど住民に本土並基地への期待が高まつてしまつた。この意味では、施政権の一部分離返還がもつ積極的な意義は乏しくなつたというべきであろう。他方わが国全体の安全からいえば、沖縄の住民の犠牲においてでも従来どおりの米軍の沖縄保有が当面のぞましかつたことは疑いを容れないが、かかる主張は何人もなしえなくなつた。……なお、返還の場合における基地の防衛は基地の性格の如何を問わず、わが国が責任を分担すべきものである。このためには、自衛隊のかなり強力な部隊の沖縄への配置が必要となる。又わが航空自衛隊にとつても本土防衛の縦探基地としての沖縄の活用という見地からの配置が必要となろう」と（二六〜二八頁）。米軍の沖縄保有の「主張は何人もなしえなくなつた」とするが、沖縄住民の犠牲の上に日本の安全を保障するという構想の根底には、沖縄戦を長期化させた昭和天皇による沖縄の「切り捨て」、日本を共産圏から守ってもらう見返りに沖縄を日本から「切り離す」という昭和天皇の考えに繋がるものがある。いつまで沖縄は、日本防衛の犠牲にならなければならないのか。

二〇一〇年七月一四日、沖縄戦の激戦地であった糸満市真栄里で米軍製の不発弾九〇〇発が見つかった。発見場所近くの男性は、沖縄戦の最中に潜んでいた下水管が爆破されて両親を目の前で失うが、『兄と一緒に飛び飛び出したら、あっちこち死体だらけ』。爆発の衝撃音、真っ黒に焦げた数々の遺体、当時の光景が忘れられない……戦後も県民がこのような状態に置かれているのは、残酷なことだ。生活がいろんな形で脅かされている」と語る（『沖縄タイムス』二〇一〇年七月一六日付）。今なお、沖縄戦と「戦後なき沖縄」が続いているのである。

『朝日新聞』(二〇一〇年七月二〇日付)は、九五年九月四日に起きた米兵による少女暴行事件当時の在日米軍司令官リチャード・マイヤーズとの会見(七月一三日)記事を載せている。マイヤーズは、こう断言する。「普天間飛行場問題は大切な課題ではあるが、ほかに注意を向けるべき問題は多い。北朝鮮や、中国がどこへ向かうか、地域全体の安全保障。それらは地域の各国の経済にも直結する問題だ。戦略的な知的エネルギーを集中させるべき問題はほかにあるのに、普天間問題で論議が終始するのは不幸なことだ」と。基地を背負らされた沖縄住民の苦悩を知ろうとしない「大国」の横暴さが前面に出た発言で、この中にアメリカ本国政府の真の基地政策があることを読み取らなければならない。

本書が成るには、大きな支えがあった。私の後輩で友人でもある読谷村史編集室の豊田純志氏は、図表作成・索引作りなどに力を貸してくれた。沖縄コレクター副会長の翁長良明氏は貴重な資料を提供してくださり、本書に深みを増すことができた。沖縄県文化振興会公文書管理部専門員で『研究者のための　アメリカ国立公文書館徹底ガイド』(凱風社、二〇〇八年)の著者でもある仲本和彦氏は、私が要求する資料の丹念な探索にあたられ、提示してくださった。石垣島での同期で、現在、大里印刷有限会社社長の崎山用照氏は、全体像が見えるように「本」の体裁にしてくださった。皆さんに、感謝したい。

中村政則先生には、出版社の紹介の労をとっていただいた。

沖縄における基地問題の解決は、急を要する課題として、私たちの眼の前にある。このような状況の中で、本書が、「戦後」沖縄を考える一助ともなれば、幸いである。

二〇一〇年九月七日　沖縄戦終結六五年の日に

川平成雄

沖縄戦 強制された「集団自決」

林 博史著 （歴史文化ライブラリー）四六判・二七〇頁／一八九〇円

二〇〇七年の教科書検定で大きな波紋を呼んだ「集団自決」問題。生存者の証言・新資料などによる沖縄戦の検証から、その実態と全体像に迫る。「集団自決」の原因を〈天皇制国家の支配構造〉から解き明かした問題作。

天皇・天皇制・百姓・沖縄

社会構成史研究よりみた社会史研究批判

安良城盛昭著 （歴史文化セレクション）四六判・五二四頁／三九九〇円

社会構成史の立場から「社会史」を批判し、天皇制、中世百姓の「移動の自由」、近現代の沖縄、被差別部落、の各本質についての客観的な解釈を示す。また「奴隷と犬」など平易な論説も収め、歴史学を志す人にも好適な入門書。

〈近代沖縄〉の知識人

島袋全発の軌跡

（歴史文化ライブラリー）

屋嘉比 収著 四六判・二三八頁／一七八五円

琉球処分以降、沖縄戦、米軍占領期まで過酷な時代を生きた郷土史家・島袋全発。伊波普猷・東恩納寛惇らとの交流や帝国主義・ナショナリズムとの戦いから、今に生きる沖縄の近代思想を浮かび上がらせた「思想史」入門。

（価格は5％税込）

吉川弘文館

著者略歴

一九四九年　与那国島に生まれる
一九八六年　法政大学大学院人文科学研究科
　　　　　　博士課程修了
現　在　琉球大学法文学部教授
専　攻　沖縄社会経済史

〔主要著書〕『沖縄・一九三〇年代前後の研究』（藤原書店、二〇〇四年）

沖縄　空白の一年　一九四五—一九四六

二〇一一年（平成二十三）二月一日　第一刷発行

著　者　川《か》平《びら》成《なり》雄《お》

発行者　前田求恭

発行所　株式会社　吉川弘文館
郵便番号一一三—〇〇三三
東京都文京区本郷七丁目二番八号
電話〇三—三八一三—九一五一〈代〉
振替口座〇〇一〇〇—五—二四四番
http://www.yoshikawa-k.co.jp/

印刷＝株式会社　理想社
製本＝ナショナル製本協同組合

ISBN978-4-642-03801-0

索　引

あ　行

か　行

さ　行

た　行

な　行

は　行

ま　行

や　行

ら　行

わ　行

『沖縄　1945―46』年表

【1944年】

7. 7　サイパン島陥落．緊急閣議，南西諸島の老幼婦女子・学童の集団疎開を決定．

10. 10　米軍艦載機沖縄を空爆，県都那覇市の90% 焼失．

【1945年】

1. 10　第32軍司令部，首里に移転．

1. 12　島田叡，27代知事に就任．

1. 20　閣議，「沖縄県防衛強化実施要綱」決定．

1. 21　米軍機動隊，南西諸島を攻撃．

2. 4　米英ソ首脳，ヤルタ会談でソ連の対日参戦決定．

2. 10　沖縄本島北部への疎開を決定．

2. 19　県下男女中等学校単位の防衛隊結成開始．米軍，硫黄島に上陸，3月17日守備隊全滅．

3. 1　米海軍ニミッツ提督，「南西諸島被占領島嶼における軍政に関する政治的経済的指令」発令．

3. 5　県外疎開打ち切られる．満15～45歳の男女，全員現地招集．

3. 10　東京無差別空爆．

3. 23　米機動部隊，慶良間列島攻撃開始．

3. 24　島田知事以下内政経済部員，城岳の壕を撤去して，県庁を首里市に移動．県立第二高等女学校生徒，看護隊として第24師団第一野戦病院へ配属（白梅学徒隊），以後，各高女・師範女生徒部隊配属続く．

3. 26　米軍，慶良間列島占領．慶良間列島に最初の米軍政府設置．米国太平洋艦隊及太平洋区域司令官兼南西諸島及其近海軍政府総長C・W・ニミッツ，米国海軍軍政府布告第一号を発令し，慶良間列島における日本帝国政府のすべての行政権・司法権を停止．県立第一高等女学校生徒，南風原陸軍病院へ入隊（ひめゆり学徒隊）．

3. 27　看護要員として県立首里高等女学校生徒，第62師団野戦病院に配属（瑞泉学徒隊），私立昭和高等学校女学校生徒，第62師団野戦病院に配属（梯梧学徒隊）

3. 29　看護要員として沖縄師範学校女子部・県立第一高等女学校生徒，第32軍野戦病院に配属（ひめゆり学徒隊）．

3. 30　牛島満第32軍司令官，沖縄本島北・中飛行場の破壊を厳命．看護要員として

私立積徳高等女学校生徒，第 24 師団第二野戦病院に配属（積徳学徒隊）.

3. 31　米軍，慶良間列島の占拠を公式に宣言.

4. 1　米機動部隊，沖縄本島中部の読谷・北谷海岸に上陸，本格的な地上戦開始. 米軍，米国海軍軍政府布告第 1 号を発令し，沖縄における日本帝国政府のすべての権限を停止して軍政を布くことを宣言.

4. 2　米軍の上陸部隊，第一線師団の戦闘指揮所をすべて船上から陸上へ移動.

4. 3　米軍，沖縄本島上陸後，初めて日本軍の本格的な抵抗を排除し東海岸に進出.

4. 5　米軍の一部，名護の世富慶に上陸. 米軍，読谷村比謝に米軍政府設置，奄美を含む 4 群島を分割統治. 非戦闘員の収容開始.

4. 6　米軍，津堅島に上陸するが，日本軍の反撃で撤退.

4. 7　米軍，本部半島の湧川（今帰仁）に上陸. 沖縄に向かった戦艦大和撃沈.

4. 9　米軍，飛行場（嘉手納）の使用開始. 米軍，本部半島の大半を制圧.

4. 10　米軍，津堅島に再上陸. 国民勤労動員令施行.

4. 11　米軍，那覇方面への進行開始.

4. 12　大本営，第 32 軍に対し，沖縄本島北・中飛行場の奪回を命じるが，失敗.

4. 13　第 32 軍司令部，戦略持久戦に転換. 米軍，沖縄本島最北端の辺土岬を攻略.

4. 15　米軍，水納島に上陸. 石垣島の日本海軍警備隊，米軍捕虜 3 人を処刑（石垣島事件）.

4. 16　米軍，伊江島上陸，住民の集団自決.

4. 18　米軍，伊江島飛行場の使用開始.

4. 19　米軍，首里外郭陣地に対し，総攻撃を開始. 与那原，ナパーム弾攻撃で消滅.

4. 20　米軍，浦添牧港・伊祖の日本軍陣地突破.

4. 21　米軍，伊江島の占領を宣言. 米戦艦，南北大東島を砲撃.

4. 24　第 32 軍，首里周辺の非戦闘員に南部への移動を命令.

4. 25　沖縄県庁，真和志村楚辺の壕から繁多川警察部の壕へ移動. 米軍，沖縄本島北部の 75% を占領.

4. 26　ニミッツ提督，宮古島の攻略作戦を中止. 鈴木貫太郎首相，「現地軍官民に告ぐ」を発表.

4. 27　緊急沖縄南部市町村長会議が繁多川警察部の壕で開かれ，戦闘への住民協力および食糧増産について合議. 座間味島の朝鮮人軍夫，食糧難のあまり逃亡を企て日本軍に銃殺される.

4. 28　米軍，沖縄本島東方海上の伊計島・平安座島・浜比嘉島を探索（～30 日）. ムッソリーニ銃殺.

4. 30　ヒトラー自殺.

5. 4　第 32 軍，全戦線で総攻撃開始. 英太平洋艦隊，宮古島砲撃.

5. 5　第 32 軍の総反攻失敗.

5. 6　島田知事を長とする沖縄県後方指導挺身隊編成.

5. 7　米軍占領下の石川収容所に城前初等学校開校．ドイツ，無条件降伏．
5. 8　ドイツ，無条件降伏文書に調印．トルーマン大統領，日本に無条件降伏勧告．
5. 9　日本政府，戦争遂行表明．マッカーサー元帥，沖縄を除く日本の軍政府長官に就任．
5.10　米軍，伊江島に出撃基地建設．米軍，安謝川を渡って那覇への進撃開始．米軍，大東島を砲撃．
5.11　米軍，首里防衛線を撃破するため総攻撃開始．
5.12　米軍，鳥島占領．米軍，安里北側の52高地（シュガー・ローフ）に進出．
5.14　第32軍，経塚・沢岻の陣地から後退し，首里に戦線収縮．米軍，那覇の安里に侵入．最高戦争指導会議，対ソ交渉方針を決定．
5.18　米軍，10日間の攻防戦の末〈シュガー・ローフ〉陣地攻略．伊江島村民，米軍により慶良間列島の渡嘉敷島と慶留間島へ強制移動（渡嘉敷島へ1700人，慶留間へ400人）．
5.22　第32軍，首里の司令部陣地を放棄，沖縄本島南部への撤退決定．
5.24　壕内の『沖縄新報』発行停止．沖縄県庁，繁多川の壕から東風平村志多伯の野戦重砲隊壕へ移動．
5.25　島田沖縄県知事・荒井警察部長，識名の壕から南部へ後退．大本営，沖縄作戦に見切りをつける・「沖縄の放棄」．
5.27　第32軍司令部，首里から摩文仁へ撤退開始．
5.30　第32軍司令部，津嘉山，摩文仁到着．第10方面軍，先島方面守備部隊管轄．
6. 1　米スティムソン委員会，日本への原爆投下を全会一致で大統領に勧告．
6. 2　石垣島で，戦局の逼迫に伴い官民に避難命令が下され，非戦闘員は山野に避難．
6. 3　米軍の第2・第3大隊，伊平屋島に上陸．沖縄県後方指導挺身隊，解散．
6. 4　第32軍主力部隊，喜屋武・摩文仁地区への撤退を完了し，新配備．米軍，伊平屋島の占領を宣言．
6. 6　米軍，那覇飛行場占領．沖縄方面海軍大田実司令官，大本営の海軍次官宛「沖縄県民斯ク戦ヘリ　県民ニ対シ後世特別ノ御高配ヲ賜ランコトヲ」の訣別電を打電，6月13日自決．第32軍参謀神直道少佐，大本営への連絡のため地元の漁夫6人を伴い沖縄本島北部国頭から「サバニ」で脱走．最高戦争指導会議，「本土決戦方針」採択．
6. 8　第87臨時議会召集．
6. 9　米軍，粟国島へ上陸・占領．第32軍司令部付 森脇弘二大尉，沖縄作戦報告のため大本営に向かう（7月14日任務達成）．
6.10　米軍の降伏勧告，牛島司令官勧告拒否（17日）．
6.11　米第10軍司令官バックナー中将，渉外班1隊に日本軍と休戦を打ち合わせる権限を与え，午後5時すべての射撃を止めて日本軍へ降伏勧告状を送付．

6. 12　米軍，降伏勧告ビラ3万枚を空中から散布.
6. 13　大田実海軍少将指揮の沖縄方面根拠地隊，小禄地区で玉砕，大田司令官は幕僚らと司令部壕内で自決.
6. 15　沖縄から脱出して本土に渡った第32軍の神直道参謀，大本営作戦室で梅津美治郎参謀総長以下作戦部員に沖縄の戦況報告．大本営は本土決戦準備へ移行.
6. 17　牛島第32軍司令官，バックナー中将からの降伏勧告の受け入れ拒否．米軍，携帯用のラウドスピーカーで，喜屋武・摩文仁一帯の日本軍や地元住民に降伏呼びかけ.
6. 18　島田沖縄県知事，荒井警察部長を伴い摩文仁の守備軍司令部壕に入ったあと消息を絶つ．沖縄師範学校女子部生徒・県立第一高女生徒から成る〈ひめゆり部隊〉の一部隊員49人，米須の壕で自決．第32軍司令官牛島中将，参謀次長および第10方面軍司令官あてに決別電報を打電．バックナー中将，真壁付近前線視察中に日本軍に狙撃され戦死.
6. 19　第32軍司令部，鉄血勤皇隊を解散．第32軍の八原博通高級参謀以下約20人の軍司令部将兵，大本営への連絡や遊撃戦の任務を受けて司令部洞窟から出る．第三外科壕が攻撃され，ひめゆり学徒隊多数戦死.
6. 20　真壁高地付近を防備する第24師団長雨宮巽中将，組織的抵抗が不可能になったことを認めるとともに「陣地を守り，最後の一兵まで戦え」と配下将兵に訓示．米軍，沖縄南部の海上から上陸用舟艇で日本軍および住民に対し，再度降伏を呼びかけ，約800人の将兵，4000人の住民が降伏.
6. 21　陸軍大臣・参謀総長，牛島第32軍司令官に対し，「貴軍の忠誠により本土決戦の準備は完了した」旨の決別電報を打電．米第10軍司令官ガイガー中将，午後1時5分，米軍が沖縄を確保したと発表.
6. 22　米軍，沖縄戦に参加した全部隊の代表者を集め，「アイスバーグ」作戦の終結を公式に宣言し，国旗掲揚式を挙行.
6. 23　午前4時30分，牛島満司令官と長勇参謀長，沖縄本島南部摩文仁の司令部洞窟出口付近で自決，日本軍守備隊の組織的抵抗は終結.
6. 25　大本営，沖縄戦における日本軍の組織的作戦終結を公表.
6. 26　米軍，久米島に上陸.
6. 29　久米島の日本海軍守備隊，スパイ容疑で地元住民9人を虐殺.
6.　このころ捕虜3000人が沖縄からハワイに移送され，収容．46年10～12月，三回に分けて沖縄に送還.
6月下旬～，日本各地，空襲激化.
慶良間列島経済実験（Kerama Retto Experimental Economy）6月～10月.
7. 2　米軍，沖縄戦終結を宣言.
7. 4　石川市婦人部結成.
7. 7　農業復興のため東恩納農園開設.

7.17　米軍，大宜味村の山林地帯掃討.
7.20　米議会委員会のメンバー，沖縄を訪問.
7.26　米軍政府，地元住民に戦後初の新聞『ウルマ新報』発行許可．連合国，ポツダム宣言発表.
7.28　鈴木首相，ポツダム宣言黙殺，戦争遂行のため邁進する旨，声明.
7.30　石川高等学校開校.
7.31　米第10軍琉球区域司令官スティルウェル大将，首席軍政官に就任.
8. 1　米海軍軍政府教育部に沖縄教科書編集所設置.
8. 4　米軍，沖縄本島北部における掃討戦終了.
8. 6　広島に原子爆弾投下.
8. 8　ソ連，日本に対し宣戦布告，北満州・朝鮮・樺太に進行開始.
8. 9　長崎に原子爆弾投下．御前会議が開かれ，10日午前2時半「国体護持」を条件にポツダム宣言の受諾を決定，政府は中立国のスウェーデンとスイスを通じて連合国へ申し入れ.
8.10　御前会議でポツダム宣言受諾決定.
8.12　連合国，日本政府の降伏条件に対し回答する公電を送るが，「国体護持」については直接の言及をさける.
8.14　御前会議，ポツダム宣言受諾を最終的に決定．天皇，戦争終結の詔書を録音.
8.15　天皇，戦争終結の詔書を放送（玉音放送)．第二次大戦終結．鈴木内閣総辞職．米軍政府，沖縄本島の田井等，宜野座，石川，胡差，前原，知念の住民収容地区の代表128名を石川に召集，仮沖縄諮詢会開催.
8.16　トルーマン，日本占領方式—米の単独統治—を言明.
8.18　久米島の日本海軍守備隊，スパイ容疑で地元の仲村渠明勇親子3人を虐殺．満州国消滅.
8.19　日本降伏調印事務打ち合わせのため河邊陸軍中将をマニラに派遣.
8.20　久米島の日本海軍守備隊，スパイ容疑で地元在住朝鮮人，谷川昇一家7人を虐殺．米軍政府，石川に沖縄諮詢会設置，委員15人選出.
8.22　最高戦争指導会議廃止.
8.25　宮古島守備隊，戦闘行為の停止を命じられる.
8.29　沖縄本島南部の国吉・真栄里付近の守備に当っていた第24師団歩兵第32連隊将兵約300人，米軍の武装解除に応じ投降．米国務・陸軍・海軍の三省調整委員会，「降伏後における米国の初期の対日方針」の概要をマッカーサー連合軍最高司令官に通報．沖縄諮詢会開催，委員長に志喜屋孝信を互選．沖縄諮詢会に農務部・水産部設置．東恩納農園を農務部へ移管，東恩納農事支場と改称.
8.30　宮古島日本軍守備隊，島内各学校の〈御真影〉を野原岳の洞窟司令部で焼く．連合国最高司令官マッカーサー，厚木に到着.

8.　米軍政の責任は，海軍から陸軍へ．米軍政府，東恩納に沖縄博物館を設置．
この月，ガリ版刷教科書発行．
このころから三年間にわたって「規格家」7万5000棟建設．
食糧配給停止事件起こる．
9. 1　宮古島の現地徴収将兵，召集解除．
9. 2　沖縄諮詢会の地域視察（～4日）．東京湾の米国戦艦ミズーリ号上で日本の降伏文書調印．
GHQ，陸海軍の解体・軍需工業の停止命令．
9. 4　沖縄本島南部の第24師団歩兵第32連隊第2隊の残存将兵，米軍に収容．
9. 6　トルーマン米大統領，「降伏後における米国の初期の対日方針」を承認し，マッカーサーにその実施を指令．
9. 7　先島群島司令官 納見敏郎中将・奄美群島司令官 加藤唯男海軍少将および高田利貞陸軍少将，嘉手納の米琉球兵団（第10軍の後身）司令部で南西諸島の全日本軍を代表し，米軍司令官スティルウェル大将との間で降伏文書に調印し，沖縄戦の事実上の終結．
9. 9　沖縄本島13市の市役所産業課内に水産主任を置き，水産業務を管理．
9.13　大本営廃止．「地方行政緊急措置要綱」公布．
9.14　マッカーサー元帥，日本占領政策に関する特別声明．10月中旬までは軍事的配慮を基礎にした占領の第一段階．
9.20　沖縄本島の知念，前原，胡差，石川，漢那，宜野座，古屋知，大浦崎，瀬嵩，田井等，辺土名，粟国，伊平屋，平安座，久米島，慶良間の16市（地区）で市会議員選挙を実施，このときから満25歳以上の男女に選挙権付与，日本初の婦人参政権．
9.25　沖縄諮詢会，市行政の機構ならびに職務分掌につき軍政府と協議，つぎの8課を設置．庶務，産業，財政，教育，社会事業，衛生，工務，労務．16市（地区）で，戦後初の市長選挙実施．
9.27　天皇，マッカーサーを訪問．
10. 4　GHQ，治安維持法廃止，政治犯即時釈放，特高警察廃止，天皇制批判の自由を指令．
10. 6　米軍政府，食糧配給を発表．
10. 9　幣原喜重郎内閣成立．
10.11　GHQ，婦人の解放，労働者団結権，教育の自由主義化，専制政治からの解放，経済の民主化の五大改革を指令．近衛文麿，内大臣府御用掛に任命され，憲法改正に着手．
10.21　海軍軍政府指令第37号「建築材料，住民の住宅」公布．
10.22　陸相，国内復員完了を声明．
10.23　米軍政府，指令第29号「住民の再定住計画及び方針」発令．これにより，10

月31日，北部の住民収容地区に収容されていた中南部出身者と本部町，今帰仁村および伊江村の出身者が旧居住区への帰還を許された．これを皮切りに，旧居住区への住民移動が1949年4月まで推し進められる．

10.24　国際連合成立．

10.25　憲法問題調査委員会を設置．

10.26　閣議選挙法改正案決定．選挙権20歳以上，被選挙権25歳以上．

10.31　各収容所から旧居住区への帰村開始（米軍使用地を除く）．

10.　この月，戦後最初の切手（暫定）「久米島切手」発行（～46年5月）．

11. 1　「栄丸事故」発生，疎開民百数十人が死亡．

11. 6　財閥解体．

11. 7　屋嘉収容所の捕虜釈放．

11.11　東京で沖縄人連盟発足．

11.18　GHQ，皇室財産凍結．

11.20　ニュルンベルグ国際軍事裁判開廷．

12. 1　国頭農事試験場設置．

12. 4　米軍政府，指令第58号「村政の組織」発令，戦前の市町村を復活．

12. 8　米軍政府，宮古支庁設置．

12.12　米軍政府，食糧配給に点数制を採用すると発表．

12.15　「八重山共和国」成立．

12.23　「八重山共和国」消滅．

12.28　米軍政府，八重山支庁設置．

【1946年】

1. 1　八重山支庁・議会発足．天皇，人間宣言．

1.10　具志川村田場に沖縄文教学校開校，高等教育機関での初の男女共学．

1.20　米軍，奄美大島の日本より分割統治を告知．

1.21　旧真和志村民，摩文仁村米須への移動命令．

1.23　米軍政府指令第108号「農業中央管理」公布．

1.26　輸入食糧第一船（小麦粉）フィリピンより入港．

1.28　北部農林高等学校開校．

1.29　八重山で救済食糧の配給開始．連合国最高司令官のマッカーサー元帥は，「若干の外郭地域を政治上，行政上日本から分離することに関する覚書」と題するSCAP指令を公布し，北緯30度以南の南西諸島を日本から分離し，米軍の統治下に置く．

2. 2　奄美諸島，本土から行政分離．

2.10　沖縄芸能連盟結成．

2.17　新円発行．

2. 19　天皇，巡幸開始.
2. 24　日本共産党第5大会「沖縄民族の独立を祝ふ」メッセージを採択.
2. 27　旧真和志村民，摩文仁村米須に「魂魄之塔」を建立.
2. 28　米軍政府指令第121号「土地所有権関係資料蒐集に関する件」公布，割当耕作制度へ.
3. 15　米軍政府指令第134号「沖縄農務部外4部の設置」公布.
3. 16　「沖縄農業組合規約準則」答申.
3. 19　沖縄民政府部長「農耕地分配ニ関スル件」通牒.
3. 25　米軍政府特別布告第7号「紙幣両替外国貿易及び金銭取引」を公布，B円と新日本円を併用.
4. 7　「ひめゆりの塔」摩文仁村米須に建立.
4. 10　新選挙法による男女平等の初の総選挙.
4. 11　沖縄諮詢会・市町村長等合同会議で知事候補に志喜屋孝信を選出.
4. 15　沖縄における第一次通貨交換.
4. 22　沖縄中央政府創設（12月1日，沖縄民政府と改称）.
4. 24　米軍政府，知事に志喜屋孝信を任命．米軍政府，「沖縄に関する軍政府経済政策について」を発表.
4. 26　沖縄諮詢会を解散し，沖縄議会発足．米軍政府，「割当配給量及配給制度」を発表．住民移動に伴い村を単位とする組合を改組，連合会は中央水産組合となり，地方水産組合31組合結成.
4. 30　農務部長「耕地分配ニ関スル件」を通牒.
5. 1　戦後初めて賃金制度発足．沖縄中央銀行設立（資本金100万円は米軍政府の立替出資）．沖縄農業組合連合会発足.
5. 8　沖縄民政府知事，各市町村長へ「トラクター耕耘ニ関スル件」通知.
5. 11　米国海軍軍政府経済内令第1号「漁業」公布，即時効力発生．布告の「漁業規則」により5日以内の連続出漁が認められる.
5. 13　米国海軍軍政府経済内令第2号「沖縄に於ける商業及び財政取引」で，賃金・物価統制.
5. 15　本部町に沖縄開洋高等学校設立.
5. 16　ニミッツ布告の「言論・集会の禁止」解除.
6. 5　米軍補給物資の無償配給廃止，諸物資有償配給制へ.
6. 6　日産15トン能力の本部製氷工場設立.
6. 12　米軍政府指令「沖縄農業組合連合会規約」公布.
6. 15　米軍政府指令第19号「建築用資材の統制」公布.
6. 29　米軍政府指令第29号「標準食糧配給量の定義」公布.
7. 1　米軍政府，海軍から陸軍へ移管.
7. 10　与儀農事試験場復活.

8. 5　第二次通貨交換，沖縄本島に限り新日本円を発行.
8.17　本土疎開者552人，沖縄への引き揚げ第一船で到着，久場崎収容所に入る（49年3月までに約14万人）.
9.17　八重山婦人会結成.
9.30　農村復興助成金交付.
10. 3　家畜移動取締令を公布．米軍政府，肉用牛ヘレフォード導入.
10. 5　疎開学童引揚船第一船帰還.
10.10　裁判制度発足.
10.12　農務部「官有林野管理経営暫定方針」を公布．沖縄民政府令第8号「沖縄民政府西表開発出張所規程」公布．沖縄民政府訓令甲第18号「沖縄民政府西表開発出張所処務規程」公布.
10.23　米軍政府，純農村化5ヶ年計画実施を表明，水田耕地拡大ダム建設.
10.25　米軍政府により琉球列島貿易庁設立.
11. 3　日本国憲法公布，47年5月3日施行.
11. 6　ソ連から対米借款の一部返済として材木80万ボード・フィート入荷.
11. 9　日本から復興資材80万石入荷

【参考資料】

『ウルマ新報』
『うるま新報』
「沖縄戦関連年表」（『総史沖縄戦』岩波書店，1982年）
沖縄県農林水産部企画・沖縄県農林水産行政史編集委員会編『沖縄県農林水産行政史　第19巻　行政記録・年表編』農林統計協会，1991年）
『戦後五十年おきなわ女性のあゆみ』年表（沖縄県総務部知事公室女性政策室，1996年）
「沖縄戦後史年表」（沖縄タイムス社編『庶民がつづる　沖縄戦後生活史』沖縄タイムス社，1998年）